Master Coaches

Master Coaches

2

Adriana Lombardo
Alessandro de Freitas Gonçalves
Ana Maria Volpato
André Percia
Andréa Aguiar
Anthenor Bittencourt
Antonio Azevedo
Carla Augustin Ruggeri
Cesar Augusto I. Alves
Cida Smidt
Cinthia Pierotti Votta
Claùdio Tenrôler
Cristiane Maziero
Danielle Schinor Mena Peres
Denis Carvalho
Denise Lovisaro
Douglas de Matteu
Edson De Paula
Eduardo H. Rodrigues
Elizabete Cristaldo
Fabricio Rubens de M. V. Rocha &
Vanessa Jonas Alcici
Fernando C. Oliveira
Flávia Vasconcelos
Heloísa Capelas
Ivo Correia
Janaina Manfredini
Jansen de Queiroz, Vera Cecilia Motta
Pereira e Silvana Ladi Ramalho
José Américo
José Roberto Marques
Juciléa Nones Schaade
Lara Maria
Lisiane Szeckir
Luiz Cláudio Riantash
Marco Barroso
Marcos Tito
Marcos Wunderlich & Renato Klein
Mariah Bressani
Maricelia Moura
Morgana Mendes
Nadir Paes
Nelson Vieira
Plínio de Souza
Rosamaria Nogueira
Rui Tembe
Stella de Freitas
Svenja Kalteich
Tatiane Carra
Teodomiro Fernandes da Silva
Walber Fujita

Copyright© 2012 by Editora Ser Mais Ltda.
Todos os direitos desta edição são reservados à Editora Ser Mais Ltda.

Capa e Projeto Gráfico:
Danilo Scarpa

Diagramação:
Tiago Silva

Revisão:
Equipe da Editora Ser Mais

Gerente de Projeto:
Gleide Santos

Diretora de Operações:
Alessandra Ksenhuck

Diretora Executiva:
Julyana Rosa

Relacionamento com o cliente:
Claudia Pires

Impressão:
Imprensa da Fé
Dados Internacionais de Catalogação na Publicação (CIP)
(Câmara Brasileira do Livro, SP, BRASIL)

Master *Coaches* – Técnicas e relatos de mestres do *coaching* / Coordenação editorial: André Percia, Douglas de Matteu, José Roberto Marques e Mauricio Sita – São Paulo: Editora Ser Mais, 2012.

Bibliografia.
978-85-63178-26-8

1. Desenvolvimento Pessoal e Profissional. 2. Carreira profissional - Desenvolvimento. 3. Treinamento e Desenvolvimento. 4. Sucesso profissional - Administração I Título.

CDD 158.7

Índices para catálogo sistemático:
1. Desenvolvimento Pessoal e Profissional. 2. Carreira profissional - Desenvolvimento. 3. Treinamento e Desenvolvimento. 4.Sucesso profissional - Administração I.
Editora Ser Mais Ltda
av. Rangel Pestana, 1105, 3º andar – Brás – São Paulo, SP – CEP 03001-000
Fone/fax: (0**11) 2659-0968
Site: www.editorasermais.com.br   e-mail: contato@revistasermais.com.br

Índice

Apresentação...09

Coaching transcultural: uma nova metodologia para antecipar e gerenciar mudanças individuais e organizacionais
Adriana Lombardo...11

As Organizações e os Guardiões de Seus Propósitos
Alessandro de Freitas Gonçalves...19

Coaching de Saúde: o atendimento que você sempre quis!
Ana Maria Volpato..27

Abordagem master coaching para aprendizagem
André Percia..33

Coaching de Carreira: um convite para uma vida com sentido e significado
Andréa Aguiar...41

Resignificação: um novo olhar sobre o passado, uma nova visão para o futuro
Anthenor Bittencourt..49

Fast Coaching
Antonio Azevedo...57

A Contribuição do Coaching para a Evolução Humana
Carla Augustin Ruggeri..65

Coaching "um processo que dá resultado"
Cesar Augusto I. Alves..73

A democratização do coaching
Cida Smidt..79

Business Branding - Marketing com Coaching
Cinthia Pierotti Votta..87

Coaching de Identidade e Níveis Neurológicos de Aprendizagem
Claùdio Tenrôler..95

Confiança: a mola fundamental no processo de coaching
Cristiane Maziero...103

Relacionamentos – Como aprender e crescer com eles
Danielle Schinor Mena Peres...109

Coaching de emagrecimento
Denis Carvalho...117

Como o *coaching* poderá lhe ajudar a experimentar mais satisfação pessoal?
Denise Lovisaro..125

Transformando vidas através do *Coaching* Evolutivo
Douglas de Matteu..133

O campo de trabalho para o *coaching* eficaz
Edson De Paula..141

Conectando-se com o *coaching*!
Eduardo H. Rodrigues...147

Roda da Abundância e Seus Benefícios
Elizabete Cristaldo..155

Qual a sua habilidade de transformar o seu sonho em realidade?
Fabricio Rubens de Melo Viana Rocha & Vanessa Jonas Alcici.............161

Coach in Group e a Inteligência Emocional
Fernando C. Oliveira...169

Coaching: uma solução sustentável para o mal-estar nas organizações de trabalho
Flávia Vasconcelos..177

Na sua história, você é quem manda
Heloísa Capelas...185

Roteiro de *Master Coaching* Executivo ISOR®-Abordagem holo-sistêmica, complexa e tensorial
Marcos Wunderlich & Renato Klein..193

Poderosas ferramentas de um *Master Coach*
Ivo Correia..201

Factbook - o lado bom ou melhor de cada um
Janaina Manfredini..209

Formação Acadêmica + *Coaching* = Profissional Competente
Jansen de Queiroz, Vera Cecilia Motta Pereira
& Silvana Ladi Ramalho...217

A Lei de Causa e Efeito e o *Coaching*
José Américo..229

Coaching - para ser a melhor pessoa que você pode ser
José Roberto Marques..237

Metodologia de *Coaching* Aplicado a Treinamentos nada Convencionais
Juciléa Nones Schaade...245

A trilogia do poder como ferramenta para a liderança
Lara Maria...251

O Processo de *Coaching* sob a Ótica da Comunicação
Lisiane Szeckir...259

Coaching de Relacionamento
Luiz Cláudio Riantash..267

Sherpa Coach
Marco Barroso...275

O *coaching* desvendando a mente e impulsionando para a realização de
conquistas
Marcos Tito...283

Paralelos entre os processos da Psicologia Junguiana e de *coaching*
Mariah Bressani...291

Coaching com líderes e equipes: redescobrindo o ser através do corpo, da
conexão e do 'agora'
Maricelia Moura..299

Desvendando o Poder da Abundância
Morgana Mendes...307

Coaching – O caminho para desenvolver e potencializar competências e obter resultados extraordinários
Nadir Paes..313

Coaching evolutivo: o despertar da inteligência relacional e da integridade
Nelson Vieira...321

Coaching Integrativo Sistêmico
Plínio de Souza...329

Os quatro princípios do *Coaching* na evolução da vida e da carreira
Rosamaria Nogueira...337

Como funciona o *coaching*? E por que o *coaching* funciona? Alcançando excelentes resultados profissionais com *coaching*
Rui Tembe...345

Coaching de mediação - Processo U
Stella de Freitas..353

Coaching Intercultural: unindo fronteiras
Svenja Kalteich...361

Coaching – Despertando e Soltando Amarras
Tatiane Carra..369

Coaching para docente
Teodomiro Fernandes da Silva..375

Japão: conceitos, técnicas e táticas de sucesso
Walber Fujita..383

Conclusão..391

Apresentação

MARAVILHOSO!

Um novo tempo começou. O *Coaching* chegou para mudar a forma com que as pessoas e organizações se relacionam com o mundo. A valorização do *"Ser Humano"* ganha espaço também nas empresas, que, entendendo essa importância, passa a considerar as pessoas como "Capital" e investir em seu aprimoramento.

Unimos a isso a busca cada vez maior dos profissionais por desenvolvimento, não apenas no que tange a carreira, mas especialmente como pessoa, ser social, humano, que participa e interage com seu meio e deseja ser integral, alcançando sucesso profissional e uma vida pessoal equilibrada e feliz.

EXTRAORDINÁRIO

Neste livro reunimos profissionais, os melhores *Master Coaches* do Brasil, advindos das mais diversas profissões, com os mais distintos estilos de vida, mas, acima de tudo, pessoas, Seres de Luz, que através do *Coaching* e de suas experiências transformadoras, em nossas formações alcançaram resultados extraordinários em suas jornadas evolutivas.

O IBC é a maior e melhor escola de *Coaching* do Brasil, por unir excelência e humanidade à formação de *coaches* profissionais em nosso país. Presente em todas as capitais e mais de 50 cidades, já formou mais de 3000 *coaches*, incluindo profissionais de mais de 10 países.

O Instituto é o único da América Latina autorizado pelo *Behavioral Coaching Institute* - BCI a ministrar a formação *Advanced Coach Senior*, o pós *Master Coach*.

GRATIDÃO

Agradeço verdadeiramente a cada um (a) dos *Master Coaches*, em sua maioria formada diretamente por mim, que contribuem com seus conhecimentos e experiências para com esta obra.

COMPARTILHAR

Este livro tem por finalidade mostrar o *Coaching* não apenas como uma metodologia, mas também a ótica daqueles que realmente experimentam os dois lados deste processo: o que apoia no desenvolvimento de profissionais e empresas, e na própria evolução do *Coach* como ser humano.

MISSÃO

No IBC, vivemos o *Coaching* como filosofia de vida, e para nós ser COACH significa permitir-se ir além a cada dia, ousar fazer diferente e estar aberto e receptivo para toda abundância universal.

CONVITE

Convido você a vir conosco nesta jornada de evolução e conhecimento!

Tenha uma leitura diferenciada. Permita-se ler, interpretar, adaptar, sentir e colocar, em prática tantos conhecimentos aqui apresentados.

Paz e Luz,

José Roberto Marques, Presidente do IBC

Master Coaches

10

1

Coaching transcultural: uma nova metodologia para antecipar e gerenciar mudanças individuais e organizacionais

O *Coaching* Transcultural facilita interações harmoniosas e produtivas entre indivíduos, grupos, comunidades ou organizações de duas ou mais culturas distintas

Adriana Lombardo

Adriana Lombardo

Consultora, Palestrante e *Master Coach*. Administradora de Empresas pela Universidade de Brasília – UnB e MBA em Projetos pela Fundação Getúlio Vargas- FGV. Idealizadora das metodologias *Coaching* Transcultural – para apoiar executivos e famílias em mudanças de cidade, estado, país ou contexto organizacional – e Consultor *Coach* - para elevar o sucesso em projetos de consultoria empresarial. Criadora e editora da *"Coaching News"*, primeira *newsletter* brasileira sobre o tema. Presidente Fundadora do ICF Brasília Chapter - Representação da *International Coach Federation*. Tendo vivido e trabalhado na Indonésia por três anos, além de ter visitado países do Sudeste Asiático, América, Europa e Oceania, atuou em programas para desenvolvimento de liderança global, gestão de projetos internacionais e assessoramento transcultural. Mais de 18 anos de experiência em consultoria empresarial para desenvolvimento humano e organizacional, no setor público e privado, no Brasil e no exterior.

Contatos:
www.adrianalombardo.com
blog.adrianalombardo.com
coaching@adrianalombardo.com
(61) 8128-2804
Skype: adrianamslombardo
Twitter: @adrianamslcoach

Adriana Lombardo

Indivíduos e organizações estão expostos a frequentes mudanças, algumas planejadas ou previstas, outras totalmente inesperadas. No cenário atual, destacam-se pelo seu potencial transformador e inovador as mudanças que envolvem alguma interação cultural, afetando um conjunto de ideias, valores, crenças, conceitos, conhecimentos, costumes, expressões, relações e práticas que identificam e distinguem pessoas, grupos, comunidades ou organizações.

Desde o século passado, principalmente por efeito do fenômeno da globalização, impulsionada pelo desenvolvimento da tecnologia, da informação e dos meios de comunicação, as mudanças culturais tornaram-se mais rápidas e influentes, principalmente nos setores da economia e dos negócios. Se por um lado está em constante aumento o número de executivos estrangeiros de empresas multinacionais que trabalham no Brasil, liderando equipes brasileiras, por outro, muitos executivos brasileiros mudam para outros países com a missão de abrir ou comandar filiais de empresas nacionais, principalmente na Ásia e na África. Em ambos os casos, a adaptação do executivo ao novo contexto exige dele uma grande capacidade de compreensão da cultura com a qual pretende se relacionar, negociar e desenvolver como pessoa e profissional.

Mudanças culturais de maior impacto podem induzir transformações na aparência, forma, natureza ou caráter de determinados elementos típicos das culturas envolvidas ou alterar as relações previamente estabelecidas entre essas. Relacionar-se com outras culturas demanda disposição para lidar com outros padrões de pensamento, comportamento e atitude. Quanto maior for essa interação, em termos de espaço e tempo, maior será o potencial de mudança individual ou coletiva. Entretanto, incorporar passivamente elementos de outras culturas que desconsiderem ou desrespeitem determinados valores individuais e coletivos pode gerar prejuízos significativos. Por isso, para conseguir enfrentar e gerenciar da melhor maneira uma mudança cultural, é preciso analisá-la, entendê-la e, de preferência, saber antecipá-la. Profissionais e empresas que conseguem prever, planejar e antecipar mudanças culturais obtêm uma vantagem competitiva que permite atingir metas importantes antes de qualquer outro concorrente ou adquirir conhecimentos que favoreçam comportamentos mais adequados e propícios diante de um novo contexto. Sob essa perspectiva, estudar e levar em consideração as características culturais de outro país antes de se estabelecer uma relação concreta diminui a probabilidade de geração de conflitos e minimiza insucessos.

O *coaching* oferece para indivíduos e organizações várias me-

Master Coaches

todologias, ferramentas e abordagens que promovem o desenvolvimento de planos e estratégias voltadas para o alcance de metas previamente identificadas. O *coach*, profissional que estuda e aplica o *coaching*, auxilia processos de mudança por meio de técnicas e conversas transformadoras que estimulam o desenvolvimento individual ou organizacional. A crescente popularização do *coaching* abriu novos campos e horizontes para sua aplicação, entretanto, até poucos anos atrás, ainda não existiam metodologias e programas de *coaching* especificamente focados em contextos multiculturais. Por isso, a partir de estudos de cultura e *coaching* ao longo da própria vivência na Indonésia (país caracterizado por grande multiculturalidade), de 2000 a 2003, a autora desenvolveu uma nova metodologia: o *Coaching* Transcultural, que facilita interações harmoniosas e produtivas entre indivíduos, grupos, comunidades ou organizações de duas ou mais culturas distintas.

Vários estudos realizados nos últimos vinte anos, em diversas áreas de conhecimento no campo das ciências humanas e sociais (especialmente administração, psicologia, sociologia, filosofia, etnologia e antropologia) fundamentaram o desenvolvimento da metodologia de *Coaching* Transcultural. Tais estudos apontam para várias dimensões da relação entre culturas, indivíduos e sociedades, identificando valores culturais individuais e coletivos que, separadamente ou em conjunto, influenciam ações, práticas e relacionamentos em vários contextos. Entre os teóricos que estudaram a influência da cultura no desenvolvimento das relações humanas e organizacionais, descrevendo padrões e sistemas de valores, destacam-se aqueles cujas contribuições foram mais determinantes para elaborar a metodologia de *Coaching* Transcultural: o psicólogo e antropólogo holandês Geert Hofstede, o psicólogo grego (naturalizado norte-americano) Harry Triandis, o economista e consultor holandês Fons Trompenaars e seu sócio, o administrador britânico Charles Hampden-Turner.

Entre os vários tipos de organizações que podem se beneficiar com os serviços de *Coaching* Transcultural estão incluídas: multinacionais; *joint ventures*; empresas nacionais com operações comerciais no exterior; organizações internacionais; ministérios das relações exteriores; embaixadas; empresas da área de comunicação, marketing e produção cultural que atendem clientes com negócios internacionais. Portanto, entre os potenciais beneficiários, são considerados: executivos e gerentes de empresa expatriados e "repatriados" (i.e. que regressaram a seu país de residência depois de um período de vida no estrangeiro); negociadores internacionais; diretores e gerentes de organizações internacionais; criativos do setor de propagan-

Adriana Lombardo

da e marketing voltados para mercados internacionais; jornalistas da área internacional.

Os encontros de *Coaching* Transcultural devem favorecer um processo construtivo para o desenvolvimento das competências necessárias ao *coachee*, visando prepará-lo para vivenciar o novo em sua vida. Cada conversa e interação com o *coach* ajudará o *coachee* a prevenir as potenciais adversidades, a liberar seu pensamento criativo, a gerar aprendizado e se co-responsabilizar na construção de uma interação produtiva com pessoas de outra cultura. Além disso, o *coach* auxilia no "aprendizado inconsciente", pois desperta nos indivíduos ou grupos atendidos algumas indagações e questionamentos espontâneos que os levam a buscar uma maior abertura e predisposição às novidades apresentadas por indivíduos e grupos representantes de outras culturas. Mudando percepções equivocadas e desenvolvendo a própria tolerância, o *coachee* passará pelas etapas sucessivas de admissão, respeito e valorização de diferenças culturais. Assim, as habilidades para desenhar seu futuro serão desenvolvidas e suas incertezas, paulatinamente, confrontadas, a fim de fortalecer o *coachee* para que consiga vivenciar situações menos ordenadas, talvez mais caóticas e imprevisíveis, mas não necessariamente negativas. Com o acompanhamento paciente, não invasivo e não impositivo do *coach*, o *coachee* identifica seu papel no cenário atual e busca inserir-se no cenário desejado, construído por ele mesmo; ao mesmo tempo, o *coach* procura auxiliar o *coachee* a desenvolver uma estrutura de apoio para os demais colegas ou membros da família que vivenciam um processo semelhante, ora em conversas individuais com o *coachee*, ora em conversas conjuntas com outros colegas ou familiares, tendo em vista o fato de que estão todos vinculados a um projeto comum, que diz respeito ao presente e ao futuro de uma organização ou de uma família.

Embora algumas pesquisas e estudos de caso sobre grandes multinacionais (tais como a General Motors, a Coca Cola e a IBM) apontem vários casos de executivos que não se adaptaram a morar e trabalhar em outro país, lamentavelmente ainda não há suficientes investimentos por parte dessas empresas no sentido de facilitar a expatriação dos seus funcionários. Da mesma forma, o regresso (repatriação) de funcionários da empresa ao seu país de residência, em muitos casos junto a seus familiares, deve ser preparado e acompanhado para que os executivos não se deprimam por um eventual insucesso em outro país, enfrentando sentimentos de frustração e constrangimento. Em casos extremos, alguns executivos que vivenciaram experiências transculturais traumáticas optam por deixar o

Master Coaches

emprego na empresa para recuperar sua auto-estima em outro ambiente profissional.

Para uma bem-sucedida aplicação do *Coaching* Transcultural em âmbito organizacional, pode ser necessário considerar a dimensão familiar dos funcionários da empresa. De acordo com algumas pesquisas, as causas mais comuns para situações de fracasso relacionadas com expatriações ou repatriações de executivos incluem a incapacidade de algum dos seus familiares em se adaptar a um contexto cultural diferente. Por isso, com apoio do *coach*, as organizações devem desenvolver ações preventivas junto ao executivo e à sua família para enfrentar com sucesso esta mudança, resolvendo de forma imediata eventuais problemas.

Os programas de *Coaching* Transcultural devem ser desenvolvidos e adaptados de acordo com as exigências e particularidades de cada indivíduo, grupo ou organização. De forma geral, o programa deve começar ainda no país de origem dos executivos e continuar no país de destino, podendo contar com a colaboração de consultores, instrutores, palestrantes e outros profissionais e incluir vários métodos, técnicas, dinâmicas e ferramentas utilizadas em várias etapas e combinações a serem aplicadas para líderes e gerentes do país de origem e destino, tais como:

1) diagnóstico organizacional focado em determinados departamentos e equipes para realizar uma avaliação do capital e potencial humano nos países de origem e destino;

2) treinamento de competências transculturais, baseadas na identificação e no desenvolvimento de Conhecimentos, Habilidades e Atitudes (método CHA) – inclui o aprendizado do idioma e da cultura do país de origem e de destino;

3) sessões de *coaching* transcultural e dinâmicas transculturais individuais e/ou de grupo com líderes e gerentes do país de origem e de destino;

4) palestras motivacionais e inspiradoras, ministradas por executivos nativos do país de destino para líderes e gerentes do país de origem e vice-versa, com o objetivo de desvendar e descrever traços culturais, desmistificar estereótipos e desconstruir preconceitos;

5) interação entre expatriados recém-chegados, expatriados prestes a regressar e nativos do país de destino, por meio de trabalhos de equipe, apresentações e confraternizações dentro e fora do ambiente de trabalho, envolvendo grupos da mesma cultura e de culturas distintas.

Adriana Lombardo

Ao aplicar a metodologia do *Coaching* Transcultural, o *coach* irá apoiar o processo de mudança do *coachee*, expandindo sua visão de mundo para torná-lo apto a desenvolver e aprimorar suas competências pessoais e profissionais, consciente de que um estilo de comportamento ou de trabalho que funciona bem em um contexto cultural pode ser pouco ou nada eficaz num cenário distinto com outros personagens e costumes. Portanto, é necessário que os encontros de *coaching* ajudem o *coachee* a desenvolver um estilo que transcenda sua cultura de origem, tornando-se transcultural.

O *Coaching* Transcultural é um processo de aprendizagem que estimula uma atitude cosmopolita, não apenas tolerante, mas livre de qualquer julgamento onde cabe questionar expectativas para prevenir contrariedades, visualizando alternativas e soluções viáveis para que seja construída a confiança necessária para atingir metas. Nessa jornada, o *coachee* desenvolve a maturidade necessária para lidar com a diversidade, superar polarizações emocionais e ampliar suas competências transculturais, contribuindo para a construção de "pontes de aprendizado" que irão aproximá-lo de qualquer outra cultura e povo do mundo.

Master Coaches

18

2

As Organizações e os Guardiões de Seus Propósitos

Os Guardiões do propósito serão homens e mulheres abertos para o novo, dispostos a rasgar horizontes na defesa do propósito verdadeiro de sua existência, aqueles cujo amor é a matéria de seu corpo e a razão de sua vida. Serão aqueles que sabem que o que se sonha já existe, e que o importante não é o fim, mas sim o caminho que se percorre no contexto de existência

Alessandro de Freitas Gonçalves

Alessandro de Freitas Gonçalves

Graduado em Educação Física pela Universidade Federal do Rio Grande do Sul, Pós-Graduado em Administração e Marketing esportivo pela UGF/RJ, MBA em Gestão de Pessoas, Estratégias e Negócios pela Fundação dos Administradores do Rio Grande do Sul. Pós-Graduado em Ergonomia pelo Instituto de Administração Hospitalar e Ciências da Saúde. Graduado pelo seminário *Insight* de desenvolvimento humano. *Professional & Self coaching* pelo Instituto Brasileiro de *Coaching*, *Business and executive coaching* pelo Instituto Brasileiro de *Coaching*, *Master coach* pelo Instituto Brasileiro de *Coaching*, *Advanced Coaching* Senior pelo Instituto Brasileiro de *Coaching*, *Master Trainer* em PNL. Palestrante nacional na área de Liderança, saúde, qualidade de vida e hábitos saudáveis. Diretor da GPA Soluções em Movimento Humano, empresa que atua nacionalmente com programas corporativos de qualidade de vida, educação segmentada e identificação de talentos.

Contatos:
(51) 3224-7422
(51) 9136-5777
alessandro@gpapersonal.com.br
www.gpapersonal.com.br

Alessandro de Freitas Gonçalves

A condição para a plena subsistência das organizações em todas as épocas sempre esteve diretamente relacionada à manutenção e à clareza de seus propósitos. O faturamento, tão necessário para a sustentabilidade de nossas empresas contemporâneas, tem seu valor apenas por uma convenção da sociedade que, através do inconsciente coletivo mundial, permite que a obtenção de lucro esteja colocada em uma posição de superioridade no contexto de nossa sociedade.

Para que seja possível aprofundar esta valiosa reflexão, é preciso remeter nosso pensamento aos primórdios da evolução humana no que tange as principais formas de organização de comunidade. Será preciso também refletir sobre os acontecimentos que levaram nossa sociedade, através dos tempos, a atribuir valores os quais são baseados em crenças que definem os comportamentos do "Eu", do "outro" e da "comunidade". Ao final dessas reflexões e conexões de ideias, será possível entender os fundamentos nos quais nossas organizações estão embasadas. De posse disso teremos subsídios para, na condição de Líder *Coach*, atuar como agente de mudança organizacional.

Durante sua trajetória de vida, o Homem enfrentará invariavelmente duas fases:

Capítulo – quando a vida está relativamente estabilizada: emprego, relacionamentos ou qualquer situação ou conjunto de situações que o deixe relativamente confortável. Isso não significa que a pessoa não enfrente problemas nesta fase de vida, significa sim que a vida está "correndo" e que, se não houver nenhuma decisão drástica, a situação se prolongará. Viver um capítulo de vida significa ter a sensação de que as coisas estão no lugar, não necessariamente é ser acomodado. A pessoa que vive um capítulo pode ter metas e objetivos a serem conquistados, mas aceita com naturalidade sua situação e entende que existe um tempo de maturação para que os sonhos sejam concretizados. Existem pessoas que vivem o capítulo, mas movimentam-se constantemente para mudar, criando situações pessoais e profissionais na expectativa de alçar voos mais altos, ou ainda o fazem pela incerteza de estarem percorrendo o caminho "certo". Estar vivendo um capítulo de vida não pode ser classificado como bom ou ruim, certo ou errado, mas sim, viver uma fase de maior estabilidade emocional no contexto existencial.

Transição – a transição é o período vivido pelo homem entre um capítulo e outro de sua vida. Esse estágio normalmente é decorrente de um acontecimento drástico como uma separação, morte de um ente querido, demissão, falência de um negócio ou qualquer ocorrência que abale a estrutura emocional da pessoa. Dependendo da capacidade de superação, as transições podem gerar sofrimento pela incerteza do que será o futuro. Algumas pessoas se sentem perdidas nesses períodos e não sabem que decisão tomar, isso ocorre principalmente quando a

Master Coaches

mudança que gerou a transição foi inesperada ou indesejada. Também é comum notar pessoas que, pela insegurança, criam caminhos diversos, como abrir negócios sem sentido, viajar ou comprar excessivamente na expectativa de fugir do perigo aparente. Outras pessoas, entretanto, escolhem viver esse momento ou são capacitadas para enfrentá-los. Ainda que ocorra sofrimento, aceitam-no e sabem que a transição é parte de um caminho para se viver um capítulo melhor.

Vimos que a mudança se faz presente na vida humana a todo o instante, mas é preciso ser prudente quando se fala neste assunto, pois esta nem sempre significa a mudança real de fatos, aliás, quase na totalidade das vezes a mudança significa, em primeira instância, a transformação da percepção que se tem sobre um mesmo fato. Essa cadeia influencia diretamente o comportamento do "Eu" que, por sua vez, traz reflexos nas atitudes do "outro" com quem se relaciona e, por consequência, a "comunidade" movimenta-se no espaço diferentemente do que faria sem a mudança inicial do seu elemento.

Conhecer com profundidade os propósitos de existência da organização, entender a mudança como elemento parte desse contexto e, principalmente, estar aberto para receber de forma imparcial a diversidade de percepções são condições não negociáveis para o Líder *coach* que se dispõe a conduzir uma organização na difícil trilha do autoconhecimento e na obtenção de resultados consistentes e sustentáveis.

A evolução do sistema organizacional

Desde que se tem registros, o homem se organiza em comunidades a fim de dividir responsabilidades no que tange a necessidade do alcance de propósitos coletivos. As comunidades de ontem também são chamadas de empresas hoje, onde sua forma de organização e relacionamento interpessoal traz resquícios dos comportamentos antepassados.

Círculo - a primeira forma de organização significativa na história da sociedade foi o círculo. Os homens primatas reuniam-se em círculos ao redor do fogo para se aquecer. Os indígenas cantavam e dançavam em círculos para celebrar a colheita, os guerreiros planejavam a guerra e celebravam a paz nesta posição. Os cavaleiros sentavam ao redor de mesas redondas para planejarem suas estratégias de guerras e comemorarem suas vitórias. Nas organizações antigas e bem-sucedidas, o círculo sempre simbolizou a igualdade de condições no momento em que ninguém ocupava posição de destaque. Transparência no momento de expressar opiniões, pois todos podiam ver ou serem vistos no momento em que falavam ou ouviam. Compartilhamento de decisões, já que todos podiam expor sua perspectiva sobre o tema.

Mas a verdadeira chave para o sucesso das comunidades que se organizavam em círculos estava na clareza de propósito. Todas as características expostas anteriormente e principalmente o posicionamento espacial e a percepção de unidade dos integrantes permitia que ficasse claro para todos a verdadeira razão de estarem reunidos. O propósito deve ser o líder invisível de qualquer organização e, quando ele está claro, ainda que existam opiniões divergentes, o resultado positivo virá.

O valor das comunidades circulares está em colocar o propósito no centro, ainda que aparentemente seja um simbolismo, a forma de percepção humana e a organização cerebral conduzem as pessoas componentes do grupo a enxergarem o propósito como valor central de todos os movimentos no espaço físico e subjetivo.

Hierarquia – com o progressivo crescimento das comunidades, tornou-se necessária uma reestruturação na forma de gestão dos grupos. A forma circular de organização já não era mais aceita devido à inviabilidade de compartilhamento de muitas decisões. Em algum momento da história julgou-se pertinente escolher um líder que, teoricamente, era dotado de capacidades privilegiadas, o que o credenciava para decidir em nome de toda a comunidade.

À medida que este modelo de gestão se consolidou, o propósito, razão de ser da organização, deixou de ocupar a posição central como ocupava na maneira circular e passou a ocupar o topo da pirâmide. Local este que somente a cúpula da organização tem acesso e familiaridade. Mesmo porque nem sempre é apresentado para o novo integrante qual é o real propósito da empresa. Que diferença esta comunidade quer fazer no mundo? Que valores essa comunidade quer fundamentar? Em que essa comunidade pretende verdadeiramente contribuir para com o desenvolvimento da sociedade?

O modelo de hierarquia permite que apenas as lideranças superiores saibam responder a essas questões e os ocupantes da base, de modo geral, reproduzem funções superficiais sem entenderem em essência qual o real impacto de sua atuação no propósito da organização e, consequentemente, no mundo. A presente descrição do modelo de hierarquia não se caracteriza como uma crítica ao sistema, já que o propósito, muitas vezes, é alcançado por intermédio desta estrutura organizacional, ainda que esse não seja conhecido e nem vivido por todos.

Propósito

Burocracia – a complexidade das tarefas decorrente da exigência mercadológica e da conjuntura econômica mundial, especialmente após a revolução industrial, conduziram as comunidades a burocratizarem seus processos na expectativa de conquistarem maior controle sobre os resultados. Ao mesmo tempo em que a burocracia permite de forma segura a expansão de grandes corporações no cenário internacional, essa pode restringir as relações interpessoais a procedimentos mecanizados e aparentemente sem sentido.

No modelo vivido em nossas empresas contemporâneas, o propósito real da organização tende a ocupar duas posições:

1 – No topo da organização, acessível àqueles que trabalham em nível estratégico da empresa e que têm como princípio de gestão a sustentabilidade de resultados.

2- Na base, junto às pessoas que trabalham no nível operacional e conhecem com profundidade o impacto real que a empresa gera na sociedade.

Em muitos casos, o propósito central da organização, naturalmente, tem dificuldade de permear as entranhas da burocracia, e, portanto, o sucesso pleno das empresas atuais depende de estratégias inteligentes comandadas por um Líder *Coach*.

Propósito
Propósito

Entendidas as formas de organização das comunidades é preciso compreender de que maneira o Líder *Coach* pode atuar e conduzir estratégias realmente eficazes ao ponto de gerir a mudança no sentido mais positivo da palavra.

O primeiro passo é ter a consciência de que organizações são, fundamentalmente, feitas de pessoas e para pessoas "EU", estas pessoas interagem com outras "Outro" e o conjunto de interação ao redor de um objetivo comum forma a "comunidade". Estas pessoas, em suas individualidades, adquirem através do seu caminho existencial crenças que nortearão seus comportamentos e, por consequência, a construção de seu futuro. Estas crenças são construídas a partir de conexões cerebrais advindas de experiências e principalmente de percepções destas experiências. A diversidade de crenças permite que exista no mundo uma diversidade de pensamentos, sentimentos e comportamentos.

As crenças fundamentam os valores que delimitam a nossa forma de atuação, percepção do mundo e posicionamento no espaço em que vivemos. A atribuição de valores a determinadas crenças, define como será nossa percepção interna de mundo. Por exemplo: uma pessoa que acredita em Deus tem como valor a fé. Dependendo de onde vive, esta mesma pessoa poderá colocar seus valores à prova quando ela adentra em um sistema formado de pessoas que não comungam da fé como valor central. Neste momento, é possível que ela precise escolher se sustentará publicamente o seu valor ou não, sob pena de ser excluída do sistema em que adentrou ou ainda de influenciar os demais componentes do sistema sobre a importância da fé.

As pessoas possuem um sistema de crenças e valores individuais que tende a conduzi-las a se relacionarem com outras cujas crenças e valores são semelhantes. Assim são formadas as comunidades as quais contam com sistema de crenças e valores coletivos.

A partir daí nascem os julgamentos, que nada mais são do que a constante comparação entre uma nova informação e o sistema de crenças e valores individual e/ou coletivo. Esta situação é fácil de ser entendida quando percebemos que determinado comportamento é perfeitamente aceito em um ambiente e inadmissível em outro. Quem determina o limite do aceito e não aceito, do certo e do errado, nesses casos é o sistema de crenças e valores incorporados por aquela comunidade ou aquela pessoa.

O segundo passo, para a atuação do Lider *Coach*, é identificar os valores e crenças dos colaboradores e atrelá-los ao propósito central da organização. Quando existe a identificação subjetiva entre valores do "Eu" e propósito da comunidade, individual passa a verdadeiramente sentir-se parte do coletivo e assim seus pensamentos, sentimentos e comportamentos passam a movimentar-se na direção do bem maior.

Para identificar crenças e valores centrais das lideranças responsáveis por disseminar esta filosofia de trabalho, o Líder *Coach* poderá utilizar a "Roda da vida", uma ferramenta que mensura o grau de satisfação da pessoa nos quatro quadrantes que compõe a sua vida.

Master Coaches

A partir da utilização da "Roda da vida", o *Coach* consegue identificar o que realmente é importante para a pessoa e, assim, adentrar no chamado "Valor por trás da meta", que são as crenças que sustentam a necessidade de alcançar o objetivo principal aparente, identificado na roda da vida.

A partir de então, será preciso realizar um trabalho de identificação, fortalecendo os laços entre os valores centrais de sua meta e o propósito da empresa. Esta metodologia de trabalho permite que se desenvolvam pessoas verdadeiramente identificadas com essência da organização. Estas pessoas são denominadas "Guardiões do Propósito", aqueles que serão condutores dos valores mais profundos da organização através das entranhas da burocracia. Os Guardiões terão a missão de traduzirem em pensamentos, sentimentos e ações o verdadeiro propósito organizacional. Serão alavancas de mudança, inabaláveis às críticas e influências negativas decorrentes das rotinas operacionais. Pelo contrário, serão formadores de opiniões, influenciando pessoas na direção do propósito da empresa. Ser Guardião do Propósito significa ter intenção clara de coração, firmeza de valor, significa acreditar que a qualidade de resultados e a sustentabilidade deles dependem de uma empresa comprometida com o propósito que a criou.

O Guardião do Propósito sabe seu papel enquanto "EU", a sua função nas relações com o "outro" e conhece a chave para consolidar o elo da comunidade. Sustentado pela firmeza de seus propósitos, os Guardiões atuam na organização de maneira diferente, pois são desprovidos de julgamentos superficiais e imbuídos do apreço ao bem comum. São dotados da capacidade de perceber que, muitas vezes, a linguagem da mudança é a mudança de linguagem.

3

Coaching de Saúde: o atendimento que você sempre quis!

O objetivo de um *coach* de saúde é traçar um olhar integral no que diz respeito às áreas de saúde do seu cliente

Ana Maria Volpato

Ana Maria Volpato

Coach com certificação internacional através da *International Association of Coaching Institutes* (ICI). *Master* e *Trainer* internacional em Neurolinguística. Doutora em Ciências pela Universidade Estadual do Rio de Janeiro (UERJ). Mestre em Ciências da Saúde, especialista em Fisiologia do Exercício e Bacharel em Educação Física pela Universidade do Extremo Sul Catarinense (UNESC). Trabalha com *coaching* individual e em grupo, ministra cursos e palestras com foco em saúde e relacionamentos.

Contatos
www.anavolpatocoaching.com
volpatoam@gmail.com
(21) 8111-5706

Ana Maria Volpato

"Eu tenho que emagrecer em 2012!" Quantas pessoas você escutou dizendo isso no início de ano? Infelizmente, a obesidade ou o sobrepeso é um estado de saúde que aumenta continuamente em todas as regiões do país, em todas as faixas etárias e em todas as faixas de renda. Essa é a conclusão da recente pesquisa realizada pelo Instituto Brasileiro de Geografia e Estatística (IBGE).

O sobrepeso atinge mais de 30% das crianças entre cinco e nove anos de idade, cerca de 20% da população entre 10 e 19 anos e nada menos que 48% das mulheres e 50,1% dos homens acima de 20 anos. Entre os mais ricos, o excesso de peso chega a 61,8% na população de mais de 20 anos. Como consequência do aumento do peso da população, a presença de outras doenças crônicas como hipertensão e diabetes tipo II segue a mesma tendência de crescimento. Mantido o ritmo atual de crescimento do número de pessoas acima do peso, em dez anos elas serão 30% da população – padrão idêntico ao encontrado nos Estados Unidos, onde a obesidade já se constitui em um sério problema de saúde pública.

Na tentativa de mudar esse quadro, grande parte das pessoas procura informação a respeito do que pode fazer. É importante ressaltar que nas fontes de informação comumente utilizadas (internet, televisão, artigos) existe muito conteúdo interessante e confiável, assim como existe a parte não confiável. Portanto, não acredite em tudo o que você lê e ouve. Vamos supor que, diante das informações, uma pessoa decida mudar a alimentação e fazer exercícios. Isso funciona durante algum tempo e depois não mais. A pergunta que surge é: o que impede que consigamos vencer a luta contra a obesidade?

Em geral, as escolhas focam em mudar apenas um ponto causador da doença. Para alguns essa estratégia funciona. Contudo, a obesidade pode ter causas múltiplas, o que faz com que múltiplas estratégias sejam necessárias para transformar um indivíduo obeso em um indivíduo magro.

Nesse sentido, o *coaching* de saúde surge como um processo poderoso no combate à obesidade. O objetivo de um *coach* de saúde é traçar um olhar integral no que diz respeito às áreas de saúde do seu cliente. Observar o alcançar de uma meta de saúde (ex. emagrecimento) como um alvo, onde ações integradas irão facilitar o caminho para o sucesso. Ainda, o processo de *coaching* de saúde irá promover a autonomia dos pacientes através do conhecimento e entendimento a respeito dos assuntos relacionados à saúde, dando-lhes maiores recursos para mudanças, autocuidado, automonitoramento e independência.

Assim como em outros tipos de *coaching*, a definição da meta é o primeiro passo. O simples fato de refletir para especificar onde está e aonde quer chegar é uma arma poderosa que te move para a ação. Seguem algumas perguntas fundamentais para a definição da meta.
- Quantos quilos você tem e quantos quer ter?
- Como a realização dessa meta vai afetar sua vida e a de outros?
- Como você saberá que está atingindo sua meta?
- De que recursos você precisa para atingir sua meta? Como você conseguirá?
- De quanto tempo você precisa para atingir?
- Qual é o seu plano de ação?

Com a meta definida, o segundo passo é identificar na ilustração abaixo:
- Quais fatores biopsicossociais facilitam o meu caminho até o objetivo e quais fatores retardam esse caminho?

Esse modelo foi desenvolvido considerando a doença como um sintoma resultante de alterações biopsicossociais. Essa visão integral dos fatores que influenciam a doença ou o objetivo em questão irá ampliar a visão do cliente, dando mais opções para ações estratégicas.

Considere acrescentar outros fatores biopsicossociais, levando em conta a sua experiência de vida. Ao identificar as forças que bloqueiam o caminho até a meta, algumas perguntas podem ser úteis:
- Diante disso, o que você mudaria em cada aspecto?
- O que pode ser modificado?
- O que você acha que não pode ser mudado?

Ana Maria Volpato

As perguntas e ferramentas apresentadas até agora favorecem uma análise detalhada, ampliam a visão sobre o problema e abrem portas para opções de mudança. Contudo, sabemos que nem tudo pode ser mudado na busca por um objetivo. Ainda dentro do contexto de emagrecimento, os fatores psicológicos são relatados como o ponto-chave da questão, como se fossem os "donos" do nosso autocontrole. Um dos maiores prazeres de um *coach* de saúde é gerar nos seus clientes um comportamento emocional favorável que pode ser descrito em termos de MOTIVAÇÃO, DISCIPLINA TRANQUILIDADE e que, na visão dos clientes, parecia ser impossível.

É com o intuito de minimizar ou até mesmo eliminar os padrões emocionais negativos que entram em ação as ferramentas de Programação Neurolinguística (PNL). A PNL é um modelo de comunicação e aprendizagem desenvolvido por Richard Bandler e John Grinder. Utiliza conhecimentos sobre como o cérebro representa informações e como ele atribui significado aos acontecimentos, de forma que qualquer pessoa pode conscientemente acionar os mesmos mecanismos para ter uma vida mais satisfatória. Atualmente, a aplicação da PNL é difundida por Robert Dilts e demonstra grandes resultados na promoção da saúde. Através das técnicas é possível:
- Acessar estados de excelência
- Superar conflitos internos
- Substituir crenças limitantes por crenças apoiadoras
- Controlar a ansiedade
- Abandonar comportamentos e hábitos indesejáveis
- Superar perdas
- Ter motivação para alcançar os objetivos

Além da PNL, a hipnose Ericksoniana funciona como mais uma ferramenta importante na reeducação alimentar, na redução da ansiedade e da compulsão. A hipnose pode ser definida como um estado alterado de consciência ou percepção. Em termos simples, a hipnose é um estado de profundo relaxamento, no qual o consciente e o inconsciente do paciente podem ser focalizados por ficarem mais receptivos à sugestão terapêutica.

Portanto, aqui você dispõe de novas opções para auxiliar o seu processo de mudança. Assim como você tem o hábito de planejar e agir com foco em outras áreas da vida, comece a planejar e agir com o intuito de prevenir doenças e promover saúde. É curioso como algo que parecia difícil ou impossível pode se tornar prazeroso quando um novo olhar é traçado sobre o assunto. Você pode começar a aplicar todas as técnicas através da leitura das obras de autores consagrados

Master Coaches

na área.

Deixo alguns trechos da obra de Clarice Lispector que evidenciam a base de trabalho de *coaching*, a mudança:

"Mude. Mas comece devagar, porque a direção é mais importante que a velocidade."

"Não faça do hábito um estilo de vida, ame a novidade. Tente o novo todo dia. O novo lado, o novo método, o novo sabor, o novo jeito, o novo prazer, o novo amor. A nova vida. Tente."

"Você certamente conhecerá coisas melhores e coisas piores do que as já conhecidas, mas não é isso o que importa. O mais importante é a mudança, o movimento, o dinamismo, a energia. Só o que está morto não muda! Repito por pura alegria de viver: a salvação é pelo risco, sem o qual a vida não vale a pena!"

Referências Bibliográficas:

Encontre artigos sobre *coaching*, PNL e hipnose:
- Anthony Robbins - http://www.tonyrobbins.com/
- Instituto de Neurolinguística Aplicada - http://www.pnl.med.br/artigos.htm
- Instituto Brasileiro de *Coaching* - http://www.ibccoaching.com.br/
- Milton Erickson Foundation - http://erickson-foundation.org/
- Robert Dilts - http://www.nlpu.com/NewDesign/NLPU.html#

Livros:
- Poder sem limites (Anthony Robbins) - Editora Best Seller
- Crenças – Caminhos para a saúde e bem-estar (Robert Dilts) - Summus Editorial
- PNL e saúde (Ian Mcdermott e Joseph O´Connor) - Summus Editorial

4

Abordagem *master coaching* para aprendizagem

Qualquer mudança que se possa perceber no comportamento ou desenvolvimento cognitivo sugere que ocorreu aprendizagem

André Percia

André Percia

Psicólogo clínico e hipnoterapeuta com formação internacional em *Coaching*. *Practitioner*, *Master Trainer* em PNL e MBA em Gestão Pela Qualidade na UFF. Ministra cursos e palestras no Brasil e no exterior.

Contatos:
www.youtube.com/Andrepercia
apercia@terra.com.br

André Percia

oaching relaciona-se com aprendizagem e, de acordo com Knowles, Holton e Swanson, esta é "a extensão e clarificação de significado da experiência de alguém". O forte conceito de "mudança" no *coaching* é inerente ao conceito de aprendizagem. Qualquer mudança que se possa perceber no comportamento ou desenvolvimento cognitivo sugere que ocorreu aprendizagem (Cox, Bachkirova e Clutterbuck, 2010).

Há três teorias sobre aprendizagem, as quais se relacionam com a própria natureza do *coaching*:

1 – Andragogia

A andragogia vê os adultos como aprendizes, o que dá direção e apoio ao processo. Baseada no trabalho de Linderman (1920) e várias outras teorias, teve seus pressupostos apresentados por Knowles (1878). Foram identificadas características facilitadoras da aprendizagem. Desde a década de 1970 estão presentes na cultura da aprendizagem e são identificadas no *coaching*:

a) Adultos precisam saber. No *coaching*, a agenda é do cliente ou é cuidadosamente negociada com o mesmo. Mesmo quando o *coach* acredita precisar conduzir alguma indução, processo ou experiência, existe um grande consenso hoje de que o foco deve estar sempre no cliente, em suas necessidades e desejos.

b) Adultos são autodirecionados. Com a maturidade vem a autodireção e a autonomia. Mas nem todos os adultos têm autonomia pessoal total: há diferenças de capacidades e de preferências. A aprendizagem tende a ser melhor se facilitada, e não direcionada. Adultos querem ser tratados como iguais e ser respeitados pelo que sabem e por como preferem aprender. Por isso um *feedback* específico, livre de julgamentos ou opiniões, é uma característica-chave do processo de *coaching*.

c) Adultos têm uma riqueza de experiências anteriores. Pessoas amadurecidas acumulam uma crescente reserva de experiência para a aprendizagem, o que gera um profundo impacto no processo desta. Apesar disso, em alguns casos, experiências anteriores podem reforçar padrões antigos nem sempre desejados. *Coaches* podem desafiar pressupostos existentes em relação a novas aprendizagens e experiências, encorajando a aprendizagem e a "desaprendizagem".

d) Adultos aprendem quando devem aprender. Adultos tornam-se

Master Coaches

prontos a aprender quando em suas vidas existe a necessidade de saber ou entender. Quanto mais os *coaches* (quanto maior for o número de *coaches* ou quanto maior a intensidade da antecipação de situações?) anteciparem as situações de vida dos clientes e responderem a isso, mais eficaz o processo será.

e) Adultos são orientados pelo que é relevante. Frequentemente, adultos procuram aplicação imediata para o que aprenderam e são orientados a soluções. Eles aprenderão melhor quando precisarem lidar com um assunto que os pressiona.

f) Adultos são motivados internamente. Geralmente, adultos são mais motivados para aprendizagens que os ajudem a resolver problemas. Valores e necessidades internas são motivadores poderosos, e estes devem ser sempre considerados no processo de *coaching*.

2 - Teoria da aprendizagem experimental

Filosoficamente articulada por John Dewey (1910) e depois operacionalizada por David Kolb (1984). Essa abordagem tem em comum com o *coaching* mais ênfase em técnica e processo do que no conteúdo. Aqui, uma experiência concreta imediata é a base para observações e reflexões. Estas são assimiladas em uma "teoria" cujas implicações para ações futuras são deduzidas.

É uma teoria construtivista, a qual sugere que as ideias não são elementos fixados e imutáveis do pensamento, mas experiências formadas e reformadas. Aprendizagem é um processo dialético que integra experiências, conceitos e observações para dar direção e impulso (Cox, Bachkirova e Clutterbuck, 2010).

3 - Teoria da aprendizagem transformativa

Envolve uma revisão profunda e fundamental nos princípios de nossas crenças e sentimentos, o que implica numa mudança de percepção com o potencial para alterar o entendimento sobre nós mesmos e sobre outras pessoas, além de nosso senso de possibilidades. Transformamos o que damos como "certo" em algo mais inclusivo, discriminado, aberto, emocionalmente capaz de mudar. E reflexivo para que possa gerar crenças e opiniões que se provarão mais justificadas e verdadeiras para guiar ações. Algumas vezes, as vicissitudes da vida provocam isso, outras vezes *coaches* podem contribuir para promover a aprendizagem.

Desafios geram resultados num dilema desorientador, o qual é seguido por uma discussão envolvendo valores e crenças. Aqui ocorrem as reflexões críticas sobre a origem e a natureza do dilema. Isso requer a suspensão do julgamento sobre verdades e falsidades das ideias até que seja feita uma nova determinação. Este discurso reflexivo é fundamental para a aprendizagem transformativa e leva a um entendimento mais claro para uma avaliação melhor. O estágio final envolve um exame pessoal que funciona como uma reorientação, a qual acarreta profunda aprendizagem e ações revisadas (Cox, Bachkirova e Clutterbuck, 2010).

Em *"From Coach to Awakener"* (2003), Robert Dilts nos apresenta os quatro níveis de aprendizagem definidos por Gregory Bateson, uma das pessoas que inspiraram os criadores da PNL:

- **Aprendizagem zero:** é não mudança. Envolve comportamentos repetitivos nos quais o indivíduo, grupo ou organização estão numa espécie de armadilha "dentro da caixa", envolvendo hábitos, resistência e inércia.

- **Aprendizagem I:** é mudança incrementadora, gradual. Tem a ver com fazer correções e adaptações pelo comportamento, com flexibilidade. Tais mudanças podem até estender as capacidades de pessoas, grupos e organizações, mas ainda estão "dentro da caixa" estabelecendo e redefinindo novos procedimentos e capacidades, e essa aprendizagem é melhor facilitada através do ensino.

- **Aprendizagem II:** rápida, mudança descontinuada. Envolve mudança instantânea de resposta para uma nova categoria inteiramente diferente ou classe de comportamento, onde se muda "a caixa". Facilitada pelo processo de Mentoria.

- **Aprendizagem III:** é a mudança evolutiva. Ocorrem alterações significativas, as quais empurram a pessoa para além dos limites de identidade dela, do grupo ou da organização. Foca na "caixa" e na "construção", onde podem ocorrer coisas como transição de papéis e mudanças de identidade. Há que se patrocinar para que tais mudanças melhor ocorram.

- **Aprendizagem IV:** mudança revolucionária. Despertar para algo completamente novo, único e transformador, completamente fora da caixa. Um novo mundo, com novas tecnologias e capacidades abrindo portas para possibilidades desconhecidas.

Estratégias de sobrevivência

De acordo com Dilts (2003), são padrões profundos internos inconscientes, geralmente estabelecidos numa idade bem anterior e abrangem tipicamente respostas como lutar (atacar), voar (escapar)

Master Coaches

ou congelar (paralisar). Formam uma parte de nossa programação fundamental e funcionam como uma espécie de metaprograma, o qual dá forma sobre como abordamos a vida e os relacionamentos. Fazem parte de uma programação profunda que compartilhamos com outros animais como estratégia de sobrevivência.

Exercício: níveis de aprendizagem de Bateson (Dilts, 2003)
Conduza o cliente assim:
1 – Pense num problema ou relacionamento que continua a cair numa velha estratégia de sobrevivência, embora ineficaz (Nível 0 de Aprendizagem). Volte para lá e reviva. Demonstre ou encene a resposta comportamental que manifesta na situação, sabendo que o padrão pode envolver uma sequência de estratégias de sobrevivência.

2 – Dê um passo atrás e reflita sobre esse padrão de comportamento. Note como responde mentalmente e fisicamente à situação. Explore como poderia ajustar ou adaptar seu comportamento (Aprendizagem I). Encene algumas possibilidades sobre como variar o comportamento corrente. Adquira mais flexibilidade.

3 – Dê outro passo atrás e vá para uma posição de "observador", observando-se na situação.
a. Note como vem categorizando ou observando a situação até agora. O que percebe como questão de sobrevivência? Que crenças vêm mantendo sobre si, outros ou sobre o contexto que levou você a perceber tal situação como de "sobrevivência"?
b. Pense em outro tempo ou situação onde foi capaz de agir ou responder de uma forma completamente diferente e com mais recursos (Aprendizagem II). Volte para lá mentalmente.
c. Crie uma "ponte de crenças" para a situação-problema. Qual crença possui que permite a você agir com recursos na situação? Que crença necessita ter para dar suporte a uma nova classe de comportamento na situação-problema? Pense em um mentor que o ajudaria a manter essa nova crença.
d. Revisite a situação problemática e aja como se tivesse essa crença e essa diferente classe de comportamento associadas na situação. O que seria diferente?

4 – Dê mais um passo atrás, refletindo sobre si e sobre a classe de comportamentos que tem tido disponível para si próprio em sua vida. Considere um sistema completamente diferente, com uma

gama distinta de comportamento, num nível de identidade diverso que não seja o seu (Aprendizagem III).

a. Ache uma pessoa, animal ou ser que teria uma estratégia completamente diferente da sua naquela situação. Encontre o modelo e "entre nele" (segunda posição na PNL). Que crença precisa ter para se colocar no lugar deste "outro ser"?

b. Da perspectiva deste "outro ser", qual é a metáfora para si enquanto usa esse modelo? Qual é o seu "chamado" neste modelo? Pense num patrocinador em sua vida que o ajudou a expandir sua percepção sobre quem é e imagine-se novamente naquela situação-problema, respondendo a ela como se fosse essa outra pessoa, aplicando o chamado ou inspiração que este possui para lidar com o desafio e a metáfora que criou.

5 – Dê um passo atrás do espaço da Aprendizagem III. Abra-se para o que Bateson chamou de "padrão que conecta" e "mente maior". Pense em algo ou alguém que o tenha "despertado", abrindo sua visão sobre o que era possível. Crie uma âncora ou símbolo para esse estado. Usando a âncora ou símbolo para que se mantenha no estado, vá retornando para cada um dos Níveis de Aprendizagem até voltar para a "situação-problema" e aja espontaneamente. Que comportamento poderia produzir, o qual não se encaixaria em nenhuma classe ou sistema de comportamento? (Aprendizagem IV).

Referências:
Dilts, R. 2003. From *Coach* To Awakener. Meta Publications, CA. USA.
"THE ESSENTIAL NLP PRACTITIONER'S HANDBOOK: *How to suceed as an NLP Therapist and Coach*" por Murielle Maupoint, Reino Unido.
Stone D., Patton B. e Heen, S. 1999. Conversas Difíceis. Editora Campus. RJ, Brasil
Clutterbuck, D. 2008. *Coaching* Eficaz. Editora Gente. Brasil
Ellis, D. 2006. Life *Coaching*: *A manual for Helping Professionals*. Crown House Publishing Limited. UK
Martin, C. 2001. The Life *Coaching* Handbook. Crown House Publishing Limited. UK
Percia, A. 2006. Gol de Cabeça. Ed. Papel Virtual. Brasil.
Shervington, M. 2005. *Coaching* Integral. Ed. Qualitymark. Brasil
Williams, P. & Menendez, D. *Becoming a Professional Life Coach*. 2007. W.W. Norton & Company. UK
Wycza, P. 1997. *Living Awareness, Awakening to the Roots of Learning and Perception*. Getaway Books. UK

Master Coaches

5

Coaching de Carreira: um convite para uma vida com sentido e significado

Este artigo tem por objetivo demonstrar como o processo de *coaching* contribui para uma melhor escolha profissional e como a carreira impacta a construção de uma vida provida de significado e sentido

Andréa Aguiar

Andréa Aguiar

Mestre em Administração pela UFMG Pós-graduada em Gestão de Pessoas com ênfase em *Coaching* pelo IBC Pós-graduada em Gestão Estratégica de Recursos Humanos pela UFMG. Psicóloga pela UFMG *Master Coach* pelo Instituto Brasileiro de *Coaching* - IBC, certificada internacionalmente pela Global *Coaching Comnunity* - GCC, *European Coaching Asssociation* – ECA. *Master Coach Senior* pelo IBC e certificada internacionalmente pelo *Behavorial Coaching Institute* - BCI. Psicoterapeuta, consultora organizacional e *coach* de vida e de carreira. Palestrante sobre os temas: Escolha Profissional, Qualidade de Vida, Motivação, Liderança. Coautora do livro: *Recursos Humanos: uma Dimensão Estratégica*. UFMG/FACE/CEPEAD, 1999. Ampla experiência na área de RH, tendo coordenado por 10 anos um curso superior de Gestão de Recursos Humanos em Belo Horizonte. Professora nos cursos de graduação e pós-graduação de diversas instituições de ensino superior.

Contatos:
andrea@andreaaguiar.com.br
andreaaguiar@ibccoaching.com.br

Andréa Aguiar

"O trabalho jamais é neutro [...] Ou joga a favor da saúde ou, pelo contrário, contribui para sua desestabilização e empurra o sujeito para a descompensação." (DEJOURS, 2004, p.138)

Em geral, a escolha de uma profissão ou carreira nem sempre é algo que envolve planejamento e que está alinhado com um projeto de vida. A maioria das pessoas "escolhe" sua profissão baseada nas oportunidades do mercado, na tradição familiar ou em habilidades e competências que julga possuir e que acredita estarem alinhadas com a profissão escolhida. Nem sempre a tomada de decisão com base nestes fatores irá levar o indivíduo a ter uma vida no trabalho plena de satisfação.

Morin (2001) explica o sentido do trabalho como uma estrutura afetiva composta por três elementos: o significado, a orientação e a coerência. O significado refere-se às representações que o sujeito tem de sua atividade, assim como o valor que lhe atribui. A orientação é sua inclinação para o trabalho, o que ele busca e o que guia suas ações. E a coerência é a harmonia ou o equilíbrio que ele espera de sua relação com o trabalho.

Já segundo Antunes (2000), para que exista uma vida cheia de sentido fora do trabalho, é necessária uma vida dotada de sentido dentro do trabalho.

A experiência do trabalho para o homem tem uma função de construção de significados, na medida em que cumpre um papel de identificação e criação de relação entre os homens. Este processo, que ao mesmo tempo separa e estabelece associações entre os indivíduos, pode produzir segurança e confiança num processo de diferenciação e criação da identidade individual (ARENDT, 1999).

Segundo Dejours (2004), muitos indivíduos que saem da infância com uma identidade incerta encontram na relação com o trabalho uma segunda chance de obter um fortalecimento de sua identidade.

Sendo estruturante o papel do trabalho na identidade individual, torna-se fundamental que a escolha profissional seja feita de modo maduro e com a consciência do significado do trabalho na vida do homem. Você já refletiu sobre a importância de uma escolha? Quantas vezes escolhemos nossos caminhos sem nos darmos conta do impacto que uma simples escolha pode representar em nossas vidas?

Saiba que toda escolha que fazemos na vida, até mesmo as aparentemente sem importância, gera consequências que nos acompanham por toda a existência. O futuro é consequência das escolhas que fazemos no presente. Por isto, é fundamental que você, ao decidir, reflita: o que me motiva a fazer as escolhas na minha vida? Lembre-se: como foi a escolha do seu curso superior? Era realmente

Master Coaches

algo que você queria ou é algo que lhe impuseram? Por que você escolheu a profissão que exerce? É a sua vocação ou você está repetindo uma tradição familiar?

Já sabemos que se você optar por viver uma vida sem sentido com uma ocupação sem significado, sua existência poderá se transformar num poço de frustração.

Convido você a acreditar que se fizer escolhas com discernimento, alinhadas à sua missão, aos seus valores, à sua essência, estará sendo cada vez mais assertivo em todas as suas atitudes, estará sendo você onde estiver.

Assim, resta a você escolher. Saiba que o não decidir já traz em si uma escolha: ser VÍTIMA da situação. É uma escolha pela infelicidade, lamento, mas não deixa de ser uma escolha. Para viver uma vida com mais sentido, escolha o que ganhar, não o que perder! Encontre sua missão neste mundo e, a partir daí, faça as escolhas certas para que você possa sustentar seu propósito, com a prática de ações que o levarão à realização.

Cavalcante (2009), em sua obra, nos diz que não devemos aceitar nenhuma escolha que nos distancie de nós mesmos. Ele aconselha: prefira sempre a sua verdade; assim você estará, a cada escolha, dando um passo em direção ao seu propósito e será capaz de se sentir plenamente realizado.

Como disse Santo Agostinho, "ninguém faz bem o que faz contra a vontade, mesmo que seja bom no que faz". Você precisa encontrar sua verdadeira vocação. Todos nós temos um chamado a que precisamos atender se quisermos chegar mais perto da nossa realização pessoal.

Covey (2005), no livro O 8º hábito, nos ensina a ouvir nossa voz interior. Ouça sua voz interior, uma voz que só você é capaz de escutar sem distorções de sentido. Talvez você esteja se perguntando o que teria de fazer para se escutar verdadeiramente.

Quando algo dentro de você diz assim: não tenho vida própria, me sinto exausto, isto é sua consciência dizendo a você que basta. E o que você faz? A maioria das pessoas simplesmente a ignora ou talvez racionalize dizendo que há tantas pessoas desempregadas e que pensar estas coisas é uma grande bobagem. Novamente é porque uma voz interna grita assim: *Não posso mudar as coisas, melhor me conformar e tocar a vida pra frente.*

Podemos citar um pensamento de Albert Schweitzer, encontrado em Covey (2005:95), que assim diz: "*Na vida de todos nós, em algum momento, o fogo interior se apaga. Então se acende novamente quando encontramos outro ser humano. Deveríamos estar grato a essas pessoas que reacendem o espírito interior*".

Andréa Aguiar

É justamente este o lugar de um *coach* de carreira, ser alguém que reacende em seu cliente o fogo interior através de quebras de paradigmas e mudança de crenças limitadoras, permitindo que ele se autodescubra e se permita ter uma vida plena de significados. O *coaching* de carreira ajuda as pessoas a descobrir o que realmente almejam fazer com suas vidas e a desenvolver uma estratégia para alcançarem seus objetivos.

Para Covey (2005), a voz é o nexo entre o talento (nossos dons e pontos forte naturais), a paixão (aquelas coisas que nos energizam, empolgam, motivam e inspiram), a necessidade (incluindo o que o mundo precisa e nos paga por isto) e a consciência (essa pequena voz silenciosa dentro de nós que nos diz o que é certo e nos impele a fazê-lo). Ele completa dizendo que quando nos engajamos num trabalho que usa nosso talento e alimenta nossa paixão – que surge de uma grande necessidade do mundo, a qual nossa consciência nos chama para atender -, é ali que está nossa voz, nossa vocação, o código da nossa alma.

O problema é que em vez de nos voltarmos para aquilo que é único em nós, fazemos justamente o contrário, buscando nos assemelhar àquilo que nos vendem como modelo. Modelos de beleza. Modelos de sucesso. Modelos de felicidade. Isso é uma imensa bobagem! Não existem modelos prontos; cada um de nós, com aquilo que tem de único, precisa confeccionar no dia a dia o modelo que deseja vestir na vida.

Quando você não é capaz de dizer a verdade a si mesmo, corre um sério risco de somatizar essa sensação, enfim, de ter sintomas físicos, e até mesmo ficar doente. Jacques Lacan, psiquiatra francês, dizia que doenças são palavras não ditas.

Segundo José Roberto Marques, presidente do Instituto Brasileiro de *Coaching*, o *coaching* de carreira é um o processo responsável por identificar e apontar qualidades, competências e pontos de melhoria para potencializar o desempenho do cliente e estabelecer objetivos para seu desenvolvimento.

A maior virtude do conceito de carreira atualmente se dá por conta do seu deslocamento de foco temporal, ganhando assim uma perspectiva de projeto de vida, com um horizonte mais amplo e mais distante no tempo e no espaço.

Sendo assim, o processo de *coaching* de carreira, para ser eficaz, não pode se limitar apenas à escolha de uma profissão e, sim, identificar, prever e alimentar o futuro ocupacional, desenhando com o cliente um projeto de vida em que estejam definidas a sua missão e a sua contribuição para o mundo.

Master Coaches

Segundo Melo (2005), viver em plenitude é viver em sua essência nos diferentes aspectos que compõem o conjunto da vida humana. Não podemos deixar escapar a chance de analisar um indivíduo como um todo durante o processo de *coaching*, principalmente os jovens. Muitos adultos insatisfeitos com a vida só vão descobrir, depois de muito tempo, o que falhou em suas escolhas. Algumas pessoas, depois de anos de trabalho, queixam-se de não terem aproveitado bem a vida; praticam pouco esporte, não tiveram *hobbies*, não se doaram a uma causa social, não constituíram amizades. Tudo isto em função do que não foi avaliado antes, do que não foi planejado.

A maioria das pessoas fica atrás de seus medos. E, quando não os enfrenta, sufoca a sua missão, por receio de mudar. Uma das formas mais rápidas de você conseguir ser infeliz é aceitar ser menos do que pode ser, dar menos para a vida do que pode dar.

Ao lado deste sentimento, assistimos instituições perdendo dinheiro por contar com pessoas cujas missões, incoerentes com os cargos que ocupam, não conseguem responder com eficácia ao que delas se espera.

Mapear ou mesmo construir a missão pessoal e, consequentemente, a missão profissional, é a primeira ação de quem deseja buscar congruência entre o que faz e o que deveria estar fazendo para atingir a realização plena.

A carreira, a vida familiar e todas as demais dimensões da vida podem ser afetadas pela nossa concepção de missão.

Melo (2005) esclarece que, mesmo tendo consciência de nossa missão, nos distanciamos dos benefícios e do prazer que decorrem do ato de gerenciarmos nossas atitudes, direcionando-as para o objetivo proposto: pode ocorrer que tenhamos consciência de nossa missão, porém pouco ou nada fazemos para vivenciá-la. Mesmo conscientes do que almejamos, nos falta fé, confiança em nós mesmos para vencer cada um dos obstáculos que se apresentem, superando-os e aprendendo com eles.

No processo de *coaching* de carreira, o cliente deverá ser capaz de identificar sua missão de vida e também a profissional.

Para tanto é necessário, primeiramente, conhecer sua profissão, possibilidades de carreira, mercado de trabalho, fatores facilitadores e dificultadores do seu trabalho.

Depois, é importante mapear o estilo de vida do seu cliente, seus comportamentos e suas atitudes a fim de averiguar a congruência com a carreira escolhida.

Em seguida, faz-se necessário mapear as competências e habilidades do cliente para que, juntamente com o *coach*, possam ser

Andréa Aguiar

levantados seus pontos fortes e os pontos a serem desenvolvidos para que venha a ter uma grande carreira.

Após esta análise é importante levantar quais crenças e valores norteiam o comportamento do seu cliente. Muitas vezes, crenças limitantes têm impedido o seu sucesso profissional e pessoal. Pois bem, neste momento o *coach*, munido das informações anteriores, vai levar o cliente a construir sua missão, na qual terá que responder a uma pergunta fundamental: quem sou eu? Para que eu existo?

A próxima etapa agora é identificar como está a afiliação, ou seja, identificar a quais grupos seu cliente pertence e qual é a diferença que ele faz na vida de cada uma das pessoas que o compõem.

Por fim, o *coach* conduz seu cliente para o último passo a ser dado. Este é o momento em que o cliente se conscientiza de que, muito além da escolha de uma profissão, já é capaz de entender que a vida só tem sentido se for vivida dentro de uma carreira que tenha sentido, numa carreira que tenha um propósito maior, numa carreira que gere uma contribuição para a sua vida, sua família, sua organização e para o mundo.

Neste momento, o cliente já construiu sua missão, encontrou o propósito da sua vida e foi capaz de escrever sua declaração de contribuição. Então é fundamental que o *coach* alinhe todos os níveis anteriores (crenças e valores, capacidades e habilidades, comportamentos e atitudes) com este propósito maior.

Deste modo, é fundamental fazer perguntas como, por exemplo: que conhecimento, talento ou habilidades únicas você tem que podem ajudá-lo a operacionalizar a sua missão e garantir que a sua contribuição ao mundo seja verdadeiramente ofertada?

Para Covey (2011), uma grande carreira tem a ver com solucionar grandes problemas, encontrar grandes desafios e dar grandes contribuições. Para o autor, pessoas que estão procurando só um emprego têm um currículo. Pessoas que estão procurando uma grande carreira têm uma declaração de contribuição.

Segundo o autor, o primeiro passo para definir sua contribuição é conhecer seus pontos fortes, o seu talento. Em seguida, é fundamental identificar por quais oportunidades relacionadas ao trabalho você é apaixonado. Ter paixão é imprescindível para uma grande carreira. E, por fim, examine sua consciência. É a sua consciência, sua voz interior, que vai sussurrar ao seu ouvido e dizer qual contribuição você deve fazer. Ela diz a você qual é a sua responsabilidade na sua carreira.

Ora, o trabalho é um dos elementos da vida de uma pessoa. Mas se qualquer um dos setores de nossa vida (família, trabalho, saúde, espiritualidade, relacionamentos em geral) não se alinhar com verdadei-

Master Coaches

ro sentido e com a nossa essência, pode ser um veneno mortal, e muitas vezes tomado a conta gotas num processo punitivo e sob a égide das crenças que limitam e roubam do homem o seu verdadeiro papel: o de ser livre e de viver plenamente ao potencializar exponencialmente tudo aquilo que já traz consigo desde o nascimento. Como seria bom ter alguém que nos mostrasse que é possível viver neste estado!

Assim, podemos concluir que o processo de *coaching* para carreira possibilita ao cliente escolher uma profissão, um trabalho, uma carreira que possa trazer sentido para sua vida pessoal e profissional, uma vez que o processo culmina com a descoberta, por parte do cliente, do real significado da sua existência e do seu legado.

Referências:

ANTUNES, R. *Os sentidos do trabalho: Ensaio sobre a afirmação e a negação do trabalho.* São Paulo, SP: Boitempo, 2000.
ARENDT, Hannah. *A Condição Humana. Rio de Janeiro: Forense Universitária,* 1999.
CAVALCANTE, Anderson. *O que realmente importa? São Paulo: editora Gente,* 2009.
COVEY, Stephen R. & COLOSIMO, Jennifer. *Grande trabalho, grande carreira.* São Paulo: Novo Século Editora, 2011.
COVEY, Stephen R. *O Oitavo Hábito.* São Paulo: Frankley Covey, 2005.
DEJOURS, C. O. *Da psicopatologia à psicodinâmica do trabalho.* Rio de Janeiro: Editora Fiocruz, 2004. p.127-139.
MELO, Ricardo. *Profissional Integral: vida e carreira em comunhão dinâmica.* Belo Horizonte: Editora Enede, 2005.
MORIN, E. M. (2001, jul./set.). *Os sentidos do trabalho. Revista de Administração de Empresas,* São Paulo, 41(3), 8-19.
SOARES, D. H. P. *O jovem e a escolha profissional.* Porto Alegre: Mercado Aberto, 1987.

6

Resignificação: um novo olhar sobre o passado, uma nova visão para o futuro

O *Coaching* ocorre no presente com foco no futuro e o *coach* deve sempre se lembrar disso, para não gastar tempo demais tentando entender o passado

Anthenor Bittencourt

Anthenor Bittencourt

Master Coach Senior e *Trainer* do Instituto Brasileiro de *Coaching*. Analista Comportamental, com formação em Hipnose Ericksoniana e transe generativo, certificado nacionalmente pelo Instituto Brasileiro de *Coaching* e internacionalmente pela *Global Coaching Community* (GCC), *European Coaching Association*(ECA), pelo Metaforum e *Behavioral Coaching Institute* (BCI). Advogado e professor de Direito universitário e nos mais renomados cursos preparatórios para concursos na cidade do Recife-PE. Bacharel em Teologia, pastor da Igreja Evangélica Batista Vida e vice-presidente do projeto social Voluntários de Cristo, no Recife. Pós-graduado em Gestão de pessoas com *Coaching* pelo IBC e em D.Eleitoral pela Universidade Cândido Mendes–Brasília. *Trainer* em Programação Neurolinguística (PNL) pelo Instituto Brasileiro de *Coaching*.

Contatos:
profanthenor@ig.com.br
anthenor@ibccoaching.com.br

Anthenor Bittencourt

"Os teus olhos são a luz do teu corpo Se eles forem bons, todo o teu corpo terá luz; mas se eles forem maus, todo o teu corpo será tenebroso."

Jesus de Nazaré, o *Master*.

É obvio que quando o mestre ensinava nesta passagem sobre os olhos, fazia-o metaforicamente, destacando não a capacidade física de enxergar, mas a maneira como vemos as coisas, as pessoas, a vida e a atribuição de significado que damos a tudo para que possa fazer algum sentido para nós. A Programação Neurolinguística (PNL) apresenta este conceito de modo interessante destacando que, desde que nascemos (ou mesmo antes), interagimos com ambientes e fatos que nos cercam e causam impressões em todos os nossos sentidos. A partir dessa interação, omitimos o que nos parece, naquele momento, informação desnecessária; distorcemos adaptando o que captamos aos nossos interesses e necessidades, para que adquira significado relevante e generalizamos a experiência, criando crenças que possibilitem a aplicação do princípio criado em outras circunstâncias, facilitando futuras decisões. Estamos falando sobre o mapa, a maneira de enxergar o mundo e a vida que nos ajuda a trilhar a nossa história e alcançarmos os nossos objetivos. Cada pessoa tem o seu mapa. As pessoas reagem ao seu próprio mapa da realidade (cada cabeça é um mundo), não à realidade. Por isso, é uma verdadeira falácia dizer a alguém: "Cai na real!", no sentido de "Volte à realidade!". Que realidade? Qual delas, a minha ou a sua? Nenhum mapa é melhor ou pior do que outro, pois cada um faz sentido para aquele(a) que o criou com base nas suas experiências com variáveis infinitamente diferentes. Peço permissão para citar Rubem Alves, que num texto inspirado chamado Onde você guarda os seus olhos?[1], poeticamente nos ensina sobre as posições perceptivas que surgem diante de um mesmo fato: *"...Quando vejo os ipês floridos, sinto-me como Moisés diante da sarça ardente: ali está uma epifania do sagrado. Mas uma mulher que vivia perto da minha casa decretou a morte de um ipê que florescia à frente de sua casa porque ele sujava o chão, dava muito trabalho para a sua vassoura. Seus olhos não viam a beleza. Só viam o lixo... Drummond viu uma pedra e não viu uma pedra. A pedra que ele viu virou poema. Há muitas pessoas de visão perfeita que nada veem"*.

O que isso tem a ver com *coaching*?

Todo processo de *coaching* inicia-se com as definições básicas: Estado Atual e Estado Desejado, onde o *coachee* está e aonde ele quer chegar. Cada cliente que chega até nós está realmente buscando uma mudança, uma transformação, mesmo que ainda não saiba exatamente defini-la. O seu mapa não está mais funcionando ade-

---

[1]ALVES, Rubem. Onde você guarda os seus olhos? Disponível em http://reqqiem.blogspot.com/ 2010/12/onde-voce-guarda-seus-olhos-postagem-do.html. Acesso em: 20 fev.2012

Master Coaches

quadamente, pois as metas desejadas não acontecem e os resultados atuais podem até estar causando dor.

Não por acaso um dos maiores *bestsellers* mundias sobre autogestão, Os 07 hábitos de pessoas altamente eficazes, começa falando a respeito de mapas, paradigmas e mudança de paradigmas. O seu autor, Stephen Covey declara[2]:

"Cada um de nós tem muitos e muitos mapas dentro da nossa cabeça, que podem ser divididos em duas categorias principais: mapas do modo como as coisas são, ou da realidade, e mapas do modo como as coisas deveriam ser, ou dos valores. Interpretamos todas as nossas experiências a partir destes mapas mentais. Raramente questionamos a sua exatidão; com frequência nem percebemos que os utilizamos, apenas assumimos que a maneira como vemos as coisas é do modo como elas realmente são ou deveriam ser".

Começa então o primeiro desafio de um *super coach*: entender o mapa do seu cliente, pois a chave para influenciar pessoas é entrar no seu modelo de mundo, nos seus paradigmas ou crenças, entendendo o porquê de seus comportamentos, para somente então ajudá-lo a mudar o que ele quiser. É importante, neste momento, fugir da tentação de ser um conselheiro que, ao ouvir o problema, já apresenta soluções pré-moldadas, nascidas das suas próprias experiências e que podem trazer ainda mais confusão ao seu cliente, que está buscando harmonia. Isto é tentar impor o seu mapa como melhor do que o dele. Um *Master Coach* deve desejar possuir a habilidade descrita na poderosa frase de Hermann Hesse: "Nada lhe posso dar que já não exista em você mesmo. Não posso abrir-lhe outro mundo de imagens, além daquele que há em sua própria alma. Nada lhe posso dar a não ser a oportunidade, o impulso, a chave. Eu o ajudarei a tornar visível o seu próprio mundo, e isso é tudo". Ao invés de dar uma de "sabe-tudo" e senhor de todas as respostas, o *Coach* ouve na essência o seu cliente e convida-o para, a partir de um lugar seguro, olhar com olhos de luz a sua própria história a fim de entender como chegou até o estado atual e o que precisa ser mudado, de dentro para fora, para que se alcance o estado desejado. Isso me faz lembrar Nietzsche, que afirmou que a primeira tarefa da educação é ensinar a ver. O *coach* também é um educador.

Olhos de luz sobre o passado para honrar e respeitar a própria história

É muito comum receber *coachees* que estão desperdiçando uma quantidade enorme de energia amaldiçoando e brigando com o seu passado. Alguns chegam a afirmar: "Gostaria de apagar o meu passado!". Em casos assim, gosto de usar uma música dos anos 80 cha-

[2]COVEY, Stephen R. Os 7 hábitos de pessoas altamente eficazes. 25. Ed. Rio de Janeiro: Best Seller, 2005.

Anthenor Bittencourt

mada Caminhos, para conduzir a sessão. Seu refrão diz: "Se um dia eu pudesse ver meu passado inteiro e fizesse parar de chover nos primeiros erros. Sol, o meu corpo viraria sol, minha mente viraria sol, mas só chove, chove, chove...".

Após cantarolar esta música, pergunto ao cliente: é possível mudar o passado? A resposta, geralmente aos prantos, sempre tem sido negativa. Então, convido o cliente a refletir sobre a possibilidade de que o que ele chama de passado e que o atormenta naquele momento não seja feito apenas dos fatos ocorridos (que efetivamente não podem ser mudados), mas sim do registro feito por ele em seu mapa da interpretação dos fatos e circunstâncias que experimentou em um dado momento de sua história (e que, isto sim, pode ser modificado). No início, os olhos esbugalhados do cliente me mostram que preciso de uma ilustração para tornar o conceito menos abstrato. Entre outras tantas, gosto de usar a história do Dr. Francisco Dirceu[3] que, após passar nas várias fases de um concurso para Promotor de Justiça, iria enfrentar a última fase, onde, se tirasse 5,00 (a nota mínima), ficaria em primeiro lugar e poderia escolher a cidade onde serviria. Confiante no resultado e com o seu objetivo em mente, procurou no mapa e marcou a cidade que escolheria para servir como promotor. Para a sua surpresa, tirou 4,98 na última prova, sendo reprovado por 0,02. Naquele momento o fato era: ele fora reprovado por dois décimos. O registro no mapa, feito de acordo com os filtros do momento: isso foi ruim, triste ou traumático. Qualquer um se sentiria triste e frustrado nessa situação. Passado um ano e meio após a reprovação, Francisco ouviu uma notícia na TV: "O promotor de Justiça de determinada cidade foi assassinado". Imediatamente, procurou os seus papéis antigos e viu que era exatamente a cidade que ele iria escolher se não fossem aqueles 0,02. Ele relata que caiu de joelhos e agradeceu a Deus por não ter passado naquela prova. Isso é resignificação: o fato não foi mudado, mas foi lançado um novo e rápido olhar sobre ele, com outros recursos e informações não disponíveis à época. O acontecimento histórico era o mesmo: a reprovação. Mas o que parecia ter sido muito ruim agora era visto como algo muito bom, maravilhoso, pois uma nova informação foi acrescentada ao mapa. Gosto de perguntar se o cliente já viveu alguma história assim para consolidar ainda mais a compreensão.

Na prática

Concluímos então que *"Resignificar é modificar o molde pelo qual uma pessoa percebe os acontecimentos a fim de alterar o significado. Quando o significado se modifica, as respostas e comportamentos da pessoa também se modificam.*[4]"

---

[3]BARROS, Francisco Dirceu; DOUGLAS, William. Carta aos concursandos. Rio de Janeiro:Elsevier,2006.

[4]BANDLER, Richard; GRINDER, John. Resignificando: programação neurolinguística e a transformação do significado. São

Master Coaches

Narrarei agora um caso poderoso de uma cliente (com a sua devida permissão que desde já agradeço), a quem chamarei de Áquila (Áquila é um nome masculino). Ela chegou ao meu "*coachitório*" informando que precisava urgentemente mudar de vida e que havia conflitos internos que estavam comprometendo muito a sua inteligência emocional e todos os seus relacionamentos. Era uma profissional muito inteligente e bem-sucedida na sua área, além de ser uma mulher exuberante e muito comunicativa. Estava solteira, já tinha um pouco mais de 50 anos e sentia que o tempo de mudar era agora, pois havia literalmente destruído vários relacionamentos anteriores, sem saber explicar o porquê. Um fator interessante que ela me reportou foi a constante visão de que ela estava o tempo todo fazendo força para impedir algo ou alguém de emergir do chão (posteriormente ela identificou este ser consigo mesma, como uma nova Áquila que tentava florescer e era impedida pelo medo das mudanças). A partir da segunda sessão, após a aplicação de *assessments* e ferramentas de praxe, quando percebi que se sentia mais segura e à vontade, convidei-a para parar de desperdiçar energia nesta luta interna, que não a conduzia à respostas, e investir essa mesma energia numa revisitação à sua história, a fim de reorganizar e inventariar o seu tesouro pessoal, constituído de erros e acertos. O convite foi imediatamente aceito e passamos a usar as ferramentas da hipnose ericksoniana e da linha do tempo. Assim, enquanto cocriávamos tarefas que lidavam com aspectos do presente, pedíamos permissão à mente inconsciente para compartilhar os registros e lembranças do passado. Aí então veio a lembrança de que precisávamos: aos 13 anos ela tinha presenciado, escondida, os pais discutindo para decidir se continuariam separados ou se haveria a possibilidade de reconciliação. Nesta conversa ela percebeu que o seu pai, a quem amava muito, estava ferindo a sua mãe com palavras duras e que soavam como humilhantes. Naquele instante ela fez uma promessa a si mesma: nunca permitiria que um homem tivesse qualquer poder sobre ela ou que a humilhasse. Não precisa ter muita imaginação para entender os efeitos devastadores de uma promessa como esta, feita por uma criança com tão poucos recursos e entendimento sobre relacionamentos. As crenças criadas eram: humilhe os homens, antes que você seja humilhada e não deixe que o amor faça de você uma fraca, como a sua mãe.

Com esta preciosa informação, decidi usar a linha do tempo, um recurso que possui o poder das coisas simples. Uma linha de um ou dois metros desenhada no chão ou construída com fita crepe. O cliente escolhe intuitivamente o lado do passado e o do futuro, marcando, na extensão, onde estaria o ponto presente. Após alguns momentos de respiração profunda e conexão, Áquila entrou em sua linha do tempo

Anthenor Bittencourt

exatamente no presente, olhando para o futuro e descreveu o seu estado atual e suas dúvidas a respeito do futuro. Convidei-a para dar meia-volta, olhar para o passado e buscar aquele momento e aquela criança que fazia parte dela e ainda mantinha a promessa feita (se fizesse mais sentido para ela, poderia dar alguns passos nessa direção). Ao confirmar que ela estava conectada com a lembrança trazida pela mente inconsciente de modo intenso, iniciamos a ressignificação. Ao invés de criar um conflito entre a parte adulta de 50 anos e a criança de 13, onde a mais velha simplesmente diria "Sai daí e deixa que eu dou as ordens agora!" conduzi, resumidamente, o seguinte diálogo:

- Por que esta garotinha está fazendo esta promessa a respeito do seu relacionamento com os homens?
- Para se proteger!
- De que e de quem? Como ela está se sentindo?
- Proteger-se do sofrimento e da humilhação. Ela não quer passar pelo que a mãe está passando. Ela se sente com muita dor e medo. Sente-se também culpada pela situação e discussão. Não quer que nenhum homem jamais tenha o poder de fazê-la passar por isso!
- Então você está me dizendo que a promessa que ela fez tinha a intenção positiva de protegê-la da dor de ser eventualmente humilhada pelo homem que amasse?
- Sim!
- Olhando para ela agora, você acha que ela tinha outros recursos ou opções de proteção naquele momento?
- Não!
- E agora você, Áquila adulta, aos 50 anos dispõe de outros recursos para se proteger de situações como esta, para ter relacionamentos saudáveis onde nenhuma das partes seja humilhada?
- Sim - disse emocionada - Claro que possuo!
- Ok! Maravilhoso! Se pudéssemos honrar e respeitar a intenção positiva de proteção desse eu criança, como faríamos isso?
- Colocando-a no colo, dando-lhe carinho, agradecendo-lhe porque, do seu jeito, ela só queria se proteger.
- Faça isso! - longos minutos de emoção, choro e gestos de carinho - Que tal agora dizer que você tem hoje muito mais recursos para proteger vocês duas e pedir a permissão para que você decida como cuidar dessa área de relacionamentos?
- Sim! - ela concorda e se sente agora segura e protegida - Estamos nos abraçando com tanta força e amor que estamos nos tornando uma só, uma nova pessoa, com a maturidade dos 50 anos e a alegria e capacidade de sonhar da criança de 13!
- Convido você a registrar todo este momento... Sinta o que estiver

Master Coaches

sentindo, ouça o que estiver ouvindo, veja o que estiver vendo e, quando você estiver à vontade o suficiente, faça um gesto de reverência que demonstre honra e respeito à sua história... Isso... Por favor, dê meia volta e, a partir do presente, com olhos limpos, olhar de luz, em paz consigo mesma, dê alguns passos e me diga como você vê o seu novo futuro?

- Com muita luz!

As próximas sessões foram incrivelmente produtivas e a *coachee* não andava mais, voava. O nome Áquila foi escolhido pela sensação descrita por ela mesma: a de que se sentia como uma águia que voltava a voar depois de um processo de renovação.

Finalmente

Coaching não é terapia, embora possa trazer resultados terapêuticos. O *Coaching* ocorre no presente com foco no futuro e o *coach* deve sempre se lembrar disso, para não gastar tempo demais tentando entender o passado. Assim, na ressignificação deve-se gastar apenas o tempo suficiente para entender o registro do passado feito pelo cliente e ajudá-lo a enxergar mais informações e opções, ou seja, gerar um olhar de luz sobre a sua história, mostrando que mesmo as sombras cumpriram o seu papel de construção do eu, mas não devem ser as únicas coisas lembradas. Se os teus olhos forem bons, todo o corpo terá luz. Que o Mestre, que deu visão a muitos cegos, cure os nossos olhos e nos faça também curadores. Que haja luz!

7

Fast Coaching

É mais prático usar golpes simples e diretos ao invés de dezenas de golpes lentos e ineficientes

Antonio Azevedo

Antonio Azevedo

Coach, palestrante e consultor. Atua em *Coaching* e dinâmicas com equipes, focado no desenvolvimento de aptidões e utilização de métodos criativos de solução de problemas. Graduado como administrador de empresas e comunicador desde 1984, é especializado em Qualidade & Produtividade e T&D (Treinamento e Desenvolvimento). *Coach* pelo *InCoaching*, pela Plexus e pelo ICI. *Trainer* em PNL e instrutor profissional de RH, participou de vários cursos e seminários internacionais, com Jefrey Zeig, Steve Andreas, Joseph O'Connor, Ernest Rossi e outros nomes da PNL e da Hipnose Ericksoniana. Também é criador e moderador de grandes grupos online de discussão na área de Recursos Humanos, com mais de 1500 participantes: *Coach*-Brasil e PNL-Brasil no Yahoogroups. Seus artigos e textos podem ser lidos no site http://antonioazevedo.com.br

Antonio Azevedo

Eu era bem jovem quando entrei em um campeonato de karatê, lá pelo meio do século passado... Sim, eu fazia karatê e me gabava de conhecer bem o esporte. Na preparação, me esforcei em aprender muitas técnicas. E acreditava na variedade para surpreender os competidores. No entanto, meu *sensei* (meu professor era japonês) observou que aprender golpes diferentes para o mesmo objetivo nem sempre é o mais eficaz. Para ele, o mais prático era praticar golpes simples e diretos, fáceis de aprender, o que os tornava mais rápidos e eficazes. Essa lição ficou em minha mente por muito tempo e, com o meu desenvolvimento no *Coaching*, relembro às vezes a sabedoria nipônica de meu *sensei*.

Por várias vezes em cursos, congressos e seminários somos apresentados a modelos novos de *Coaching* e, após uma análise criteriosa, não encontramos muitas diferenças - a não ser uma ênfase maior na etapa de preparação do *coachee* ou um realce na subdivisão das etapas do planejamento e acompanhamento. Ocorre que, com o entusiasmo da novidade, descuidamos da prática anterior. Esta ênfase em aprender diferentes jargões e modelos talvez seja similar ao que eu fazia no aprendizado do karatê – atenção apenas a novos golpes, ao invés de aprimorar os já conhecidos. Nem sempre é necessário reinventar um modelo, mas sim aprimorar a competência do *coach* para observar o estado mental do *coachee* e apoiá-lo nos momentos em que precisa, discriminando, quando é necessário, maior suporte emocional, uma dose de bom senso ou uma visão distanciada e crítica dos fatos.

Apesar da profusão de modelos, até hoje o principal problema das sessões de *Coaching* é descobrir a melhor forma de abordar uma determinada dificuldade. O profissional, estimulado pelas alegações de que há um modelo de *coaching* ótimo para cada perfil, busca alternar fórmulas, o que pode distrair o *coachee* do conteúdo. Retornar ao básico e fazer corretamente o que se sabe é a melhor proposta para atender bem ao *coachee* e ajudá-lo a alcançar suas metas. Por isso, pretendo não apresentar modelos novos, mas discutir oito pontos de como aumentar a solidez, a eficácia e a elegância em fazer o *Coaching* que você já conhece. Note que a palavra "elegância" está sendo usada com a conotação de realizar algo de forma natural, espontânea, sem esforço.

Saiba de cor o seu modelo

Se o seu estilo de *Coaching* é tão complicado que precisa de um texto de apoio, você ainda não está elegante o suficiente. Estude várias vezes até que consiga sintetizar tudo o que precisa dizer e

Master Coaches

fazer em uma folha de papel. E depois leia-a até que seu uso seja fácil como respirar.

Quando o modelo é claro, não precisa ser detalhadamente explicado. Você o executará natural e rapidamente, e o *coachee* o acompanhará. Não discuta diferenças entre modelos, a não ser que o seu *coachee* também seja especialista em *Coaching* (com certeza encontrará alguns assim) e, nesse caso, por alguns momentos, interrompa o processo para discutir técnicas. Não discuta o *Coaching* enquanto o aplica.

Nichos somente no início do processo

Em minha prática diária, não enfoco tanto as divisões por nichos, tais como *Coaching* profissional, *Coaching* de vida, financeiro, de carreira e até espiritual. Para a maioria das pessoas as questões são multifacetadas. Mesmo que esteja fazendo *Coaching* em um contrato empresarial, o objetivo é tornar aquele profissional o melhor possível, o mais eficaz, criativo e motivado que puder ser. E impor limites ao que está sendo discutido não vai ajudar muito.

Quando uma questão está focalizada somente no ambiente profissional, possivelmente não será objeto de queixa. Mas quando um comportamento do aspecto profissional também se manifesta na vida pessoal, aí sim, ele vai pedir ajuda. Acompanhe o processo de análise da realidade do *coachee* e ajude-o a manter o foco na solução, mas sem compartimentalizar as questões a serem discutidas.

Pare de apertar botões

O *coach* muitas vezes é treinado para se valer de estados especiais do *coachee*, suscitados através de perguntas de impacto e momentos de alta motivação e desempenho. Assim, fica acionando técnicas e perguntas que estimulem o efeito "eureka" como resposta. Como é gratificante, o *coachee* percebe e se condiciona a esperar por este efeito. No entanto, a reação emocional diminui, pelo natural embotamento da sensibilidade ao que é familiar.

O *coach*, percebendo isso, pode acreditar que requer mais experiências significativas e acaba intensificando o método que, exatamente da mesma forma, diminui ainda mais os resultados. Mesmo com a plena confiança no profissional e mesmo que o *coachee* tenha a melhor das intenções·em seu progresso, basear o processo de *Coaching* apenas neste fundamento fará com que ele se frustre, por não sentir mais o mesmo efeito.

O estímulo cognitivo e comportamental utiliza endorfina, uma neurodroga que cria estados e sentimentos positivos. Só que o suprimento desta é limitado e requer tempo para se recompor. Como este estado não é infinitamente disponível, a tendência do *coachee* é resistir mais para ver se o efeito "eureka" aumenta. Experiências significativas profundas, epifanias e estados exaltados de decisão e motivação não sustentam um processo de *Coaching*. Um plano de ação mais equilibrado, que utilize tanto a emoção quanto a razão, gera mais compromisso em longo prazo.

Use jogos, não deveres de casa

Desde pequenos a maioria de nós aprende a resistir às tarefas escolares, pois transmitem a impressão de que serão chatas, entediantes e sem muito propósito. Sim, é uma generalização, há pessoas que adoram receber tarefas, mas não é uma regra geral. No entanto, *coaches* oferecem aos *coachees assesments* (avaliações) para fazerem em casa, textos para ler e escrever e outros tipos de material. Somente os que têm um componente lúdico, prazeroso, que seja ligado ao estilo e personalidade do *coachee*, têm chance de serem realizados.

Ao invés disso, use jogos e desafios – algo similar ao que foi feito na sessão de *Coaching*, porém ampliado, para uso no intervalo entre as sessões. Um desafio deve ser balanceado, com aspectos racionais e emocionais. Um dos que costumo usar quando estou trabalhando com clientes que tenham tendência à procrastinação, seja no âmbito pessoal ou profissional, é que criem um jogo de anotar quantas vezes adiam tarefas em uma hora – e depois se divirtam em reduzir essa contagem na hora seguinte. Essa prática é simples, desenvolve a autoconsciência e não cria autopunição.

Pise no freio para evitar a impaciência

É muito comum que um processo de mudança passe por altos e baixos e momentos de pausa. Se a expectativa do *coachee* for para resultados rápidos, o *coachee* poderá acelerar e chegar a conclusões precipitadas. Ou, se o *coach* busca um processo completo, querendo fechá-lo de forma lógica em cada sessão, criará um sentimento ilusório de facilidade na resolução. Parecerá produtivo, mas objeções não levadas em consideração farão um efeito pior ao surgirem quando o *coachee* estiver sozinho. E a aparente facilidade do processo poderá levá-lo o a se impacientar com retardos posteriores, criando uma autocrítica que prejudicará a continuidade.

Na maior parte dos casos, pode ser mais produtivo reforçar e consolidar cada etapa, revisando cada decisão, informação e alternativa encontrada e explicando ao *coachee* a importância da solidez

Master Coaches

em cada passo. Costumo sugerir aos meus *coachees* que repitam duas ou três vezes uma etapa de uma sessão anterior, pois digo que precisamos dar mais do que uma "demão de tinta" para ter certeza que "a massa" ficou bem certinha e não vai descolar. Isto tem fundamento na Neurociência, pois leva tempo para uma nova trilha cerebral se tornar consolidada como uma opção de pensamento e comportamento. Repetir um pensamento cinco a seis vezes, principalmente quanto envolvida uma tomada de decisão, além de criar familiaridade, permite que o *coachee* tenha a certeza absoluta do compromisso envolvido.

Não faça o trabalho braçal para o seu *coachee*

Muitos *coaches* utilizam sistemas, processos e técnicas com diagramas e esquemas elegantes ou apresentam ao *coachee softwares* e formulários prontos que visam ajudar a alcançar o objetivo. Vou contar um segredinho: eu sou um deles. Adoro aplicativos, *softwares* para celulares, planilhas e outros sistemas. E, a princípio, os *coachees*, em sua maioria, podem também apreciar tais brinquedos. Como talismãs, conferem um poder "mágico" ao *Coaching*, parecendo ser mais fácil do que é. Só que são mesmo apenas talismãs. E, no momento em que ocorram altos e baixos da vida do próprio *coachee*, por um insucesso ou dificuldade temporária em sua aplicação ou até por perturbações de humor, podem ser postos de lado e, com eles, todo o processo de *Coaching*.

Uma das formas de evitar isso é oferecer o mínimo de orientação prévia possível de como formular e estruturar os sistemas de acompanhamento e autoavaliação. Se o *coachee* tiver predileção por planilhas, mesmo que você tenha uma perfeita, esconda-a e faça-o criar a própria, ao seu jeito. Se houver um sistema online pronto que ele deseje aprender, ajude-o a experimentar, mas não "venda o peixe" demais. Isto é, não permita que invista a fé no *Coaching* em uma só ferramenta. Volta e meia retorne ao básico, tal como escrever as metas no papel, para que não se envolva demais em sistemas.

Trabalhe em Escala Macro e Micro

O processo de *Coaching* é ao mesmo tempo uma autoavaliação e uma avaliação das contingências e do ambiente. Nele são discutidos tanto objetivos pessoais quanto pressões situacionais, tanto recursos presentes quanto oportunidades futuras, ameaças posteriores e obstáculos presentes. Nem sempre o *coachee* está em uma perspectiva eficaz. Pode ficar empacado em um detalhe im-

Antonio Azevedo

produtivo ou no contexto geral, sem encontrar forma de intervir. Por exemplo, se o *coachee* culpa por demais a política e o sistema da empresa como um todo, faça-o discutir a mesma política e sistema, mas aplicados no nível departamental ou divisional. Em seguida, debata modos de obter mudanças positivas neste nível.

Uma das melhores formas de buscar a elegância no *Coaching* não é tanto orientá-lo para a solução certa, mas sim para o nível certo de examinar a questão. Muitos dizem que "uma boa pergunta é meio caminho de uma solução", porém o essencial é perceber que é a primeira parte do caminho. Encontrar respostas sem formular corretamente as perguntas pode criar uma miopia na solução. Considere, vez por outra, reexaminar o mesmo assunto, mas de uma perspectiva diferente. Podem ser praticadas algumas das técnicas de distanciamento ou de posicionamento ensinadas nos cursos de *Coaching*, de forma a examinar as questões sobre vários ângulos e dimensões.

Irradie o processo para o grupo

Em minha experiência no *Coaching*, preocupei-me em usar procedimentos que não necessitassem de muita infraestrutura, que pudessem ser autoaplicados. Considero que o *Coaching* é mais produtivo quando seus modelos de pensamento são absorvidos pelo *coachee* e replicados além, para o seu ambiente e grupo. Quando o *Coaching* ultrapassa o próprio *coachee*, aí se torna mais eficaz.

O processo de *Coaching* caminha melhor quando se torna uma forma de interação e comunicação. Ou seja, o respeito pela ideia do outro e pela sua forma de tomar decisões são apoiados por uma consciência de que o melhor a fazer é combinar os pontos fortes de um grupo, família ou equipe em uma direção adequada para todos. Isso não é exatamente o que se conhece como "líder-*coach*", pois não é necessário que se disponha de uma posição formal ou um objetivo comum. Mesmo não usando um modelo explícito, ensino aos meus clientes a fazerem checagens periódicas, conforme explicado no quadro a seguir. Neste sentido, aprendem a fazer um *Coaching* descompromissado, mas que costuma ser eficaz para o uso com parcerias.

1 – Qual é o objetivo a alcançar?
Especifique a meta de cada um e do grupo e verifique se o desejo da maioria é prejudicado ou apoiado pelos objetivos individuais. Escreva a lista e parabenize mudanças de opinião, pois significam integração de ideias.

Master Coaches

2 – O que estão fazendo contribui para este objetivo?
Alinhe o longo prazo com o curto prazo, repetindo esta pergunta frequentemente.

3 – Como saberão se estão progredindo?
Especifique a maneira de medir o progresso no tempo, e os recursos disponíveis e necessários - esforço, dinheiro e conhecimento - que precisarão usar.

Levando em consideração estes oito pontos – que não são em si nenhum sistema de *Coaching*, mas uma forma de trabalhar naturalmente em qualquer codificação de *Coaching* conhecida – o *coach* aprende a agir de uma forma ao mesmo tempo rápida e eficiente e também saberá como ajudar o *coachee* a consolidar os resultados em comportamentos novos.

E se você se pergunta porque chamei este conceito no título de "*Fast Coaching*" - se, na realidade, sugere um *Coaching* mais lento e trabalhado - é que, da mesma forma como os golpes de karatê que eu praticava, este enfatiza usar poucos e rápidos processos de mudança e, assim, obter um impacto mais eficaz e duradouro.

8

A Contribuição do *Coaching* para a Evolução Humana

O Coaching é uma ferramenta poderosa para as pessoas se envolverem primeiro com uma maior compreensão e conhecimento de si mesmas para, em seguida, dispor-se a participar do meio com o objetivo de ajudá-lo

Carla Augustin Ruggeri

Carla Augustin Ruggeri

Certificada *Master Coach* pelo IBC – Instituto Brasileiro de *Coaching* – com Certificação Internacional pela ECA – *European Coaching Association* (Alemanha / Suíça), pela GCC – *Global Coaching Community* (Alemanha) e pela ICI – *International Association of Coaching Institutes* (EUA). Bacharel em Administração de Empresas pela Universidade Mackenzie e com MBA Executivo em Gestão pelo Insper (SP), acumula 20 anos de experiência profissional na área de Recursos Humanos em organizações multinacionais como Citibank, ING Bank e HSBC. *Master Practitioner* em Programação Neurolinguística, com formação em Terapia Regressiva Reconstrutiva pela *Asociación Española de Técnicas Regresivas Aplicadas* (AETRA) e vivência em Constelações Sistêmicas, atua como *Master Coach* com o foco de auxiliar as pessoas diretamente em sua evolução, maximizando a utilização de seu verdadeiro potencial tanto no âmbito pessoal quanto no profissional.

Contato:
cruggeri@carlaruggericoaching.com.br
www.carlaruggericoaching.com.br
(11) 98133-8070

Coaching é um processo que dá poder e liberdade às pessoas. Sim, é verdade! Acredite! Eu explico.

Ainda na barriga materna, percebemos o mundo como ele é para as nossas mães, com seus medos e incertezas, com suas alegrias e realidades. E começamos a ter uma memória emocional com base nas experiências maternas. Fomos realmente desejados? Fomos planejados? Que sustos e alegrias foram transmitidos pelo cordão umbilical?

Depois do nascimento, quando crianças, nós fazemos pequenas explorações para descobrir um novo mundo, mas ainda somos guiados por adultos que agem e reagem conforme o aprendizado que tiveram com suas próprias experiências. Sejam nossos pais e avós, irmãos mais velhos ou professores, eles nos ensinam a ver o mundo como eles o aprenderam. Por exemplo, pais que vivenciaram uma guerra podem transmitir aos filhos os seus traumas.

À medida que crescemos, observamos alguns fatos com nossos próprios olhos e interpretamos outros fatos sob o prisma do aprendizado herdado. Podemos descobrir que é fácil fazer amigos e sermos descontraídos mesmo que nossos pais tenham sido tímidos e do estilo "*nerd*". Podemos nos apaixonar por alguém e o relacionamento ser um desastre fortalecendo a crença negativa transmitida por alguém de que "os homens não prestam". Podemos acreditar que somos incompetentes porque alguém disse isso e podemos acreditar que somos grandiosos e viemos ao mundo para fazermos diferença. E, assim, vamos acumulando a nossa bagagem com conquistas e derrotas, com traumas e medos, com alegrias e boas lembranças, com certezas e dúvidas, com bons e maus relacionamentos, até formar o ser humano que cada um de nós é neste exato momento.

A questão é que a maioria das pessoas vive com o piloto automático acionado. Trabalham, casam, criam os filhos, cumprem com os compromissos sociais e familiares sem ponderarem se estão seguindo o caminho que um dia haviam de fato sonhado. Por isso, se estressam pelo acúmulo de obrigações e se frustram. Não se sentem realizadas, há sempre uma lacuna a ser preenchida.

Está infeliz no trabalho? Sua carreira está estagnada? Faz o que não gosta, mas é o que garante o dinheiro no final do mês para pagar as contas? E como estão suas finanças? O casamento está sufocante? O ritmo de vida está muito cansativo e você se sente uma pessoa improdutiva? E a sua saúde, como está? O que você pode fazer para mudar o estado atual? Certamente é necessária uma parada para reflexão.

Existem linhas de abordagem diferentes de *Coaching* e a mais

Master Coaches

completa é a evolutiva. Este processo conduz a pessoa a refletir sobre os vários aspectos de sua vida e como ela lida com cada um destes aspectos, além de ajudá-la a mudar aquilo que a insatisfaz. O *Coaching* Evolutivo conduz as pessoas a uma visão espiritual de mundo. Ressalto que a palavra "espiritual", nesse caso, não tem nenhuma relação com religião de nenhuma natureza e, sim, está diretamente ligada ao nosso modo de interagir com o mundo.

Para que essa reflexão aconteça profunda e plenamente, o *coaching* deverá transitar em vários níveis de aprofundamento. Inicialmente, em temas mais superficiais do ambiente: quem são as pessoas ao nosso redor? Quais os lugares que frequentamos? E quais as situações mais comuns que fazem parte do seu cotidiano? Nossa mesa de trabalho está organizada? Nossa casa está arrumada e limpa? É o onde e o quando do processo.

A partir daí, quais são seus comportamentos? Você age de forma proativa ou reage aos acontecimentos de sua vida sem pensar muito nas consequências? Quanto você permite que o que acontece externamente afete o seu "eu interior"?

Aprofundando um pouco mais: como você age estrategicamente? Como você costuma fazer? Como está seu planejamento financeiro? Quais são suas principais habilidades? Elas são suficientes para atingir seus objetivos pessoais e profissionais? Que outras habilidades você precisa desenvolver?

O *Coaching* nestes três níveis atua somente no plano do consciente da pessoa. Entretanto, sabemos que muito do comportamento humano se origina no próximo nível de aprofundamento e que pode ser consciente para algumas questões e completamente inconsciente para outras. Trata-se do nível das crenças e dos valores. É a hora de investigarmos em que você acredita. Acreditar nisso o incentiva a ir adiante e além? Ou o limita? Como você pode mudar sua crença? Quais são seus valores? O que você valoriza está alinhado com suas ações? Sua família é importante para você, mas você trabalha 15 horas por dia, preterindo-a? Há quanto tempo não tira férias?

Há outros três níveis em que o *Coaching* atua e a profundidade a que se pode chegar, se assim a pessoa permitir, é tão forte que conduzirá a reflexões bastante complexas. Tecnicamente, estes níveis são chamados identidade, afiliação e legado. Na prática, significam descobrir respostas a perguntas como: quem é você? Quais são suas luzes e suas sombras? Qual é a sua verdade? Qual a sua missão de vida?

Os seres humanos são seres duais. Nesta dualidade, travam uma batalha interna e silenciosa entre suas forças e suas fraquezas. Sen-

Carla Augustin Ruggeri

tem vergonha de suas sombras e as escondem ao máximo, muitas vezes as escondem de si mesmos. Porém, como Deepak Chopra disse, precisamos conhecer nossas sombras para descobrirmos nossa luz.

As pessoas escondem inconscientemente seu "ouro" interno sob uma grossa camada de barro. O barro é a vergonha mascarada. E a vergonha aprisiona, gera culpa. A culpa gera cobrança que, por sua vez, gera punição. É assustador o quanto somos carrascos de nós mesmos. E o *Coaching*, um processo completamente baseado no não julgamento, ajuda as pessoas a descobrirem o real significado do perdão e, principalmente, do autoperdão. Enquanto nos punimos, estamos presos ao passado, aos acontecimentos e atitudes de nossas lembranças. Quando conseguimos verdadeiramente nos perdoar, nossos olhos naturalmente passam a mirar o futuro e livramos espaço em nossas mentes para fazer novos planos, termos novas expectativas e sonhos. Identificado o "senso do eu", finalmente podemos perceber que fazemos parte de um todo. Não somos seres solitários. A famosa frase "ninguém é uma ilha" traduz isso com perfeição. Quando as pessoas descobrem que pertencem a algo maior, elas se sentem leais aos seus princípios, aos outros e ao próprio meio em que estão inseridas. Elas se tornam leais a elas mesmas, à família, aos amigos, ao trabalho, à profissão, à missão... elas são leais com a vida. Essa nova realidade cria sinergia e motiva as pessoas a darem e receberem no grupo de forma equilibrada.

Por último, as perguntas mais complexas a serem respondidas: qual o seu propósito e sua visão de vida? Qual é o seu legado? O que você quer deixar para seus filhos, sobrinhos, para as gerações mais novas? Como você quer ser lembrado? Como você pode se tornar a melhor pessoa que pode ser? Qual o limite para a sua felicidade e para o seu amor? O limite existe? Até onde você pode chegar? Quando as pessoas encontram suas respostas, neste nível de aprofundamento, usam o sistema nervoso como um todo e ampliam sua forma de enxergar o mundo. Tornam-se mais calmas, mais equilibradas, mais espiritualizadas. São respostas árduas para serem encontradas, mas que geram uma sensação plena de paz interior. Há a aceitação e o entendimento do poder de amar. A partir daí, as pessoas adquirem o real senso de significado de vida.

Somos seres integrais com quatro aspectos interligados: o ser físico, o ser emocional, o ser intelectual e o ser espiritual. Quando alcançamos a interação plena entre todas as partes, estamos em equilíbrio completo e sustentável. A verdade é que nós todos nascemos com potencial para a grandeza, abençoados com oportunidades

Master Coaches

para alcançar novos e diferentes padrões. Ficamos presos ao medo de mudar, à vergonha de sermos taxados como incompetentes ou loucos e perdemos tempo. Os enganos fazem parte da vida e errar é um direito do ser humano. Se não tentarmos, nunca saberemos se conseguiremos. E se não errarmos, é porque nunca tentamos.

O mais belo no *Coaching* é que o *Coach* não dá as respostas simplesmente porque as respostas estão dentro de cada um de nós. O *Coaching* desativa o piloto automático e desperta o poder interior nas pessoas de forma que elas conduzam suas vidas conforme suas escolhas conscientes. O *Coaching* mais que motiva, ele inspira as pessoas a irem à busca de seus sonhos e torna a vida uma aventura maravilhosa e interessante. O resultado que as pessoas atingem depende do trajeto que percorrem. Somos frutos de nossas escolhas, sejam elas boas ou más. Se escolhemos o melhor caminho, teremos bons resultados. Se escolhemos o pior caminho, teremos sofrimento e dificuldades. Então como saber qual o melhor caminho? A resposta está sempre dentro de nós, mas, muitas vezes por medo e outras vezes por causa de crenças limitadoras, ignoramo-la. Se optarmos pelo caminho do verdadeiro amor e felicidade, certamente estaremos seguindo pela opção correta.

Mesmo no caminho mais adequado, enfrentamos desafios como testes à nossa perseverança. Mas se quisermos transcender o simples viver da vida e tornarmo-nos o melhor que podemos ser como seres humanos, o melhor espírito possível, devemos manter em mente uma ideia ilimitada de liberdade que supera as questões físicas, devemos buscar a força que há dentro de cada um de nós e direcioná-la para a nossa missão e propósito. A cada passo avançado nesta direção nossa energia se renova e amadurecemos, ampliamos o nível de consciência que além de maior lucidez, nos presenteia com a paz de espírito e com o equilíbrio. Tudo isso demanda estudo, fé e treino, sempre com persistência.

Quando as pessoas despertam para essa realidade e notam que são livres para viverem suas vidas, sentem-se plenas e eternas aprendizes, pois entendem que sua percepção de mundo estava muito aquém. Através do *Coaching*, os profissionais enxergam que, por trás da maldade, há a insegurança; por trás do conflito, o medo; por trás da grosseria, a infelicidade. Não podemos amar a sombra, não amamos o ódio e a maldade, mas devemos praticar e enxergar a essência, a intenção positiva, o bem que há em todas as pessoas e, deste modo, ajudá-las a ver o amor em si mesmas para que sejam as melhores pessoas que possam ser.

Vivendo desta forma, você dormirá cada noite sabendo que fez o que podia e acordará no dia seguinte antecipando o futuro. Descobrirá que pode fazer a diferença agora, neste momento... não ontem, nem amanhã. Mas neste minuto em que está vivendo. Como escreveu Teilhard de Chardin, "não somos seres humanos que estão passando por uma experiência espiritual; somos seres espirituais que estão passando por uma experiência humana." Somos seres divinos e a vida é o caminho mágico para fazermos as pazes com a nossa humanidade e a nossa divindade.

A espiritualidade verdadeira é sermos cientes de que, se somos interdependentes com todas as coisas e todas as outras pessoas, mesmo os menores e mais insignificantes pensamentos, palavras e ações tem reais consequências por todo o Universo. É assim que Sogyal Rinpoche descreve a espiritualidade em sua obra *The Tibetan Book of Living and Dying*. Entre as diversas reflexões e verificações que podemos fazer em nosso processo de evolução, não há nada mais profundo do que isso.

Portanto, o *Coaching* é uma ferramenta poderosa para as pessoas se envolverem primeiro com uma maior compreensão e conhecimento de si mesmas, para, em seguida, dispor-se a participar do meio com o objetivo de ajudá-lo. As pessoas verão o lado mais leve e gracioso das coisas e recuperarão o entusiasmo, alegria, energia e a persistência. Por consequência, elas aumentarão sua paz e força interiores. A autorrealização como um estado espiritual em que o indivíduo transborda criatividade, é espirituoso, alegre, tolerante, tem senso do objetivo e da missão de ajudar as pessoas a alcançarem esse estado de sabedoria e felicidade.

Deixo algumas dicas adicionais. Lembre-se sempre:
- de viver os seus valores e visão
- suas ações importam
- confie em si mesmo
- atente à conversa interior
- busque a sua verdade
- use do poder do riso

Como seres humanos temos a missão de transcender...E os *Coaches* têm a missão de ajudar os outros seres humanos a transcenderem. A vida é uma dádiva!

1) Título: Crenças
   Autor: Robert Dilts
   Editora Summus Editorial

Master Coaches

2) Título: Manual de Programação Neurolinguística
   Autor: Joseph O'Connor
   Editora Qualitymark

3) Título: *Terapia Regresiva Reconstructiva – una luz en el laberinto* (volumes 1 e 2)
   Autor: Luis Antonio Martinez Pérez Ph.D.
   Editora Libros en Red

9

Coaching "Um processo que dá Resultado"

A busca por resultados não precisa ser algo desesperador, não precisa sugar toda sua energia e também não precisa ser dolorosa. Esta busca pode ser feita de forma alinhada e satisfatória, pois hoje podemos contar com diversas ferramentas e processos capazes de nos conduzir às realizações, dando-nos total suporte e direcionamento, tal como o *Coaching*!

Cesar Augusto I. Alves

Cesar Augusto I. Alves

Administrador, possui especializações em Gestão de Recursos Humanos, Marketing Esportivo e *Coaching* (com certificação internacional), é Técnico em Logística e realizou diversas extensões universitárias. É *Coach*, Consultor de RH, Palestrante e Professor universitário, e incorporou em seu portfólio de serviços o *Coaching*, visando ampliar resultados pessoais e profissionais de seus clientes, através dos serviços prestados.

Atua intensamente como *Coach* de Vida, de Carreira, Empresarial e Esportivo, gerando o alcance de resultados positivos e a ampliação das potencialidades de seus clientes, conduzindo-os através de um processo transformacional e motivador, que os capacita a tornar seus interesses e objetivos, realidades mais rapidamente.

Contato:
www.papodecoach.com
contato@papodecoach.com
(12) 3883 7318 / (12) 9766 4138

Cesar Augusto I. Alves

oaching – Um processo que dá Resultados é um processo intenso que permite aos seus participantes, pessoas físicas ou jurídicas, direcionarem e alinharem suas ações, rumo à conquista de seus objetivos que foi criado pelo *Coach* Cesar Augusto I. Alves, para desenvolver habilidades e ampliar a visão de novas oportunidades, gerando resultados extraordinários num curto espaço de tempo.

O que é Coaching? Em que isto vai me ajudar?

Estes são geralmente os primeiros questionamentos que ouço em palestras, treinamentos organizacionais que ministro e de clientes com os quais inicio trabalhos de consultoria e *coaching*.

A palavra *Coaching* para alguns soa como um treinamento (pela tida tradução da palavra), quem sabe até algo desnecessário para aqueles que não acreditam ou duvidam das potencialidades humanas (suas ou de outros) e ainda há aqueles que imaginam ser algo mágico.

Mas por que será que ainda existem tantas opiniões diferentes sobre este tema? Será por desconhecimento, por falta de interesse em se aprofundar e conhecer melhor o que é, ou porque isto tudo ainda seja muito novo?

Estas também são dúvidas que vivencio ao iniciar o processo de *Coaching* com um novo cliente, por isto creio que seja importante definir o que ele realmente é e, assim, iniciar os esclarecimentos de suas vantagens e as possibilidades que se pode obter com sua realização, certo!

"O Coaching é um processo que torna o alcance dos resultados desejados mais próximos e possíveis, pois permite ao seu participante, a correta visualização de sua realidade, de seus sonhos e objetivos, possibilitando-lhe, com isto, traçar metas corretas e alinhadas para que os resultados 'desejados' aconteçam com mais rapidez e de uma forma constante." (Cesar Augusto I. Alves)

Outra definição que posso dar é: *"Um processo transformacional que permite ao indivíduo participante alcançar seus objetivos num curto espaço de tempo, pois visa alinhar, coordenar e direcionar pensamentos, atitudes e ações rumo a um estado desejado, ou seja, aos objetivos que se quer alcançar!"* .

Seguramente existem outras definições do que é o *Coaching*, mas estas sempre terão uma mesma essência que é a de ampliar o *"Foco"* de seu participante, direcionando-o a concretização de seus objetivos.

Saber aonde se quer chegar é importante e grande parte de

Master Coaches

nós sabe ou deseja. Mas o que comumente ocorre é o não saber como, quando e até mesmo a que custo chegar lá. E isto é o que se torna um complicador e até mesmo um bloqueio para alguns, contudo com o auxílio de um profissional, o COACH, que tem em sua vivência e prática a manutenção do foco e dos resultados positivos, este processo se torna mais seguro e o alcance dos objetivos possíveis.

É importante saber que quando falamos de resultados, é fundamental deixar claro que tudo o que realizamos *"gera resultados"*, contudo, nem sempre estes são positivos ou permitem aproximar-mo-nos do que desejamos. Para isto, termos a consciência de nossas crenças, limitações, possibilidades e, principalmente, quais são nossos desejos, sonhos e objetivos é de suma importância e é através desta conscientização, que poderemos ter atitudes e comportamentos que nos impulsionem às conquistas e depois à manutenção destas.

Historicamente, o ser humano sempre buscou obter os melhores resultados em tudo o que faz, foi assim com os grandes conquistadores e é assim com os empresários, mas então por que nem sempre estes são alcançados?

Será por conta de algum bloqueio, será por limitações ou, quem sabe, falta de foco?

É sabido que em diversas situações algumas pessoas ficam paralisadas sem conseguir seguir em frente em um projeto legal, um trabalho que está pendente ou a uma nova possibilidade que surge e lhe exige uma decisão rápida. Que algumas pessoas no meio do caminho se perdem e deixam que seus medos as impeçam de continuar o que precisa ser feito, com isto, deixam de se capacitar para seguir em frente, ou simplesmente perdem o foco se distraindo com coisas menos importantes e acabam se desinteressando por aquilo que se propuseram a realizar.

Você já viveu algo assim? Qual é a sua resposta?

Se você respondeu **NÃO**, é um privilegiado e uma pessoa totalmente focada.

Mas se você respondeu **SIM**, fique tranquilo, pois você é uma pessoa normal e que não precisa se desesperar, basta encontrar um COACH, que irá lhe auxiliar a FOCAR e se DIRECIONAR, àquilo que deseja realizar, seja no aspecto pessoal (relacionamentos, rompimento de bloqueios e limitações, melhora de performance e rendimento nos esportes) ou profissional (direcionamento de carreira, desenvolvimento empresarial).

O *Coach* atua de forma a conduzir, direcionar e incentivar seu cliente as conquistas de seus objetivos, através do uso de técnicas psicológicas, motivacionais e comportamentais, aliando a isto ferramentas diversas, tal como a PNL, que possibilita o desenvolvimento pessoal e

Cesar Augusto I. Alves

profissional através de estímulos positivos e mudanças profundas em suas representações (crenças), tornando seus resultados mais efetivos e melhores.

"Seu comportamento é resultado de seu estado, e seu estado é resultado de suas representações internas e de sua fisiologia, ambas que você pode mudar em questão de momentos." (Anthony Robbins)

As mudanças são verdadeiras aliadas das conquistas, pois refletem diretamente o desejo de criação de algo novo: **"As mudanças são consequências do desejo e promovidas por atitudes, que depende exclusivamente daquele que deseja que algo mude!" (Cesar Augusto I. Alves).**

Somos capazes de tornar nossos sonhos, desejos e objetivos, realidades, no mesmo momento em que não nos acomodando a situações de desagrado e buscamos constantemente ter atitudes que nos motivem e impulsionem ao que desejamos. E é através desta máxima que os benefícios do *Coaching* podem interferir na vida das pessoas.

São inúmeros os benefícios deste processo chamado *Coaching*, dentre eles está a possibilidade de tornar as mudanças conquistadas neste processo constantes e de mantê-las por toda a vida, pois o *Coaching* trabalha crenças (aquilo em que você acredita) de forma bastante individualizada e particular, procurando torná-las favoráveis ao seu desenvolvimento e fazendo com que elas (se forem bloqueios) jamais lhe impeçam de seguir em frente e fazendo com que seus comportamentos sejam proativos às situações limitantes que o impedem de alcançar seus objetivos.

Ao iniciar um trabalho, o *Coach*, seja atuando nas áreas, Pessoal ou Empresarial, sempre visará amplificar potenciais e romper/minimizar bloqueios e limitações que estejam impedindo o desenvolvimento do *coachee* (Cliente), tornando-o mais capacitado a enfrentar seus medos e limitações, fornecendo-lhe ferramentas e subsídios, direcionando-o para que as realizações aconteçam e alinhando-o a não mais retornar ao que "era", deixando claro a ele que a partir do momento que ele assume o compromisso consigo mesmo, este passa a ser responsável por sua própria vida e que as conquistas são possíveis.

E quando feito isto, não há mais motivos para culpas, seja a sí mesmo ou a outros por coisas que aconteceram de ruim ou insucessos do passado, tornando, assim, claro que toda mudança deve ocorrer de dentro para fora e que esta é uma decisão exclusivamente dele, mesmo quando influenciada ou incentivada por outros, caberá a ele decidir que mudanças deseja realizar em sua vida e negócios, para tornar seus objetivos, interesse e desejos reais.

Master Coaches

Logo, o que posso dizer do *Coaching*, senão que: ***"Coaching – Um processo que dá Resultado!"*** e que cabe a todos que desejam ter um direcionamento correto e alinhamento de suas capacidades para alcançar mais rapidamente seus objetivos.

A busca em fazer com que as pessoas e empresas obtenham resultados positivos que imaginam e até que nem imaginam poder alcançar, simplesmente pelo fato de não terem alinhadas suas capacidades com suas as possibilidades, promovendo atitudes corretas, é um dos trabalhos ao qual me proponho, de maneira que estas conheçam, percebam e entendam seus pontos fortes, assim como também conheçam e desenvolvam seus pontos fracos, minimizando-os e, o mais importante, que reduzindo as ameaças ao seu redor, podendo, assim, aproveitar melhor as oportunidades existentes a si ou seus negócios.

Resumindo o *Coaching*: ***"Um processo que dá Resultados!"*** no âmbito pessoal visa proporcionar ao *coachee* (Cliente):
• Identificação de bloqueios para o seu desenvolvimento;
• Fornecimento de ferramentas e subsídios para o rompimento de bloqueios;
• Definição e direcionamento dos interesses e desejos com o estabelecimento de objetivos;
•Incentivo psicológico e motivacional ao alcance do estado desejado;
•Melhora de performance e rendimentos físico e esportivo.
Entre outros;

Já no aspecto empresarial, ele se aplica visando:
• Melhorar o desempenho dos gestores e colaboradores da organização;
• Desenvolver competências e habilidades necessárias em cargos de gestão;
• Capacitação e desenvolvimento organizacional;
• Aumento sistemático de produtividade;
•Alinhamento e direcionamento das possibilidades para obtenção de resultados melhores.
Entre outras;

Isto tudo é o *Coaching*, claro que existe muito mais a ser visto, ouvido e, principalmente, vivenciado, mas para isto tudo acontecer, que tal procurar um *Coach* e assim viver uma nova experiência. Tenho certeza que se buscar um profissional capacitado, com boas referências e formação comprovada, não irá se arrepender.

Fico à sua disposição!

10

A democratização do *coaching*

79

O *coaching* é um processo muito importante que todos deveriam experimentar, pois a partir do momento em que se foca um objetivo, seja ele pessoal ou profissional, trabalha-se nele com toda uma programação e ações para que se atinja a meta

Cida Smidt

Cida Smidt

Formada em Sociologia (FESPSP), pós-graduada em Marketing (ESPM), com MBA Executivo Internacional (FIA USP). É *coach* certificada pela Sociedade Brasileira de *Coaching*, I.C.F. (*International Coach Federation*) e pela *More Institut* – Alemanha, ECA (*European Coaching Association*) em *Business* e *Life Coaching*. Atuou por mais de 20 anos em empresas como executiva, liderou times nas áreas de Segmentos, Assuntos Corporativos, Comercial e Recursos Humanos com ênfase em Treinamentos e Desenvolvimento Organizacional e Gestão de Mudanças. Membro associado da Sociedade Brasileira de *Coaching* – 2010, da *More Institut* e da *European Coaching Association* – 2011. Atualmente, é *coach* na área de transformação humana. Por anos vem se dedicando a estudar os mais profundos e modernos conceitos, técnicas e recursos que possam contribuir com o processo do Potencial Humano. Com sua especialização em *coaching*, vê neste processo uma importante ferramenta para o desenvolvimento humano. Trabalha com atendimentos individuais de *Business Coaching* e *Life Coaching*, bem como de grupo/equipe nas organizações.

Contatos:
cidasmidt@hotmail.com
(11) 99655-1124

Cida Smidt

"Não adianta as pessoas saberem o que têm para fazer, se não estiverem emocionalmente prontas para fazê-lo."
Paulo Gaudencio

A globalização mudou radicalmente os parâmetros, inclusive os empresariais. É preciso produzir mais, melhor, mais rápido, e estar informado sobre tudo. Com a globalização que estamos vivendo, todos estão à procura de mais consistência de vida, maior repertório pra sobreviver neste mundo cada vez mais "globalizado". As pessoas estão descobrindo também que produtividade e felicidade andam juntas e que o ser humano, a melhor das invenções, é também responsável pelo sucesso das empresas.

Cada vez mais as pessoas estão procurando o *coaching*, independentemente da idade, do cargo ou da função. O *coaching* atua com base no desenvolvimento de competências técnicas e emocionais, apoiando o **autoconhecimento** através de um ângulo novo de visão.

O *coaching* pode funcionar como uma forma de estímulo e acompanhamento de longo prazo, adaptado às necessidades de desenvolvimento pessoal, no acompanhamento profissional de pessoas em diferentes profissões, contextos e, principalmente na contribuição da configuração de sistemas de trabalho e de instrução, como medida inovadora do desenvolvimento de recursos humanos e instrumento no desenvolvimento da capacidade de aprendizagem de uma empresa ou de uma pessoa.

No processo de *coaching* que tenho vivenciado, aplicando-o em diversos públicos, percebo que existe muita ansiedade e angústia gerando conflitos. Acredito que o processo elimina fortemente crenças limitantes e apresenta soluções para o alcance de metas profissionais e pessoais, quando as pessoas estão realmente abertas para vivenciar o processo e escolhem pela realização do trabalho.

Está muito comum a procura pelo *coaching* por um público de faixa etária bem específico: dos 27 aos 33 anos. Eles procuram questões como "Quero mudar, mas não sei por onde começar!", "Preciso me preparar mais para o futuro, mas como?" São frases ouvidas nos consultórios de especialistas em *coaching* por todo o mundo, e aqui no Brasil não é diferente. O que me chama a atenção é que questionamentos que minha geração viveu, e que se faziam aos 40, 42 anos ou mais, hoje estão presentes na vida de pessoas com uma década a menos de idade.

A busca pela figura do *"coach"*, como é chamado o facilitador desta atividade, está cada vez mais presente neste público. Acredito que por ter tanta necessidade das coisas, estas pessoas veem que o

Master Coaches

"*coach*" serve de bússola para que se encontrem e se conscientizem a respeito de suas capacidades, valores e propósito de vida.

É preciso se reprogramar! Não precisa ser sempre do mesmo jeito, é preciso ver de outra maneira. *Coaching* é um processo de desenvolvimento da inteligência emocional para uma melhor atuação na vida profissional e pessoal, ativando e potencializando as habilidades de cada indivíduo.

O *coaching* não é terapia e não tem o propósito de resolver problemas emocionais. É um processo que veio para ajudar a alcançar objetivos que as pessoas desejam. Vale colocar o que observa a *coach* e hipnoterapeuta Marie-Josette Brauer, em sua experiência profissional: "... a maioria das pessoas não tem clareza de objetivos. A uma pessoa sem objetivos claros, qualquer lugar serve".

"É necessário clarear e perceber os bloqueios. Algumas vezes, o cliente de *coaching* propositadamente mantém seus objetivos obscuros como uma forma de fuga, para não promover mudanças. E quanto mais brilhante a pessoa é, suas justificativas serão ainda melhores", afirma Marie-Josette (psicóloga há 40 anos).

Atualmente e cada vez mais, as pessoas se sentem bloqueadas diante de condições externas com grande pressão e ansiedade, sendo impossível vislumbrar possibilidades. Isso tem acontecido independentemente da faixa etária ou cargo/função.

Assim, o que tenho notado é que se faz necessário remover a crença limitante para permitir a criatividade. A pergunta: "O que te impede de...?" é uma forma de estimular o pensamento criativo sem deixar a pessoa sentindo que precisa se defender ou justificar. Faço aqui uma provocação:

Será que este jovem de hoje está reprimindo sua criatividade, deixando-a de lado, em detrimento ao processo de agilidade e rapidez que cada vez mais o mundo globalizado demanda? E, ainda, ele não tem quem o ouça?

O profissional de *coach* facilita processos, mas não cabe a ele dar palpites ou sugestões ao cliente. O passo fundamental é a escuta, entendendo o que está por trás dos problemas apresentados. Nesse processo, o *coach* contribui para identificar as crenças limitantes que devem ser removidas.

Para entendermos o processo de *coaching*, precisamos desmistificar esta modalidade, à qual hoje ainda muita gente acha que só grandes executivos de empresas multinacionais podem ter acesso. Isso não é verdade! O processo de *coaching* é para todas as pessoas, de qualquer idade, não importa o cargo ou função.

Vale ressaltar que primeiro precisamos ir à origem da palavra *coach*, principalmente porque *coaching* tem sido mal interpretado, e até mesmo esta brilhante metodologia na gestão da performance de pessoas tem sido utilizada de forma equivocada.

O resgate da palavra *coaching*: na antiguidade, o *coach* era o responsável pela condução das carruagens, veículo com base na tração animal (cavalos) e, posteriormente, o termo *coach* foi utilizado para referir-se aos técnicos esportivos que têm como principal função a condução das pessoas rumo ao objetivo, ao melhor resultado. Utilizando-se dos mesmos conceitos e fundamentos, o *coach* é o profissional que, num processo de *coaching*, conduz a pessoa à obtenção de seus objetivos, sejam eles pessoais ou profissionais, nas mais variadas categorias destas dimensões, com métodos e técnicas específicas para cada situação.

Sempre é bom lembrar que a base de todo o processo de *coaching* é o foco no futuro e a busca pelos resultados pré-estabelecidos no objetivo, que são alcançados pelas metas.

Existem diversos tipos de *coaching*, todos com a mesma base e essência, contudo, para diversas finalidades, como: melhoria no desempenho profissional, nos relacionamentos interpessoais ou familiares, na qualidade de vida, buscando o bem-estar físico, com o controle do peso, *coaching* para executivos, *coaching* para líderes, empresários e até mesmo para estudantes na fase de vestibular, quando têm de definir o que "vão ser" e escolher uma universidade.

A grande vantagem deste processo em relação a qualquer outro método de desenvolvimento humano se dá pelo fato de que o *coach* é o agente facilitador que auxilia o *coachee* (cliente) a encontrar caminhos e soluções em um ambiente extremamente seguro, confiável e confortável, pois parte-se da premissa de que o cliente (*coachee*) possui todo o conhecimento necessário ou as capacidades, habilidades e competências, podendo também adquiri-las. E a compreensão deste último ponto é descoberta pelo *coachee*.

É como se o *coach* "iluminasse" áreas do cérebro que até então estavam escuras ou desconhecidas em nível de consciência. Como um despertar para os caminhos já conhecidos, mas ocultos em função da natureza (humana) de não querer enxergar a realidade ou até mesmo em função de pensamentos que foram adquiridos ao longo da vida, mas que não retratam a realidade e, quando confrontados, caem por terra! Muitas vezes precisamos "ressignificar valores e crenças".

Portanto, o processo de *coaching* é um aprendizado contínuo, estruturado e organizado, que faz com que as pessoas confrontem

Master Coaches

suas habilidades e dificuldades, superando seus desafios na obtenção de seus maiores valores: segurança, felicidade e resultando na conquista dos objetivos pessoais e profissionais.

Faço aqui outra provocação:

"Você acredita no **coaching reverso**?"

Com as mudanças constantes e exigências cada vez mais fortes para atualizações, o mercado de trabalho atual confronta ao menos três grandes grupos de gerações: *babyboomers* (nascidos nas décadas de 1940 a meados de 1960), geração X (do final da década de 1960 e da década de 1970) e geração Y (das décadas de 1980 e 1990).

O raciocínio do *coaching* reverso coloca membros das gerações mais recentes como orientadores de gerações anteriores, especialmente no tocante a novas ferramentas e adventos tecnológicos comuns em suas gerações, mas que são novidades para profissionais mais velhos. Literalmente, ao contrário do *coaching* convencional onde profissionais mais experientes fornecem conhecimento e orientação a novos colegas, o *coaching* reverso parte do princípio de que os mais jovens também têm como contribuir para o **desenvolvimento** da organização como um todo.

Seria esta uma tendência?

Assim, parte-se do princípio de que todas as pessoas querem avançar mais rapidamente em relação às suas metas mais importantes, tanto na vida pessoal como na profissional.

O processo de *coaching* é uma ótima opção para profissionais de todas as áreas, estudantes, empreendedores, executivos, pessoas que estão prestes a se aposentar, enfim, todas as pessoas que queiram aumentar a performance em algum ou em vários aspectos da vida. É recomendado a pessoas de alta performance, que acreditam que ainda há espaço para crescer, melhorar ou adquirir novas competências, buscar novas possibilidades e oportunidades, ou melhorar sua qualidade de vida. Ou mesmo pessoas que acreditam que podem tornar-se ainda melhores, passar de "boas" para excelentes. Enfim, todas as pessoas.

Durante esta minha jornada como *coach*, pude vivenciar situações que me fizeram escrever este artigo, considerando como variável a faixa etária. Assim, coloco a seguir alguns trechos de depoimentos:

"Para mim, o *coaching* foi um excelente processo para a identificação do foco ao qual deveria dirigir meus esforços. O processo de *coaching* me deu força, coragem e as ferramentas para isso." (*coachee* com 27 anos, cargo: supervisor);

Cida Smidt

"Grata surpresa ao entender a diferença entre conseguir algo sem orientação e utilizando o conhecimento profissional de um *coach*. Eu imaginava ser capaz de realizar sozinho, mas ficava postergando, e foi através do *coaching* que consegui rever meus conceitos, colocar em prática meus desejos e concretizar o objetivo esperado." (*coachee*, gerente, 36 anos);

"O *coaching* é um processo que nos permite estabelecer metas e persegui-las sem perder o foco. Consegui conduzir de maneira adequada objetivos pessoais e profissionais, e também passei a me conhecer melhor e a solucionar conflitos internos que interferiam no planejamento/execução das ações necessárias para estabelecer e atingir minhas metas." (*coachee*, 28 anos, analista Sr.);

"Valeu a pena fazer o *coaching* pelo autoconhecimento e, por consequência, abordar questões como: liderança, motivação e carreira, as quais geralmente não deixamos tempo para avaliar. Então, o *coaching* foi uma ótima oportunidade de fazer essa avaliação e buscar as melhorias necessárias. Também me ajudou a superar bloqueios." (*coachee*, 30 anos, coordenador);

"O *coaching* é uma referência para organizar os pensamentos e verificar ações necessárias para executar o plano...É um desenvolvimento da busca do que se deseja, sem fugir da realidade. Vejo que posso continuar o que desenvolvi/descobri com o processo, e até buscar novos objetivos." (*coachee*, 30 anos, consultor);

"Através do *coaching* consegui melhorar aspectos críticos em mim (como a baixa autoestima e a insegurança), uma vez que ele proporciona autoconhecimento, reflexão e ação. Hoje, consigo me posicionar de maneira mais positiva na busca de meus objetivos e o *coaching* está provocando mudanças desejadas em minha vida." (*coachee*, 32 anos, gerente).

Assim, creio que o *coaching* é democrático, pois, por mais que sejamos autoconfiantes, é com o auxílio dele que se consegue atingir metas, estabelecer programações, focar sonhos que por vezes são deixados para segundo plano e, através do *coaching*, tudo acontece de forma mais rápida e eficaz.

Consegue-se melhorar o relacionamento com todos à volta, as pessoas podem ficar mais comunicativas e confiantes nas atividades pessoais e profissionais e, com isso, conseguir um tempo maior para

Master Coaches

dedicar à família e à vida pessoal.

Diante de todo este cenário, onde temos um mundo cada vez mais globalizado, digo que o *coaching* é um processo muito importante que todos deveriam experimentar, pois a partir do momento em que se foca um objetivo, seja ele pessoal ou profissional, trabalha-se nele com toda uma programação e ações para que se atinja a meta. Arrisco afirmar que estamos entrando na era da democratização do *coaching*. **Este é um processo que deverá se fazer cada vez mais presente na vida das pessoas!**

11

Business Branding -
Marketing com *Coaching*

87

Na construção da estrutura do marketing, o *business branding* é extremamente importante, pois será a identidade e a autenticidade da empresa. A Marca é um ativo intangível, é inovação, é investimento em pessoas. No processo, as pessoas são como ativo estratégico

Cinthia Pierotti Votta

Cinthia Pierotti Votta

Certificada *Master Coach* pelo IBC – Instituto Brasileiro de *Coaching* – com Certificação Internacional pela ECA – *European Coaching Association* (Alemanha/Suíça), pela GCC – *Global Coaching Community* (Alemanha), pela ICI – *International Association of Coaching Institutes* (EUA), pelo BCI – *Behavioral Coaching Institute*, pela IAC – *Internation Association of Coaching*, pelo ICC – *Internacional Coaching Council*, Metaforum Internacional. Treinadora comportamental pelo IFT- Instituto de Formação de Treinadores do Prof. Massaru Ogata. Certificada pelo *Behavioral Analyst* na empresa Solides. Bacharel em Administração de Empresas e Processos Gerenciais na Universidade Anhanguera, pós-graduada em Gestão de Pessoas com *Coaching* pela faculdade Darwin, MBA executivo em Marketing pela FGV (SP), acumula sete anos de experiência profissional na área Comercial em organizações multinacionais como HSBC, Santander e Itaú Plataforma.

Contato:
www.cinthiapierotti.com.br

Através deste artigo busco relacionar *coaching* com a estrutura de marketing.

Marketing é o processo usado para determinar quais produtos ou serviços poderão interessar aos consumidores, assim como a estratégia que se irá utilizar nas vendas, comunicações e no desenvolvimento do negócio. A finalidade do marketing é criar valor e satisfação no cliente, gerindo relacionamentos lucrativos para ambas as partes. As atividades de um gestor de marketing abrangem um leque muito alargado, desde o estudo de mercado, a definição de uma estratégia, até a publicidade, as vendas e a assistência pós-venda.

Todas as empresas são constituídas por pessoas e as mesmas precisam estar capacitadas. "Equipe pronta!" para a estrutura ser bem definida e o resultado alcançado. Para que este processo tenha sucesso, utilizo as ferramentas de *coaching*, com esta técnica poderosa os resultados são maximizados e a capacitação em todos os setores da empresa é contínua, levando a uma **"empresa sustentável"**.

Na construção da estrutura do marketing, o ***business branding*** é extremamente importante, pois será a identidade, a autenticidade da empresa e nesta etapa utilizaremos os sete níveis neurológicos para buscar a essência da marca e transcendê-la na logomarca. Desta forma, no processo da estrutura de marketing e a aplicação do *Coaching* nas pessoas são como ativo estratégico afinal, a marca é um ativo intangível e o investimento em pessoas é fundamental.

No entanto, como estrutura para a gestão da marca, a publicidade é uma ferramenta importantíssima, pois é a atividade que se dedica à difusão pública de ideias associada a empresas, produtos ou serviços com o objetivo de passar uma mensagem específica para o público específico e gerar valor, é a identidade visual da empresa, que engloba toda a criação, produção e veiculação de peças publicitárias, transmitindo uma mensagem congruente aos consumidores.

Na criação de uma identidade visual, não se leva em conta apenas a aparência e as aplicações de uma marca, é realizado um *briefing* com o cliente e, verificado o seu ***objetivo pretendido***, toda a construção da identidade visual é cuidadosamente criada, o que me diferencia dos demais no mercado é a inserção dos cinco sentidos nesta criação, pois devemos ver com os olhos dos consumidores e criar campanhas que passam sensações agregando valor à marca, aos produtos ou serviços.

MUITOS ME PERGUNTAM: O QUE É *BRANDING*?

Branding também pode ser considerado como o trabalho de construção e gerenciamento de uma marca junto ao mercado. A construção de uma marca forte para um produto, uma linha de produtos ou serviços, é consequência de um relacionamento com o mercado-alvo. Quando esta identificação positiva se torna forte o bastante, **a marca passa a valer**

Master Coaches

mais do que o próprio produto ou serviço oferecido. *Branding* é como é chamado o conjunto de práticas e técnicas que visam à construção e ao fortalecimento de uma marca.

Sua execução não é tomada apenas por ações de marketing que posicionam a marca e a divulgam no mercado, mas também por ações internas na empresa, transmitindo, para todos os interessados, a imagem pretendida que é uma verdadeira reengenharia interna.

Então podemos dizer que *business branding* é:

O processo de desabrochar a imagem da empresa. Fortalecer sua marca lembrando que não adianta fazer um marketing onde a empresa transmite uma imagem criada que não é congruente com sua realidade.

E podemos afirmar que *business branding* NÃO é:

Marketing empresarial.

Business Branding transcende e muito (transcende o quê?), pois este processo desenvolve habilidades em comunicação, planejamento acertado, segurança, organização, foco nas soluções, autoconfiança e inovação, e como consequência descobrem-se missão, visão e valores, os propósitos e as paixões da empresa e das pessoas que a constituem.

Através do autoconhecimento é possível descobrir a SUA MARCA e, como consequência, sua autenticidade e confiabilidade aumentam.

Segundo a pioneira na aviação, Ann Morrow Lindberg:

- *"A coisa mais exaustiva que você pode fazer é ser inautêntico"*.

Com a descoberta das forças que compõem a empresa, descobre-se o **SEU** diferencial. O que a empresa e seu time têm a oferecer e os outros não têm. O que te faz único te traz sucesso.

Por que é tão importante definirmos a nossa marca?

Há uma frase que ouvi e que trago em todos os processos: "**NASCEMOS ÚNICOS, NÃO PODEMOS MORRER UMA CÓPIA**". Faz toda a diferença ser sempre único e o mercado procura produtos e serviços que agregam valores, este é o diferencial.

Todos deixam uma marca, mas podemos construí-la para ser um ponto positivo a favor do nosso desenvolvimento e reconhecimento.

Muitas pessoas confundem **marca** com **logomarca**. A logomarca é a imagem que o departamento de publicidade desenvolve, é a comunicação que representa a essência da marca do produto ou serviço, tem que estar congruente com o *branding*.

Benefícios deste processo inovador:
- Aumento do ciclo de vida do produto ou serviço.
- Capacita e potencializa resultados individuais de cada colaborador.
- Colaboradores qualificados e motivados.
- Time preparado na captação, manutenção e fidelização de clientes - Marketing de Relacionamento.
- Valorização da marca.

Cinthia Pierotti Votta

• Empresa com missão, visão e valores definidos e congruentes com toda a empresa e todos os colaboradores, clientes e fornecedores.
• Qualidade de vida pessoal e profissional.
• Inovação contínua.
• Estratégias estruturadas, planejamento, trabalho preventivo gerando risco baixo e vantagem com a concorrência.
• Redução de *turnover.*
• Aumento na lucratividade.
• Comprometimento e participação ativa de todo o time.
• Visão de oportunidades nas reclamações, sugestões e objeções.
• Crescimento com sustentabilidade.
• Veículo de comunicação adequado para cada campanha e ação.
• Pesquisa de satisfação interna e externa antes, durante e após as ações.

AMBIENTE (Limites e Oportunidades)
• Plano de negócios e pesquisa de mercado.
• Montando a *business* biografia (ferramenta autobiografia adaptada para *business*).
• As cinco forças de Porter (cliente ideal, público-alvo, concorrentes, novos entrantes, fornecedores e produtos substitutos).
• Análise do campo de forças.
• Análise SWOT.
• Resultados esperados (ferramenta adaptada para *business*).
• Processo de tomada de decisão.
• Gestor/Gestores (*coaching assessment*).
• Colaboradores (pesquisa de satisfação interna).
• Clientes atuais (pesquisa de satisfação).
• Estado Atual e Estado Desejado da empresa.
• **PDI** - Processo de Desenvolvimento Interno (**CAUSA** - queremos nos referir aqui ao que leva uma pessoa a escolher sua profissão e a sustentar essa posição. É aquilo capaz de colocar um sujeito para trabalhar: é aquilo que mobiliza sua energia, sua criatividade e sua ação no enfrentamento de dificuldades, na busca de seus objetivos. Buscar a sua **CAUSA** é um exercício de criatividade que pode proporcionar uma descoberta muito significativa à sua vida pessoal e profissional. Este é o começo lógico do desenvolvimento pessoal permanente).

COMPORTAMENTO (Ações e Reações)
• Identificar o comportamento do cliente.
• Identificar e avaliar no comportamento de cada colaborador e entre si
• Padrões para o comportamento da empresa.
• O comportamento em busca constante de inovação e tecnologia acompanha as tendências, o prazo de entrega, a qualidade nos produtos e serviços?

Master Coaches

- Busca de parcerias.
- A empresa adota um comportamento de fidelização de clientes?
- Avaliar as pesquisas realizadas com os clientes atuais e colaboradores
- Avaliar o tipo de gestão utilizada (comportamentos adotados para inserir tarefa e cobranças).

PDI (**autoavaliação** - é a partir do perfil de competências e atitudes bem estabelecido que um profissional pode avaliar até que ponto seus interesses e expectativas pessoais estão adequados à função e qual é o seu preparo para exercê-la. Como decorrência dessa avaliação, você poderá redirecionar sua carreira e/ou estabelecer conteúdos de desenvolvimento nas áreas que não domina o suficiente. A preparação de si próprio e de outros para se tornarem aptos a exercer uma determinada função requer o exercício de previsão e antecipação sobre o que é esperado desta função.

CAPACIDADES E HABILIDADES (Direção e Estratégia)

- A empresa busca autodesenvolvimento constante.
- Formação continuada para os colaboradores e avaliação da busca pelo autodesenvolvimento de cada um.
- Treinamento de produtos motivacionais e personalizados para cada necessidade e área.
- Avaliação de capacidades e habilidades existentes na empresa.
- PDI (ferramenta Missão e Visão individual e após definição de Metas e Objetivos) - **OBSERVE QUE O OBJETIVO DEVE** ser descrito de maneira que, quando alcançado, seja formulado de forma clara, seja realístico, desafiante e valha a pena.
- *Coaching* Individual com os gestores e **Coaching Group** com os colaboradores.

CRENÇAS E VALORES (Permissão e Motivação)

- Em que a empresa acredita?
- Quais são os valores da empresa?
- De que a empresa está disposta a abrir mão para o alcance dos seus objetivos?
- Formatando objetivos (ferramenta adaptada).
- Gestores e colaboradores (ferramenta Crenças e Sonhos).
- PDI (**Plano de Ação**, tendo agora uma visão mais ampliada sobre os colaboradores, seus limites de atuação. É preciso rever os exercícios, avaliando cuidadosamente onde cada um se situa diante das competências e atitudes necessárias ao exercício da função. Diminuir a distância entre seu perfil atual e o perfil desejado deverá ser o principal objetivo de seu plano. Para tanto, o planejamento deverá cobrir as áreas educacional, funcional e pessoal. Na área educacional, relacione atividades de leitura, participação em cursos de graduação, especialização, aperfeiçoamento, seminários etc. Na área funcional, relacione

Cinthia Pierotti Votta

atividades que impliquem em visitas técnicas, estágios, trabalhos temporários, rodízios etc. Na área pessoal, relacione atividades ligadas a lazer, esportes, *hobbies*, convívio familiar e social, desenvolvimento de novas relações, viagem com finalidade de estudo ou não etc).

IDENTIDADE (Missão)
• Qual é a missão da empresa?
• Metas e objetivos estão de acordo com a missão da empresa e direcionados e alinhados com os colaboradores?
• Missão e visão (ferramenta adaptada para *business*).
• PDI - Missão, Visão (ferramenta) e Análise do Campo (ao nos defrontarmos com uma situação, podemos concebê-la como um campo de forças atuando em direções opostas. Essas forças podem determinar o êxito ou o insucesso diante de um problema, um plano etc. Assim sendo, proponho uma reflexão sobre as forças que possam incidir sobre o seu Plano de Desenvolvimento e como gerenciá-las favoravelmente. Identifique e liste as forças ou fatores que poderão determinar o sucesso ou o insucesso de seu Plano).

AFILIAÇÃO (Empresa e Grupos)
• Qual é a participação da empresa em cada grupo que relaciona?
- Clientes
- Fornecedores
- Colaboradores
- Família
- Vizinhos
- Religião
• Há algum grupo ao qual não pertença e queira participar?
• Há algum grupo no qual tenha intenção de aumentar a participação ou do qual deseje a exclusão?
• PDI (avaliação do desenvolvimento individual) - ferramenta Roda da Inteligência Emocional, Matriz Gestão de Mudança e Matriz do Estado Desejado
• Gestor/Gestores – ferramenta *Feedback* 360 graus.

LEGADO (Missão e Visão)
• Essência da Empresa
• Visão de Futuro - metas para um ano e cinco anos
• Roda da Abundância
• Responsabilidade social
• Avaliação da *business* biografia
•Colaboradores e Gestores – Roda dos níveis neurológicos.

TER
(estrutura física de uma empresa e localização)

SER
(empresa única, a essência, o diferencial)

Muitas vezes me deparo com uma pergunta frequente: "Cinthia, como faço ou como implanto tudo isso?".

Recomendo que tenha um profissional de *Coaching Branding* para auxiliá-lo e nosso site contém dicas que podem lhe ajudar na implantação, mas mesmo assim, se tiver dúvidas, estou à disposição para auxiliá-lo, entre em contato, será um prazer ajudá-lo(a).

Referências:
KOTLER, P. *Administração em Marketing*, 12 edição, Prentice-Hall-SP 2005
Desenvolvimento de Produtos e Marcas. Ed. FGV, 2006
DIAS, Sergio Roberto. *Marketing Estratégia e Valor*. São Paulo: Saraiva, 2006
Os sete hábitos das pessoas altamentes eficazes, Stphen Covey- Editora Best Seller
Material do Instituto de *Coaching* que fiz a formação.
Coaching com PNL, 2 edição Andrea Lages& Joseph o' Connor- Qualitymark
O líder-Coach Lideres Criando Lideres, Rhandy Di Stéfano- Qualitymark

12

Coaching de Identidade e Níveis Neurológicos de Aprendizagem

O que é o processo de *Coaching* de Identidade? Quais são os Níveis Neurológicos de Aprendizagem? Como estão relacionados na construção de um "*Self* Autêntico"? Estas são algumas questões que tentarei abordar em poucas palavras neste capítulo, pois o *Coaching* de Identidade é um processo único para cada novo *coachee* e é isso que o torna fascinante

Claùdio Tenrôler

Claùdio Tenrôler

Master Coach certificado pelo IBC – Instituto Brasileiro de *Coaching*, Metaforum Internacional (Alemanha/ Itália), ECA – *European Coaching Association* (Alemanha e Suíça), GCC – *Global Coaching Community* (Alemanha). Formação avançada em Treinamento Comportamental com práticas de Emotologia, *Gestalt*, Análise Transacional, PNL, Hipnose e *Firewalking* pelo IFT – Instituto de Formação de Treinadores com Prof. Massaru Ogata. Especialista em Hipnose Condicionativa pelo Instituto Brasileiro de Hipnologia e membro da Sociedade Ibero Americana de Hipnose Condicionativa. Bacharel em Administração de Empresas, pós-graduando em Gestão de Pessoas, técnico em Contabilidade, possui diversos cursos de aprimoramento profissional. Administrador e gestor de empresas há dez anos. Atualmente desenvolve trabalhos como consultor, *coach* financeiro e de identidade, atendendo empresas de diferentes portes e segmentos, além de profissionais que estejam em busca de desenvolvimento de suas carreiras sem descuidar de sua qualidade de vida.

Contato
chtenrol@gmail.com
www.claudiotenroler.com.br
(51) 9858-4574

Claùdio Tenrôler

Coaching é sair de um estado atual para um estado desejado, mas quando iniciamos um processo em nível de identidade não se trata apenas de atingir um estado desejado e sim de auxiliar o *coachee* em seu processo de expansão ao *self completo*.

Despertar para seu *self completo*, para sua verdadeira essência em uma jornada de autoconhecimento e autorreconhecimento, onde o *coachee* aprende a lidar com sua luz e suas sombras é o encontro do equilíbrio de duas grandes forças que residem dentro de cada um de nós, o qual somente encontramos quando realmente aprendemos a reconhecer cada uma de nossas próprias sombras e abraçá-las, aceitando-as por completo.

Quando voltamos nosso olhar para dentro e começamos a aceitar nossas partes renegadas por anos devido a um *self* idealizado e construído para sermos aceitos no meio em que vivemos, na família, na sociedade, é o momento do verdadeiro encontro com nossa essência, com nosso *self verdadeiro,* e assim nos libertamos do ego.

O ego nos escraviza, tornando-nos reféns de um modelo de vida focado no "ter", fechando nosso canal, nos desconectando de nossa essência, dos outros e do mundo à nossa volta. O processo de *Coaching* de Identidade auxilia o indivíduo a restabelecer esta conexão e permitir-se viver conectado consigo mesmo.

A maior meta do processo de identidade é conseguir responder continuamente à pergunta "quem sou eu?". E a resposta a esta pergunta não está diretamente relacionada a um nome, títulos e estado civil, mas sim a ouvir as respostas do coração em relação a como reagimos na vida a cada momento.

O propósito do *Coaching* de Identidade é ajudar o *coachee* a perceber quando está ou não conectado com sua verdadeira essência. O fundamento é a expansão do "ser" e de como responde aos desafios e oportunidades que se apresentam ao longo da vida.

O *coaching* em nível de identidade envolve:

• Determinar quando questões de identidade são o desafio-chave para um cliente de *coaching*;

• Utilizar ferramentas práticas para ajudar os clientes a avaliar e otimizar quem eles são como resultado do seu passado, quem são na vida neste momento e quem se tornarão no futuro;

• Ajudar os clientes a perceber seu papel e sua missão dentro do contexto mais amplo dos sistemas maiores aos quais pertencem;

• Preparar-se para patrocinar como *coach* e desenvolver habilidades para patrocinar as identidades evolutivas dos seus clientes.

• Resumindo: o *Coaching* de Identidade é direcionado para auxiliar o *coachee* a viver mais conectado com seu *self* verdadeiro.

Master Coaches

O *coach* deve ter em mente algumas questões do tipo: "O que é diferente no processo de *Coaching* de Identidade, mais do que em outros processos, e em quais situações se faz necessário?". Ou seja, é preciso conseguir identificar quais são as áreas e os contextos onde surgem questões de identidade. Geralmente estão relacionadas a momentos de transição de vida, mudanças significativas na área pessoal ou profissional, sensações de estar encurralado ou limitado e o sentimento de frustração que o indivíduo tem ao saber que ele pode ser mais do que está se permitindo expressar.

Para que o *coach* tenha êxito no processo de identidade é preciso identificar junto com seu cliente cada um dos níveis neurológicos de aprendizagem, segundo o modelo desenvolvido por Robert Dilts e amplamente adotado no campo da PNL, o qual apresenta formato piramidal, tendo o Ambiente como base e no topo a Espiritualidade.

- Ambiente: nesse nível inicial o foco está no onde e quando. É o lugar onde o *coachee* percebe seus limites e oportunidades, percebe o momento e tudo o que está envolvido nesse contexto. Obter sucesso nesse nível pode ser algo muito particular, pois tudo fica muito superficial. Nas organizações, o ambiente são os prédios e instalações.
- Comportamento: é o que fazemos no ambiente. Em termos de PNL, inclui pensamentos, além de ações de um grupo ou indivíduo. São padrões específicos de trabalho, interação e comunicação. Nas empresas o comportamento é apresentado como procedimentos e, a nível individual, pode ser as rotinas de trabalho específicas, hábitos ou atividades relacionadas ao trabalho. Algumas vezes o comportamento é difícil de mudar por estar particularmente ligado a outros níveis. O comportamento é observado pelo lado de fora.
- Capacidades e Habilidades: este nível está relacionado a como fazer, é o comportamento consistente, automático e habitual pelo qual a organização ou indivíduo seleciona e direciona ações dentro do ambiente, a forma como gera e guia seu comportamento dentro de um contexto particular. Para um indivíduo, capacidades incluem estratégias cognitivas e habilidades como aprendizagem, memória, tomada de decisão, criatividade e também habilidades físicas. Capacidade em um nível organizacional se manifesta na forma de processos e procedimentos empresariais. Capacidades e habilidades somente são visíveis no comportamento resultante porque residem no indivíduo.
- Crenças e Valores: são o porquê, o motor de nossas ações e não ações que direcionam nossas vidas, são nossa motivação e orien-

tação por trás das estratégias e capacidades usadas para obter resultados comportamentais no ambiente, o porquê de as pessoas fazerem as coisas como fazem em um tempo e lugar específicos. Crenças são os princípios que guiam ações, aquilo sobre o qual agimos e não aquilo em que dizemos acreditar. Valores existem porque fazemos o que fazemos. Em um nível organizacional, empresas têm crenças de negócios com base nas quais agem e valores que detêm. Valores e crenças determinam como os eventos ganham significado e estão no âmago do julgamento e da cultura.
• Identidade: é o quem por trás do por que, do como, do onde, do o que e do quando. É o senso de si mesmo, as crenças e os valores essenciais que definem a pessoa e sua missão de vida no que diz respeito à sua visão e aos sistemas maiores dos quais faz parte. O senso de identidade é constituído ao longo de toda vida e resiliência, é expresso através de nossos comportamentos, habilidades, crenças e valores, apesar de sermos mais do que todos ou do que qualquer um desses. Nas empresas a identidade organizacional é a cultura empresarial, ela emerge da interação dos demais níveis.
• Afiliação: é o a quem, a relação entre o Eu e os grupos. É o senso de pertencimento, a soma de forças com indivíduos ou grupos que partilham dos mesmos comportamentos, crenças e valores com o intuito de conseguir cumprir sua missão, é o colaborar com uma causa sem a necessidade de recompensa financeira, o princípio de uma visão maior, o querer ser útil à sociedade e contribuir de forma positiva. A afiliação talvez seja o nível mais significativo antes da espiritualidade. Nas organizações é a identificação com a cultura organizacional, é sentir-se parte importante do time.
• Espiritual: é o para quem ou para que, a percepção do indivíduo sobre seu lugar no mundo, sobre os sistemas maiores aos quais pertence e dos quais participa, o desenvolvimento de uma visão maior, um propósito. É trazer à tona o melhor do entendimento do indivíduo sobre amor, *self* e espírito. É viver com ética e espiritualidade, auxiliando outras pessoas através de sua própria integridade e congruência. Para uma empresa significa visão e a forma como se conecta à sociedade e às outras organizações.

Um *coach* deve entender cada um dos níveis neurológicos para auxiliar seu *coachee* em seu processo de identidade, mas um *Master Coach* deve ter a maestria de fazer perguntas poderosas, levando seu *coachee* a transitar por todos os níveis, a despertar para a sua verdadeira identidade e a encontrar seu *"self completo"*.

Agora eu o convido a imaginar estes níveis neurológicos de uma forma um pouco mais complexa, afinal, quando trabalhamos em um processo de identidade estamos lidando com pessoas e cada indivíduo possui uma história única, assim como cada um de nós, e é muito provável que num processo de *Coaching* de Identidade um *coach* possa vir a trabalhar com *coachees* no primeiro nível, com outros no último, ou então em mais de um nível simultaneamente. Particularmente, eu prefiro supor que todos nós estamos, de uma forma ou de outra, em todos os níveis e, por este motivo, prefiro imaginar os níveis neurológicos de aprendizagem em círculos inter-relacionados com nosso *self*. Afinal, quem somos hoje é o resultado da soma de nossas experiências em relação ao ambiente, aos comportamentos, às habilidades e capacidades, às crenças e aos valores, à missão, à afiliação e à espiritualidade.

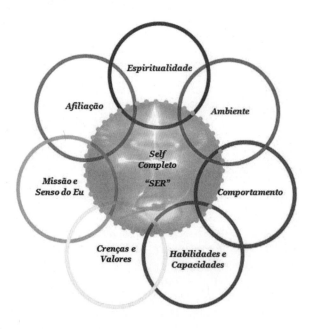

Quando o *coach* observa o processo dessa maneira, passa a perceber a conexão entre todos os níveis e inicia um processo de expansão de todos os níveis neurológicos de seu *coachee*. Começa a perceber este movimento em forma de espiral em ascensão e não em ascensão direta, conseguindo trabalhar de uma forma muito mais sutil a expansão de consciência de seu cliente ao invés de trabalhar a ideia de despertar o espiritual, que, em alguns casos, poderia causar

Claùdio Tenrôler

uma sensação de frustração no indivíduo.

Trabalhar o processo de identidade com o *coachee* é auxiliá-lo a perceber que seu processo de identidade não tem princípio nem fim, e sim uma jornada que deve ser aproveitada em cada dia de sua existência com o propósito de deixar um legado na vida das pessoas com quem se relaciona.

A missão de um *coach* em um processo de identidade é auxiliar seu cliente a permitir que sua vida flua, pois quando aprendemos a deixar nossa vida fluir aprendemos a ser gratos e quando aprendemos o verdadeiro sentido da gratidão entendemos o que é o amor.

E o amor nos conecta a Algo Maior: Arquiteto do Universo, Deus, Força Universal, Inteligência Suprema, seja qual for o nome pelo qual você "O" conhece, esta conexão é que nos faz sentir parte desse grande organismo chamado Universo e percebermos que somos uma Centelha Divina. Encontrar nosso *Self* Autêntico é entender que estamos no Todo e que o Todo está em nós.

Referências:
Crenças: Caminhos para a Saúde e o Bem Estar - Beliefs: Pathways to Health and Well-being - Autor: Robert Dilts, Tim Hallbom e Suzi Smith
Editora: Summus - 1990
Ferramentas para Sonhadores - TOOLS FOR DREAMERS - Strategies for Creativity and the Structure for Innovation - Autor: Robert Dilts, Todd Epstein e Robert W.Dilts
Editora: Rocco - 1991
O Efeito Sombra - Autor: Debbie, Ford; Williamson, Marianne; CHOPRA , DEEPAK
Editora: Lua de Papel - 2010
Praticando o Poder do Agora - Autor: Eckhart Tolle
Editora: Sextante - 2005

Master Coaches

13

Confiança: a mola fundamental no processo de *coaching*

O *rapport* é uma técnica realizada ao longo de todo o processo de *coaching*. Para tanto, é preciso alinhar e costurar de forma planejada todas as ações que serão empregadas para impactar de forma agregadora ao *coachee*, favorecendo o alcance de sua meta

Cristiane Maziero

Cristiane Maziero

MBA em gestão estratégica de Recursos Humanos pela Universidade de São Paulo (USP); formação internacional em *Coaching* pela Sociedade Latino Americana de *Coach*; formação em *coach* pela Lambent Brasil; especializada em grupos pela Sociedade Brasileira de Dinâmica de Grupos; pós-graduanda em Psicologia Transpessoal pela Allubrat Campinas; pós-graduação em Gestão Avançada em Recursos Humanos – INPG; graduação em Serviço Social pela FMU. Consultora, *coach*, palestrante, treinadora, 18 anos de experiência em Recursos Humanos e proprietária da consultoria Allure Desenvolvimento Humano.

Contato:
www.alluredh.com.br

Cristiane Maziero

A confiança é um dos fatores mais importantes no processo de *coaching*, nos relacionamentos e para qualquer liderança que busca ser efetiva com suas equipes.

Na metodologia de *coaching*, estabelecer o conhecido *rapport* (palavra francesa que significa "relação") é fundamental para que o processo siga de forma construtiva e eficaz. Mas como estabelecer uma relação de confiança com alguém que você acaba de conhecer? Qual é o caminho para gerar um espaço de total entrega ao processo, possibilitando o atendimento do que o *coachee* busca?

A partir daqui, você acompanhará um processo de *coaching* passo a passo, onde foi possível construir uma relação de confiança entre *coach* e *coachee*.

O RH da empresa havia elaborado uma pesquisa com sua liderança, mapeando os *gaps* mais profundos no tocante à gestão e ao desenvolvimento de equipes e constatou que era necessário iniciar um processo de *coaching* com todos os gerentes e diretores.

Além do processo de *coaching*, desenharam um programa de capacitação dos líderes. O RH e o próprio presidente estavam com o firme propósito de gerar, no núcleo de sua empresa, uma liderança forte, capaz de impulsionar o *turnaround* e concretizar resultados a partir de suas pessoas.

Como toda empresa que sabe que as mudanças internas na organização são realizadas a partir do exemplo de seus líderes, eles estavam certos de que com o processo de *coaching* muitos conseguiriam atingir um resultado em curto espaço de tempo. Através da consciência gerada a partir de reflexões e constatações da necessidade de mudança, conseguiriam a alteração do *status quo*.

Como a inciativa tinha vindo do RH, o *coachee* estava completamente defendido. Adicionalmente a isso, ele não foi orientado sobre como seria o desenrolar deste processo. A agenda estava preparada e ele compareceu à sessão.

Além deste contexto organizacional, o "*coachee* resistente" estava vivendo um contexto pessoal: ele acabara de ser promovido por um desempenho acima da média, apresentando bons resultados financeiros. Tudo era muito novo para ele: a sua equipe, o jeito de atuar junto aos níveis de liderança que até então eram seus pares, os processos, enfim, tudo muito recente. Pelo seu discurso, percebi que ele estava querendo provar que sua promoção era coerente e que também conseguiria dar resultados como profissional naquela posição. Então, tudo ainda era um tanto nebuloso para ele.

Nossa primeira sessão foi iniciada com ele se autopromovendo, conceituando a respeito de suas conquistas, trazendo provas con-

Master Coaches

cretas de que era um líder excepcional e exaltando suas habilidades.

O que eu sabia sobre ele era o que o RH havia me fornecido: um teste de perfil e as informações sobre carreira e postura diante da equipe.

Ao iniciar, fiz meus primeiros questionamentos:

- Você sabe o que é um processo de *coaching*?
- O que você espera deste processo?
- Quais são os indicadores, para você, que sinalizarão a efetividade de um bom trabalho?
- O que você espera ter de resultado ao final deste processo de *coaching*?

Ele aguardou que eu o orientasse sobre todo o processo, inclusive sobre o que a empresa esperava dele. Aparentava ansiedade e, ao mesmo tempo, um pouco de curiosidade sobre para onde isso o levaria. Depois desta etapa esclarecedora sobre o conteúdo do programa, percebi que ele precisava falar e apenas escutei.

Minhas expressões eram acolhedoras e meu olhar dizia que ele estava em ambiente seguro. Nada do que falaríamos ali seria relatado para o RH ou para qualquer outra pessoa. Percebi que ele praticamente não me olhava nos olhos e que, por vezes, sentia-se invadido.

À medida que ele relatava suas experiências profissionais, percebi que fazia questão de comprovar sua efetividade como gestor e líder de pessoas. Percebi sua insegurança e a necessidade de não se sentir vulnerável, busquei estabelecer uma linguagem apropriada. Ele era uma pessoa racional, falava sobre fatos e dados e pouco sobre como ele conseguiu envolver as pessoas de sua equipe para realizar um bom trabalho.

Percebi que as técnicas que utilizaríamos deveriam seguir uma linha racional em um primeiro momento, facilitando que ele tivesse acesso a um ambiente conhecido, enxergando suas potencialidades e refletindo a respeito deste "mundo perfeito construído".

A partir da segunda sessão, percebi que ele chegou um pouco mais relaxado, inclusive expressou que agora já me conhecia e que ficaria mais fácil falar sobre suas questões. Eu já não era uma desconhecida para ele. Além disso, a primeira sessão foi esclarecedora, trazendo dados que ele desconhecia sobre *coaching*.

Estas informações o fizeram acreditar que seria uma experiência da qual pudesse tirar proveito, apesar de a escolha ter sido do RH e não dele, embora estivesse ciente de que como profissional buscava autoconhecimento e aprimoramento profissional.

Continuei com minha abordagem cognitiva. Falamos de seus valores pessoais a partir de exemplos e momentos vividos, valorizando seu percurso pessoal e olhando para questões que trouxeram momentos com resultados positivos e outros que serviram como aprendizado. Exploramos como estes aprendizados foram traduzidos em sua rotina e em suas ações.

A partir do momento em que ele percebia que as respostas partiam dele, foi trazendo maiores contribuições, abrindo-se e sentindo-se parte do que estava construindo para si mesmo.

Eu o instigava, a partir de perguntas, a refletir sobre seu percurso e ele respondia de forma rápida e racional. Quando eu puxava o lado relacional e sentimental, percebia que ele voltava para o "mundo perfeito construído". Este campo era completamente desconhecido para ele.

Seu caminho natural era surfar através da razão para resolver todas as questões que se apresentavam. Sua principal preferência era racionalizar tudo e medir os impactos em resultados concretos. Não havia espaço para acessar sua emoção.

Aos poucos fui introduzindo técnicas que ligavam o lado racional ao emocional. Trouxe os sete níveis de consciência da liderança de Richard Barrett e começamos a ler conjuntamente. Passamos por todos os conceitos e, por vontade própria, ele ia dando exemplos pessoais de sua abordagem como líder. Refletiu sobre os próximos passos e montou planos de ação que acreditava serem coerentes com seu momento como líder.

Neste dia construímos uma ponte entre o lado cognitivo e o emocional, sem criar nenhum tipo de desconforto ou desperdício da confiança que foi se estabelecendo nesta relação de *coach* e *coachee*.

Quando percebi esta abertura, resolvi ousar e trazer uma técnica bastante usual em processos de treinamento e desenvolvimento de pessoas: o grafismo como pano de fundo para explorar conteúdos que estão em nosso subconsciente e que não encontram um portal para se expressar.

O grafismo possibilita falar sobre questões das quais temos receio, e que não se apresentam de forma simples. Às vezes estes temas que buscamos deixar para trás nos impedem de dar saltos no processo de autoconhecimento. Nosso consciente racional, por vezes, sabota a integração de nossas forças cognitivas e emocionais.

Deixar de olhar para dentro, sendo observador de si mesmo, pode embotar uma trajetória na busca de um desenvolvimento sólido.

O ser integral é mais poderoso, pois concilia razão e sentimento, nos tornando protagonistas de uma história que pode ser escrita a partir de nosso conhecimento e do estabelecimento de direção e ação.

Neste dia solicitei a ele que expressasse de alguma forma (dese-

Master Coaches

nho livre) como se via diante de sua equipe, de sua família e de seus relacionamentos. Ele, apesar de toda a sua racionalidade, conseguiu se soltar e representar seus sentimentos a partir dos desenhos que esboçou. Ao terminá-los pudemos falar a respeito e ele soube definir o que cada situação, representada pelas gravuras, falava dele mesmo.

Ao final da sessão, ele constatou que naquele dia havia feito uma grande evolução sobre seus modelos mentais e como se relacionava com o lado emocional, ou seja, percebeu que procurava racionalizar para não se deparar com situações que estavam pendentes.

A celebração veio acompanhada por indagações e um plano de ação consistente para tornar o acesso ao seu lado emocional mais frequente.

Ao final de todo processo de *coaching*, ele colocou como meta desafiar-se a retirar as barreiras que foi colocando ao longo de sua vida para para evitar encontrar-se consigo próprio. Em minha opinião, isso se deu devido ao cuidado na escolha da técnica certa e do momento certo.

Caso eu tivesse abordado inicialmente o lado emocional e não tivesse estabelecido uma relação onde o *coachee* se sentisse seguro ao se expressar, isto poderia ter embotado de pronto todo o processo.

O *rapport* é uma técnica realizada ao longo de todo o processo de *coaching*. Para tanto, é preciso alinhar e costurar de forma planejada todas as ações que serão empregadas para impactar de forma agregadora o *coachee*, favorecendo o alcance de sua meta.

Referências:
BARRET, Richard. *"Libertando a Alma da Empresa"*. Cultrix, Amana-Key. 1998. São Paulo.

14

Relacionamentos – Como aprender e crescer com eles

109

O *coaching* de comunicação e relacionamentos possibilita a identificação das necessidades da relação pessoal ou profissional e auxilia no processo de mudança de comportamentos, oportunizando novas ações e possibilidades com foco no resultado desejado

Danielle Schinor Mena Peres

Danielle Schinor Mena Peres

Master Coach Sênior do Instituto Brasileiro de *Coaching* – IBC. Certificada internacionalmente pela: European *Coaching* Association (ECA); *Global Coaching Community* (GCC), *International Association of Coaching Institutes* e Metaforum Internacional. É Executive *Coach* com formação completa pelo Instituto Brasileiro de *Coaching* –IBC. Possui graduação em Fonoaudiologia pela Universidade Metodista de Piracicaba (UNIMEP), pós-graduada em Fonoaudiologia Empresarial pela faculdade de Estudos Administrativos em Minas Gerais (FEAD) e Especialista em Voz pelo Centro de Estudos da Voz em São Paulo (CEV). Desde 2004 é Diretora da empresa Comunicante – Comunicação Empresarial, onde desenvolve trabalhos na área de Consultoria, Assessoria e Treinamentos em Comunicação e *Coaching*. Desde 1997 atua com profissionais que usam a voz como seu instrumento de trabalho.

Contatos:
www.comunicante.com.br
comunicante@comunicante.com.br
(19) 9664-1107

Danielle Schinor Mena Peres

Nossa vida gira em torno de relacionamentos e não existe nenhum relacionamento em que a comunicação não esteja intrinsecamente envolvida. O tempo todo nos deparamos com situações onde existe uma comunicação interna, ou seja, a forma que eu me relaciono com meu "eu interno" e uma comunicação externa, a forma que eu me relaciono com "o outro" ou com "o mundo". O *coaching* de relacionamentos ajuda, apoia, incentiva e convida duas pessoas ou mais a estabelecer, mudar ou melhorar a forma de comunicação em suas interações. O trabalho pode ser na área pessoal ou profissional.

Neste capítulo convido você a caminhar comigo em alguns pontos que, "se fizer sentido pra você", poderão ser muito úteis para a sua comunicação em suas relações pessoais ou profissionais. Desde já acredite, que cada relacionamento que existe em nossa vida é parte fundamental para o nosso desenvolvimento como ser humano. Sem eles, com certeza, não seriamos quem somos. Vamos pensar em alguns pontos, sobre o significado de relacionamento e comunicação:

"A palavra relacionamento etimologicamente vem do latim relatio e significa em sua essência estabelecer uma ligação entre". (Latim)

"Ligação entre duas pessoas: mãe e filho, irmãos, parentes, amigos, namorados, colegas de trabalho e o relacionamento do ser humano com Deus".

"É o ato ou efeito de relacionar-se; capacidade, em maior ou menor grau, de relacionar-se, conviver ou comunicar-se com os seus semelhantes; ligação de amizade afetiva, profissional etc., condicionada por uma série de atitudes recíprocas".(Dicionário - Língua Portuguesa)

"Relacionamento é um processo dinâmico, que se desenvolve ao longo do tempo e se modifica conforme as etapas da vida".
(Conceito da psicologia)

"Não são os eventos em si que afetam nossa vida, mas nossa percepção eles". (Albert Ellis)

"O significado de sua comunicação está na resposta que você recebe".
(Programação Neolinguística)

"Comunicação é o processo de passar informação e gerar compreensão de uma pessoa para outra. Sem compreensão não existe comunicação".
(Daves)

"Comunicação envolve receptor, emissor, mensagem, veículo ou canal,

Master Coaches

feedback e ruído".
"A resposta branda desvia o furor, mas a palavra dura suscita a ira"(Provérbios 15:1-2)

"Palavras agradáveis são como favo de mel: doces para a alma e medicina para o corpo". (Provérbios 16:24)

"Cada pessoa tem dentro de si todos os recursos que precisa, a função do Master Coach é apoiar as pessoas a usarem esses recursos".

Processo de comunicação
Com tantas informações a respeito da comunicação, convido-te a perceber que o processo de comunicação é o que acontece quando duas pessoas ou mais se comunicam. O ato de comunicar-se com alguém ou com algum grupo de pessoas envolve seis elementos nesse processo:
Papel de cada um no processo de comunicação:

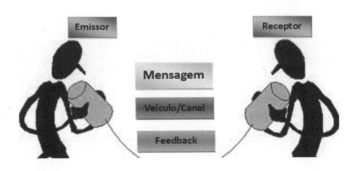

Emissor
• É quem emite a mensagem
Mensagem
• É o que é dito, escrito ou gesticulado
Receptor
• É o que recebe e interpreta a mensagem
Veículo ou canal
• É o que facilita a mensagem (recursos auditivos, visuais, sinestésicos ou digitais)
Feedback
• É o retorno
Ruído

Danielle Schinor Mena Peres

• É o que interfere na comunicação, desde um som até um comportamento.

Durante esse processo, é possível que aconteça muitas variáveis e é necessário ter muita atenção em cada uma das variáveis. Mesmo que pareça simples, o ciclo de comunicação é bastante complexo e durante a troca de informações entre duas pessoas ou mais pessoas (A e B), podem acontecer as seguintes premissas:

• O que A **deseja** dizer
• O que A **realmente** diz
• O que B **ouve**
• Aquilo que B **supõe** ter ouvido
• Aquilo que B **deseja** dizer
• Aquilo que B **diz**
• O que A **realmente ouve**
• Aquilo que A **supõe ouvir** B **dizer**

Para que verdadeiramente haja uma comunicação eficaz e um relacionamento saudável é necessário que tanto o emissor como o receptor expressem suas ideias, movimentando o fluxo de comunicação nos dois sentidos, sem conclusões ou interpretações duvidosas, ou seja, é necessário ouvir e falar na essência, respeitando o outro como um ser humano diferente e talvez, para que isso seja realmente possível, seja necessário o autoconhecimento constante. Onde eu me permito ver, pensar, sentir o que vejo, penso e sinto quando me relaciono com o outro.

Existem muitos benefícios para o relacionamento no *coaching*, nesse processo é possível perceber que:

• A comunicação verbal é mais complexa, porque as palavras têm graus diferentes de abstração e vários sentidos de uma pessoa para outra.

• Toda interpretação realizada pelo receptor depende das experiências anteriores, sua história e seu contexto de vida, sua cultura. Isso acontece porque os significados estão "dentro da pessoa" que interpreta e não especificamente nas palavras faladas ou escritas.

• O emissor aprimora sua atitude, conhecimento e suas habilidades verbais e não verbais.

• O estabelecimento de *rapport*, que é uma comunicação que se caracteriza por um alto grau de afinidade, harmonia e sincronia na relação, facilita a obtenção de uma comunicação eficaz e promove uma relação e atmosfera de confiança.

Aspectos que naturalmente aparecem durante a comunicação

Talvez possa ser que no relacionamento não percebemos que existem habilidades de comunicação que estão fortemente associadas ao sucesso ou não da relação. Lembrando sempre que a nossa forma de se comunicar está vinculada a nossa historia de vida. Abaixo, estão descritas essas habilidades, dentre elas, voz, articulação/dicção, vocabulário,

Master Coaches

ouvir na essência, expressão corporal, e eu convido você a se perceber enquanto você faz essa leitura. Será que percebemos ou mesmo temos consciência de como nos comunicamos?

1. Voz

É uma das extensões mais fortes da nossa personalidade, ela só existe porque existe o outro. Através dela expressamos nossas emoções como amor, raiva, tristeza, alegria, euforia, afeto. Nenhuma voz é igual, ela é como uma digital - ÚNICA! Desta forma qualquer pessoa que apresenta uma voz auditivamente desagradável pode interferir no processo de comunicação. Como uma voz nasal, muito fraca, monótona, estridente, muito alta, muito baixa, trêmula ou rouca. Estas vozes provocam desconforto auditivo ao receptor, prejudicando a transmissão da mensagem e a "performance comunicativa".

O uso da voz difere entre as funções da vida profissional e da vida pessoal. Temos recursos dentro de nós que possibilitam utilizarmos vários tipos de voz. Perceba que a nossa voz muda diante de situações da vida. Pense e ouça você falando no trabalho, em casa, com animais de estimação, com um bebê, quando você está com alguém que ama, quando está bravo, preocupado ou cansado. Percebe que ela fica diferente?

E como é o som da voz enquanto falamos? O que ela transmite ao outro? Alguém já fez algum tipo de comentário? E o que desejamos que a nossa voz transmita?

2. Articulação/Dicção

A articulação do som está totalmente ligada à passagem do fluxo de ar por algumas estruturas móveis que podem impedir, bloquear, canalizar ou moldar o som. Ela é responsável pela "moldagem" dos sons que produzimos. É ela que dará "forma" a cada som depois de amplificado pelos nossos ressonadores.

A articulação deve ser precisa para que as palavras sejam inteligíveis, caso seja imprecisa, travada ou exagerada pode prejudicar a comunicação. É importante considerar que o padrão de articulação sofre influência de fatores emocionais como, por exemplo, uma articulação travada pode transmitir raiva, vergonha e uma articulação exagerada pode transmitir autoritarismo.

E a nossa articulação? Como está? O que ela tem transmitido nas nossas relações? Será que ela transmite clareza ou confusão de ideias?

3. Vocabulário

É o elemento que traduz as ideias, o que permite ou não a compreensão do que pretendemos comunicar ao outro. Se ele se apresenta deficiente prejudica a comunicação na sua integra. Deve ser o mais vasto e o mais rico possível. No entanto o mais importante é saber usar o vocabulário que se tem e nas diferentes situações. Em um ambiente profissional o vocabulário difere de um ambiente pessoal.

Vamos pensar em como está o nosso vocabulário em nossas relações. Será que dentro de nós verdadeiramente existe um desejo e uma fala que transmita ao outro que o que mais queremos é que ele compreenda o que estamos dizendo?

4. Expressão Corporal

Ela é parte integrante da comunicação, é observada pelos movimentos gerais do corpo e tem como objetivo complementar a comunicação. Todo nosso corpo se comunica quando falamos, desde a cabeça até os pés. Uma mensagem pode ser dita apenas com gestos. É importante, desenvolver essa conscientização no processo de *coaching* de relacionamento, pois muitas vezes a comunicação não flui, porque uma das pessoas não olha para o outro enquanto se comunica.

E como é a nossa expressão corporal? Será que as pessoas sentem que estamos verdadeiramente focados, envolvidos quando nos comunicamos?

5. Ouvir na essência

Um ouvinte ativo é aquele que não ouve apenas com seus ouvidos, mas também com seus olhos, corpo, voz e emoção. Ouvir na essência é a base para uma efetiva comunicação. É o foco na aprendizagem de como a outra pessoa vê o mundo, como ela o sente. Ouvir na essência não está em concordar com alguém, mas sim compreender aquela pessoa profundamente, tanto no plano emocional quanto no intelectual. Vale a pena sempre lembrar e nunca esquecer que todo ser humano tem necessidade de ser amado, ser ouvido e saber que pode errar.

O que acontece quando ouvimos alguém? Será que verdadeiramente ouvimos na essência? Será que talvez mais julgamos se está certo ou errado, gostamos ou não do que verdadeiramente ouvimos na essência e compreendemos como o outro é?

Comunicação e relacionamentos

Para facilitar a compreensão da avaliação da comunicação nos relacionamentos, utilizo a explicação dada por Stephen Covey em seu livro Os 7 Hábitos das Pessoas Altamente Eficazes, onde ele faz um paralelo entre os nossos relacionamentos e uma conta bancaria.

O que é uma conta bancária?

Basicamente é um lugar onde você deposita, saca ou faz reservas financeiras. É necessário manter um controle para que a conta não fique no vermelho, mas que seja mantida e melhor ainda ter um acúmulo de reservas.

O que é uma conta bancária emocional?

É uma metáfora que descreve a quantidade de confiança acumulada em um relacionamento, cuida da sensação de segurança que se tem com outro ser humano.

Como funciona a Conta Emocional?

Os meus "depósitos" na sua conta são feitos através de cortesia, gentileza, honestidade, observação dos compromissos que assumi com você. Se eu tenho essas atitudes, estou fazendo uma reserva!

No "extrato bancário", sua confiança em mim torna-se maior, posso contar com esta confiança sempre que for preciso, posso até cometer erros que o nível de confiança na reserva emocional os compensará e minha comunicação pode não ser clara, mas você compreenderá seus sentidos de algum modo.

Os meus "saques" são feitos através do costume de demonstrar falta de cortesia, desrespeito, desatenção, desconsideração e arbitrariedade, trair sua confiança, interromper suas conversas, ameaçá-la e bancar o dono de sua vida.

Se ao invés de depósitos eu realizar saques, minha conta bancária fica no vermelho. O nível de confiança fica muito baixo, preciso ser muito cuidadoso com tudo o que falo, medir cada palavra, viver tenso, fazendo média, evitando ser pego de surpresa.

Infelizmente, muitas empresas, famílias, vivem assim e a consequência de um saldo negativo é devastador, terminando em brigas e guerras verbais. É muito importante saber que os nossos relacionamentos constantes exigem depósitos constantes, as expectativas são mais altas. Construir ou reconstruir um relacionamento leva tempo! Diante disso, como está a nossa conta bancária com pessoas que são próximas e com pessoas que não são tão próximas? Será que estamos verdadeiramente investindo para termos o resultado que desejamos em cada relacionamento?

Finalizo esse capítulo dizendo que no *coaching* de relacionamento o *coach* se mantém ao lado, incentiva e apoia as pessoas a se permitirem passar pelo processo de autoconhecimento, a descobrirem seu perfil comportamental, perceberem as influências de sua história de vida em sua comunicação e relacionamentos, exercitarem o amor e o perdão, de si mesmo e do outro, e assim desenvolverem as habilidades de uma comunicação eficaz.

Quando pessoas vivenciam o *coaching* de relacionamento, elas são capazes de descobrir seu verdadeiro estado atual na relação, traçam sua meta e através de ações especificas e em comum acordo chegam ao estado desejado no relacionamento.

A base para o sucesso no processo de *coaching* de comunicação e relacionamentos é a confiança!

15

Coaching de emagrecimento

117

O *coaching* funciona no processo de emagrecimento porque leva o cliente a se conhecer. É importante saber como ele pensa e se comporta, quais são seus hábitos e sonhos, o que ele deseja ardentemente ser ou ter

Denis Carvalho

Denis Carvalho

Fundador e presidente do Instituto de Desenvolvimento Denis Carvalho, com mais de 15 anos de experiência em gestão de pessoas, contribui para despertar o potencial infinito do ser humano, atingindo resultados extraordinários com pessoas e empresas. Administrador de empresas, certificado pelo Conselho Regional de Administração, graduando em Psicologia. Especialista em Comportamento Organizacional e Gestão de Pessoas, liderou times na área de inovação, planejamento estratégico, área comercial, produção e gestão de mudanças em renomadas organizações. *Master coach* senior pelo *Behavioral Coaching Institute* – BCI, *trainer* em Programação Neurolinguística pelo IBC, *Bussines Coach* e *Professional Self Coach* com certificação reconhecida pela *Global Coaching Community* e *European Coaching Association*. Possui ainda formação em *Personal e Professional Coaching* pela Sociedade Brasileira de *Coaching*. É *trainer* licenciado para o *Leader Coach Training* – LCT do IBC. Palestrante e consultor atuante sobre aspectos relacionados a comportamento, *coaching*, liderança e desenvolvimento estratégico de organizações através das pessoas.

Contatos:
www.institutodeniscarvalho.com.br
atendimento@institutodeniscarvalho.com.br
(37) 9907-6017 – 9199-5468 – 3521-2014
facebook.com/Institutodeniscarvalho
twitter.com/#!/DenisCarvalho
Skype: denicarvalhoadm

Qual é o seu maior sonho?

Você sonha em ter o corpo perfeito e uma mente saudável?

Meu objetivo para este artigo é duplo:

Primeiro, provar que você pode se tornar quem sempre sonhou, realizar seus sonhos e ajudar outras pessoas a realizar o delas; e segundo, equipá-lo com todas as habilidade e técnicas específicas que você precisa ter para ser quem sempre sonhou.

O que *coaching* de emagrecimento tem a ver com sonhos?

Todos nós sonhamos. Quando sonhamos usamos nossa imaginação, vamos além dos limites de nossas vidas e entramos num novo mundo onde muitas coisas são possíveis. Qualquer mudança em nossa vida se inicia com um sonho de algo melhor.

O sonho do corpo perfeito parece estar distante nos tempos atuais. A correria do dia a dia, as rotinas estressantes, tudo isso nos impede de manter uma alimentação equilibrada e ter uma melhor qualidade de vida, o que, na maioria das vezes, nos leva a um desequilíbrio. Neste artigo quero levá-lo a uma reflexão do que pode fazer para ter o corpo que sempre sonhou e ser a melhor pessoa que pode ser, com você e com os outros.

O ser humano, consciente ou inconscientemente, sempre busca paz e harmonia, porque isto é o que falta em sua vida. Quando perdemos de vista nossos objetivos fundamentais, somos dominados pelo estresse e pela desorientação. A infelicidade permeia a energia que circunda a pessoa que sofre e todos que entram em contato com ela também são afetados. Certamente, esse não é um modo apropriado de viver e pode ser combatido com a definição de uma meta clara, que ofereça sentido ao que estamos fazendo nos bons e maus momentos. Orientar as pessoas na expansão de suas crenças, habilidades, competências que vêm do poder interno, e treiná-las para novos comportamentos que as apoiam na conquista de seus objetivos, faz com que superem a maior parte das adversidades.

A obesidade é uma epidemia em muitas nações ocidentais, incluindo o Brasil. Segundo o IBGE em pesquisa feita em 2009, há cerca de 17 milhões de obesos, o que representa 9,6% da população brasileira. Segundo a Organização Mundial da Saúde - OMS (2010), há 300 milhões de obesos no mundo e, destes, um terço está nos países em desenvolvimento. A OMS considera a obesidade um dos dez principais problemas de saúde pública do mundo, classificando-a como epidemia. É caracterizada pela acumulação excessiva de gordura corporal com potencial prejuízo à saúde, decorrente de vários fatores, sejam estes genéticos ou ambientais, como padrões

Master Coaches

dietéticos e de atividade física ou ainda fatores individuais de susceptibilidade biológica, entre muitos outros, que interagem na etiologia da patologia (OMS, 1997). Mais recentemente e adotando uma definição mais curta, a Organização Mundial de Saúde (OMS, 2002) define obesidade como um excesso de gordura corporal acumulada no tecido adiposo, com implicações para a saúde. A obesidade é uma condição complexa de dimensões sociais, biológicas e psicossociais consideráveis, podendo eventualmente afetar qualquer pessoa, independentemente da idade ou do grupo socioeconômico, em qualquer parte do mundo.

A sociedade te julga pela aparência, assim como ocorre nos relacionamentos; muitos namoros e casamentos se desgastaram pelo tempo devido ao descuido do parceiro com sua aparência física e mental, o que na maioria das vezes afeta o emocional. É preciso passar por um processo de mudança interna e externa.

O processo de mudança, na maioria das vezes, é encarado como dolorido. As pessoas têm dificuldade de assumir compromissos. Expressam uma vontade de mudar, mas fracassam durante o processo. Segundo alguns estudos, as pessoas passam por quatro mudanças emocionais quando desejam uma mudança maior. São elas:

Negação: no início a mudança é encarada como negação e descrença. "Pode deixar, eu vou encontrar uma forma de resolver isso".

Raiva ou culpa: é comum o indivíduo sentir raiva e culpa após negar a mudança a si próprio. Diante da resistência, faz a pergunta: "Por que eu deveria mudar?".

Aceitação: a partir do momento em que as pessoas trabalham sua raiva, movem-se para esta etapa e começam a aceitar e a explorar seu papel no processo. Geralmente afirmam: "É tão difícil mudar!"; "Preciso de ajuda".

Fase final: quando tomamos a decisão de mudar. Passamos neste ponto a focar o futuro em vez de ficar se culpando ou procurando justificativas. Assumimos o papel da mudança. Neste ponto o *coach* pode atuar diretamente no processo de emagrecimento.

Como o *coach* pode ajudar no processo de emagrecimento?

A grande dificuldade do profissional da saúde é quando o cliente diz: "Já tentei de tudo e não consigo."

Vamos dizer a mesma coisa para o cliente? A maioria das pessoas sabe o que fazer. Em geral, não é a falta de informações que impede alguém de ter o corpo que sempre sonhou e mantê-lo. Então o que impede? Esta pergunta é fundamental. É isto que procuramos responder, em cada caso, com o processo de *coaching* para emagrecer. Descobrir a resposta a esta pergunta pode fazer toda a diferença entre o sucesso ou o fracasso do processo de emagrecimento.

Em vários atendimentos que faço percebo que pessoas não conseguem emagrecer por conta da falta de disciplina, comprometimento e conhecimento do eu, o que leva o trabalho do profissional da nutrição e do médico por água abaixo.

O *coaching* funciona no processo de emagrecimento porque leva o cliente a se conhecer. É importante saber como ele pensa e se comporta, quais são seus hábitos e sonhos, o que ele deseja ardentemente ser ou ter. Andrea Lages, no livro *Coaching* com PNL, afirma: *"A vida é uma série de pequenas decisões. Uma decisão isolada pode parecer incoerente, se bem que em conjunto elas se comprometam. Cada uma delas é importante. Vidas inteiras podem ser mudadas por decisão aparentemente pequena. Tudo que fazemos, cada pequena decisão, tem algum propósito, e encarregar-se de sua vida significa ter suas próprias metas, não deixando que outros as definam para você. Todas as pessoas bem-sucedidas estabelecem metas. Metas são sonhos dotados de pernas – elas vão para toda parte!"*

Nossa vida é a materialização dos nossos pensamentos. Somos o que pensamos, se o corpo adoece é porque a mente adoeceu. O corpo é resultado da mente. Convido-o a acreditar que o processo de emagrecimento está totalmente voltado para sua mente.

Muitas pessoas com sobrepeso têm uma sensação de falta de merecimento e apresentam baixa autoestima. Com isso, tudo o que fazem torna-se insuficiente e desgastante. Podemos afirmar que boa parte dessas pessoas está relacionada com a Síndrome do Amor Negativo, conceito criado em 1967 pelo norte-americano Bob Hoffman, um autodidata com profundo conhecimento da natureza humana. Consiste no fato de as pessoas adotarem os comportamentos, admoestações, atitudes e traços de seus pais. O Amor Negativo nada mais é do que o estado de se sentir indigno de ser amado. Estas negatividades são as barreiras reais à realização e à harmonia pessoal. É a maior força destruidora do mundo, pois atinge não só o indivíduo, mas também o coletivo. Segundo os conceitos de Bob Hoffman, o caminho para nos livrarmos do Amor Negativo é o perdão. Somente quando formos capazes de perdoar e compreender nossos pais, emocional, experimental e intelectualmente, poderemos então nos perdoar, encontrar a harmonia interna e assim passar a trabalhar nas demais metas de nossas vidas. Convido você a acreditar que em qualquer processo de transformação humana é necessário primeiro passar pela cura da Síndrome do Amor Negativo. Isso um bom *coach*

Master Coaches

faz com muita competência e habilidade.

Geralmente as pessoas não estão prontas para emagrecer e mudar suas vidas, estão em um processo de comodismo e relutância tão grande que falta forças. Acreditam assim que estão indo para o fundo do poço. Neste caso, o desespero se torna um impulso para a mudança. Ao mesmo tempo em que uma parte de você está tentando se libertar, a outra está lutando com todas as forças para impedir esta mudança.

Emagrecer começa com uma decisão, é preciso atitude diante dos seus atos e emoções que o levam a comer mais, sendo que este processo começa dentro da sua mente.

Convido-o, neste momento, a fazer as seguintes reflexões:
• Por que estou acima do peso?
• O que eu digo para atrair esta situação para mim?
• O que posso fazer para resolver isto?
• Quais medos tenho que me impedem de resolver este problema?
• O que ganho vivendo com isto?
• Qual ação, atitude, decisão posso tomar agora para resolver isto?
• Qual é o meu grau de comprometimento com os processos que inicio em minha vida?
• O que ganho vivendo com isto? O que perco?
• O que ganho se mudar? O que perco?
• O que sentirei quando tiver o corpo que sempre quis?
• O que será que as pessoas à sua volta irão dizer quando tiver o corpo que sempre sonha?
• Por que quero emagrecer?

O segredo para atingir os resultados desejados é responder a estas questões com muita sinceridade, já que dessa forma você estará entrando no seu subconsciente e reprogramando sua mente para um novo despertar. O *coach* é uma pessoa treinada para ouvir, observar e customizar suas abordagens às necessidades específicas, ampliando suas respostas. Acredito que ao voltar-se para dentro de si, através do autoconhecimento, o ser humano poderá descobrir o verdadeiro caminho para atingir suas metas e objetivos.

O que o *coach* faz:

1. Ajuda o cliente a manter um alto nível de comprometimento com o processo, com as dietas, atividades físicas ou mesmo com as questões emocionais.

2. Estimula o cliente a viajar em um estado emocional fortalecedor, o que irá habilitá-lo para alcançar as metas.

Denis Carvalho

3. Desafia as crenças limitantes que impedem o cliente de reduzir peso e mostra como atuar bem diante das situações desafiadoras.

4. Participa do processo como amigo e parceiro do cliente através de perguntas poderosas.

5. O *coach* irá apoiar o cliente durante todo o caminho, através da escuta e do não julgamento.

6. Mantém o cliente motivado, com foco no objetivo.

O *coach* vai ajudar o cliente a identificar os processos, pensamentos e sentimentos que o levam a comer mais do que o corpo necessita, e como lidar com eles para se adequar a uma alimentação saudável. Também contribui no processo de consciência e ajuda a reorganizar a vida de forma prazerosa.

Como diz minha amiga Poliana: "Emagrecer não precisa ser sinônimo de sofrimento, entretanto, o *coaching* de emagrecimento não produz milagres. Para que seus resultados sejam efetivos o cliente tem que se comprometer, em primeiro plano consigo, e em segundo com a metodologia aplicada pelo *coach*".

Coaching para emagrecimento não inclui a prescrição de dietas, exercícios físicos e diagnósticos. O processo é uma alternativa complementar de resultados garantidos, podendo ser realizado em parceria com tratamentos convencionais.

Depoimento de uma cliente (o nome foi citado por questões de privacidade):

"Foi muito bom ter encontrado o *coach* Denis Carvalho, é um excelente profissional, me levou muito além de emagrecer. Tenho hoje corpo e mente saudáveis." M.A – Minas Gerais.

O despertar para o novo nos leva à tomada de consciência da realidade interior e nos convida a despertar para o nosso potencial infinito.

Existem várias modalidades de *coaching*, não hesite em buscar mais informações através do nosso site: www.institutodeniscavalho.com.br.

Master Coaches

16

Como o *coaching* poderá lhe ajudar a experimentar mais satisfação pessoal?

Você sabe qual é o seu propósito de vida? Todos temos uma razão para ter nascido e descobri-lo deveria ser a nossa meta prioritária. Quando vivemos o nosso propósito de vida em sintonia com nossos valores, experimentamos a satisfação pessoal de sermos quem somos

Denise Lovisaro

Denise Lovisaro

Master Coach Formação Internacional – Sociedade Latino Americana de *Coaching*; *Trainer Training* Lambent do Brasil; Formação Avançada e *Practitioner Somatic Experiencing*® - *Foundation for Human Enrichment*; *Master Trainer* PNL - SBPN; *Coaching* Sistêmico – Metaforum; *Master Wisard Avatar* –*Star's Edge Internacional*; *Consultor Talent Insights – Success Tools – Consultor Insights* – Instituto Pieron; Formação em Análise Transacional e Psicologia Social; Graduada em Estudos Sociais pela USM. Em 1995 fundou a Tempo Luminar Consultoria e *Coaching* onde atua como diretora, consultora e *coach*. Atende clientes pessoas físicas e corporativas: GMB do Brasil; Petrobrás, Lojas Americanas; Philips; Gradiente; Camargo Correa; T4F *Time for Fun*; Samsung; Unibanco, Roche, Novartis, AACD, McCann Ericson, Ind. Metalurgica Caracol; Sun MRM; Street 100%; EYU - Universidade Corporativa Ernst Young Terco, Natura.

Contatos:
www.tempoluminar.com.br
Denise.lovisaro@tempoluminar.com.br

Denise Lovisaro

O *coaching* tem se mostrado eficiente para promover o desenvolvimento pessoal e profissional pela abordagem pontual e rapidez na obtenção de resultados. Eu descobri o *coaching* há alguns anos atrás e cada vez mais me convenço de sua eficácia. A maioria dos clientes (*coachees*) sabe explicar o que não está bom e tem clareza de que precisa mudar algumas coisas em sua vida, mas nem sempre sabe por onde começar ou o que está buscando de fato para se sentir melhor, seja no âmbito pessoal ou no profissional. É neste ponto que o trabalho do *coach* começa.

É difícil dizer quem fica mais feliz quando o cliente encontra o caminho dos tesouros escondidos dentro de si. O cliente tem as melhores respostas se o *coach* tiver as melhores perguntas. O trabalho do *coach* é sútil, e, no final, quem sobe ao pódio é o cliente. Hoje em dia é muito fácil se deparar com um *coach*. Com ou sem preparo, as pessoas se intitulam *coach* e saem por aí fazendo muita coisa, menos *coaching*. Para os profissionais que se interessam pela prática, eu costumo orientar que primeiro busquem uma boa formação na metodologia de *coaching*, independente do preparo que já tenham na área de desenvolvimento humano. Talvez seja desnecessário dizer que aqueles que lidam com desenvolvimento humano, como os *coaches*, precisam se manter atualizados e disponíveis para conhecer e aprender novas práticas, ser flexíveis para rever as próprias posturas, técnicas, conhecimentos, crenças e valores. Um *coach* que tenha crenças limitantes a respeito de sucesso, por exemplo, poderá ter dificuldade para lidar com clientes de visão ampla e ambiciosa. Embora cada cliente valorize capacidades e habilidades diferentes para os *coaches*, eu prefiro os acolhedores, empáticos, astutos para não se deixarem levar pelas artimanhas dos clientes e capazes de inspirá-los e desafiá-los para conseguirem o que desejam. Devem gostar de estar com pessoas, saber ouvir dedicadamente, evitar julgamentos e preconceitos, ser confiáveis e discretos, procurar ir além da metodologia de *coaching*.

Hoje, o estudo e as descobertas da neurociência nos ajuda a compreender cada vez mais o funcionamento da mente humana. Quanto mais soubermos sobre o poder das crenças e a influência dos pensamentos na tomada de decisão, mais fácil será mudar o que não está bom na própria vida ou na hora de ajudar um cliente a fazê-lo. É verdade que o *coach* não precisa entender da área de atuação do cliente, porque o papel dele não é o de conselheiro ou mentor que diz ao cliente o que fazer. Porém, é inegável que, se o *coach* já trabalhou em empresas e atende clientes corporativos, empresários e executivos, terá maior facilidade para compreender as frequentes queixas dos clientes. Estamos acostumados a pensar em *coaching* como um complexo processo com começo, meio e fim. Mas *coaching* pode ser apenas uma conversa que muda a vida de alguém para sempre.

Eu me lembro de uma história que uma amiga médica me contou. Um dia, conversando com um professor, quando ela ainda estava no co-

Master Coaches

legial, este homem a ajudou a enxergar uma possibilidade de vencer um grande obstáculo para se tornar médica e isto mudou a sua vida. **O que este professor fez, não foi dar a resposta do que ela deveria fazer, e sim, ajudá-la a descobrir o que poderia fazer para se tornar quem ela desejava ser e, desta forma, cumprir o seu propósito de vida, tornando-se médica. Isso é *coaching*.** Como *coach*, uma das maiores dificuldades que enfrentei foi ter a certeza de que não possuía a melhor resposta para ofertar ao cliente, e que a dele sempre será melhor para si próprio do que qualquer outra. Se não soubermos nos controlar, daremos um jeitinho de oferecer a nossa contribuição. E este é um grande engano que o *coach* comete.

Como *coaches*, é importante aprender a flexibilizar a mente para enxergar vários pontos de vista sobre uma situação e perceber que se pode chegar ao mesmo lugar por inúmeros caminhos e – não existe o melhor. O maior trunfo de um *coach* para levar o cliente à reflexão é aprender a fazer boas perguntas e, naturalmente, ter paciência para respeitar o tempo do cliente. Lembro-me de um cliente, quando comecei, que foi meu grande professor. Ele demorava tanto a responder que eu pensava que havia se esquecido da pergunta. Precisei de muito autocontrole para administrar a minha ansiedade e, confesso, algumas vezes, não me contive e interrompi o processo reflexivo, ao qual ele, gentilmente, pedia-me para aguardar e respondia "estou pensando".

Tive e tenho muitos mestres, pois me considero uma eterna aprendiz, mas, no início, foi com Joseph O'Connor que aprendi que, quando você tiver muita vontade de dar respostas para o cliente, o melhor será "morder a língua". O nosso papel como *coach* é o de um guia que leva alguém para um lugar desconhecido. Assim como o guia, devemos ter equipamentos, técnicas que nos ajudem a tornar a caminhada agradável e segura. E, por mais que acreditemos saber aonde chegaremos, esse é também um grande engano. Então, nada de certezas; estamos no terreno da exploração onde tudo é possível. Não existe terra infértil, existe terra mal preparada. Algumas darão mais trabalho, mas em todas será possível cultivar. Nossa mente também é assim, e cabe ao *coach* ensinar o cliente a fertilizar a mente para deixá-la pronta para semear e finalmente colher.

Neste artigo, eu quero compartilhar com vocês algo que servirá tanto para o leitor como para o profissional que poderá aplicar este recurso com seu cliente. Se você for leitor, sugiro que leia o exercício proposto e siga as instruções. E se você for *coach* e deseja aplicar a técnica, em seu cliente pode fazê-lo através de uma indução hipnótica ou apenas conversando. Em geral, o exercício leva as pessoas a uma conexão muito profunda consigo mesmas. E deste lugar, é mais seguro perceber o que se quer para se sentir mais pleno de ser quem é.

Todos têm um propósito de vida, mas este propósito que pode estar sendo vivido sem consciência ou de forma a não perceber estar afastando-se dele e, consequentemente, de si mesmo. Quando deixamos de

Denise Lovisaro

lado o nosso propósito de vida, nos sentimos perdidos e sem rumo. E, mesmo quando somos bem-sucedidos, nossa vida parece não ter significado e uma angustia sem razão aparece. **Por trás de uma meta, um desejo, existe sempre um valor esperando para ser atendido**. Quando um cliente declara uma meta, já sabe que eu farei duas perguntas: **O que conseguir algo desejado trás de bom para você? Do que você terá que abrir mão quando conseguir o que deseja?** O valor da conquista está no grau de satisfação que sentimos ao conseguir o que queremos. E aquilo de que precisarmos abrir mão não pode ser maior ou mais importante do que a conquista em si. A ecologia de uma meta está em avaliar como iremos afetar o entorno e as pessoas que amamos antes de iniciarmos a caminhada, e a conquista valer a pena. Abrir mão dos nossos valores por outros que não são nossos pode resultar em uma vida sem sentido, mesmo quando os resultados são bons.

Eu tenho uma amiga, profissional bem-sucedida, que se sentia descontente com seu trabalho, apesar do retorno financeiro. Tudo o que fazia lhe parecia difícil e desinteressante. Quando iniciou esta carreira foi diferente. Recém separada, filhos pequenos, a alta remuneração possibilitou cuidar da família com segurança. Durante anos, ela optou pela segurança financeira e bem-estar da família e isso foi mais importante do que seguir os seus ideais. Nas poucas horas livres, continuou estudando, lendo e praticando tudo o que valorizava para o desenvolvimento pessoal. Filhos crescidos e independentes, ela não via mais sentido em continuar trabalhando somente pelo dinheiro, que não é um valor prioritário para ela. E foi essa lucidez que lhe permitiu dizer "não" ao escritório luxuoso, à visibilidade, aos projetos internacionais, para fazer o que gosta em regime de *home office* e, desta forma, se sentir alinhada com seus valores e mais feliz. Quando inicio um novo projeto de *coaching*, estimular o cliente a descobrir seus valores é um ponto alto do trabalho. Podemos passar anos declarando como nossos valores, que foram ou são importantes para nossos pais, professores, chefes, amigos, sociedade.

Você sabe qual é o seu propósito de vida?

> *"Aos homens não basta saber que existem, mas para quê existem."*
> Viktor Frankl

Ao ouvir esta pergunta, as pessoas dificilmente respondem de pronto, porque não sabem que conhecem a resposta. Um propósito de vida precisa ser magnânimo? Não, mas precisa ser genuíno. E nestas horas, a ingenuidade leva a melhor. Eu tenho um amigo, terapeuta, que conta uma história sobre sua avó italiana. Quando alguém da família ou convidado elogiava sua macarronada - que ele confirma que era ótima - ela respondia com naturalidade e segurança: "*ma naturalmente è buono,*

Master Coaches

sono stato io che ha fatto." (mas é claro que é boa, fui eu que fiz). Ela sabia que seu propósito de vida era cozinhar para a família e não tinha nenhuma dúvida de estar cumprindo bem a sua missão. Nascer é uma oportunidade de evoluir como ser humano. Quando pensamos desta forma somos gratos à vida pela oportunidade que recebemos. **Descubra o seu propósito ou missão de vida para estar onde é o seu verdadeiro lugar e tudo a sua volta começa a fazer sentido**.

Interessante a história de um cliente jovem que tinha dúvidas sobre o que queria seguir como profissão. Ele estava confuso entre o que gostava de fazer e o que achava que deveria fazer para se dar bem financeiramente. Um dia, trouxe alguns desenhos e fotos muito bonitos de móveis e, enquanto mostrava os desenhos, eu percebi um brilho diferente em seus olhos. Perguntei o que ele gostaria de fazer de fato se pudesse? - **Ter minha própria produção de móveis, mas isso é apenas um sonho, quem sabe um dia**. Daí para frente, conduzimos o processo de *coaching* para atender às necessidades imediatas, sem perder de vista o sonho. Hoje, ele tem a própria marcenaria e está muito feliz de poder cumprir o seu propósito de vida, fazendo o que realmente gosta.

Se somos únicos, nossa missão também é única e, mesmo estando ao lado de muitas pessoas que fazem a mesma coisa que nós, cada um fará a seu modo e essa particularidade nos torna especiais. Todas as missões são importantes para a humanidade. Não existe a melhor ou a mais importante. Os profissionais de saúde cuidam, curam e salvam vidas; o jardineiro deixa o jardim florido; o professor ensina e inspira as crianças, jovens e adultos; o policial e o militar nos protegem; o lixeiro deixa as cidades limpas; o empresário gera empregos e produz o que vamos consumir; o artista nos encanta, emociona e diverte; a cozinheira nos alimenta; e os pais dão vida e orientam os filhos. Existem muitas outras missões tão importantes quanto estas e você poderá incluir nesta lista quantas quiser, **mas há algo que é único para todas as missões: cumprir o propósito sem desvios, com ética e responsabilidade**. Gosto de uma frase de Josiah Stamp que diz: "É fácil fugir de nossas responsabilidades, mas não podemos fugir das consequências de fugir de nossas responsabilidades". Quer dizer que, após descobrir qual é o seu propósito de vida, será preciso cumpri-lo tal qual ele foi mensurado para você se sentir como a nona da macarronada. **Você colhe o que planta, portanto, se a colheita não estiver satisfatória, que tal prestar atenção no que está semeando?**

Todos nós queremos sentir orgulho de sermos quem somos. Mas, às vezes, estamos tão distantes de nós mesmos que já não sabemos ao certo quem somos. As pessoas gostam de rotular umas às outras e, desde cedo, nos acostumamos a ouvir o que os pais, professores e amigos dizem a nosso respeito e, de tanto ouvir que somos "assim ou assado", acabamos acreditando ser o que os outros dizem. Você pode ter aprendido que precisa ser durão, quando é extremamente sensível; você pode ter aprendido a ser contido, mas é expansivo por natureza. Você pode ser flexível, mas aprendeu que para ter sucesso precisa ser firme em suas posições. E afinal, quem é você? O eu natural ou o eu aprendido? Quem você gostaria de ser para se sentir mais autêntico? Se existe uma dissonância entre o que os outros dizem e o que nós acreditamos que somos, só você é capaz de dizer o que quer para si. Mas se não ouvir a voz interior ficará perdido e sem rumo, fazendo o que os outros dizem para você que é certo fazer ou apenas alimentando o ego com conquistas sem valor. A voz interior nos diz o que é importante para nos sentirmos bem em sermos nós mesmos. É comum ouvir pessoas que passaram por experiências quase fatais relatarem que hoje são diferentes porque passaram a valorizar o que antes parecia não ter importância. Eu acho mais fácil tomar consciência de nossos anseios sem precisar de uma experiência de quase morte. **Quem pode ser feliz se não estiver no comando de si mesmo?** A nossa essência contém a nossa divindade e pode ficar adormecida durante anos e, às vezes, nunca despertar. Quando a essência não consegue se manifestar, a pessoa não consegue ser genuína.

Festa de aniversário

Para este exercício, eu proponho que você tenha um momento só seu. Sugiro que você se liberte do criticismo, do medo de sonhar, do racionalismo, para se deixar levar pela imaginação. O ambiente adequado ajuda a criar o clima necessário à entrega. Ouça uma música orquestrada para relaxar, adeque a luminosidade, procure um lugar confortável com boa ventilação. Desligue os telefones e garanta que não será interrompido pelos próximos trinta minutos. Deixe ao seu lado um bloco de papel e uma caneta para ser usado depois. Durante o exercício, sua tarefa é relaxar e sonhar; se preferir, pode fechar os olhos. Se estiver fazendo sozinho, leia todo o enunciado, com voz pausada, antes de começar, e durante o exercício, saiba que se alterar a ordem ou esquecer algo, não prejudicará o resultado. Se você for *coach* e estiver conduzindo seu cliente, aja da forma que for mais favorável para ele se deixar levar por você. **Quem é capaz de imaginar, será capaz de realizar.**

Nossa mente não faz distinção entre o que é real e o que é imaginado. Aproveite para sentir como é ser a pessoa que você sempre desejou ser. Aja como se fosse o diretor e o protagonista desta história e produza o filme de sua vida, tal qual você sempre sonhou e nem sempre expressou. Imagine que hoje é o seu aniversário e algumas pessoas lhe prepararam uma linda festa. Imagine que nesta festa estarão presentes todas as pessoas importantes para você, inclusive aquelas que já não fazem parte deste plano terrestre... agora, tudo é possível. O lugar, a decoração, o som, a iluminação, flores, aromas, cores e serviço de buffet, tudo está perfeito. Os convidados circulam livremente, sozinhos ou acompanhados, formando grupos. A festa foi preparada para agradá-lo e o objetivo atingido. Você está feliz por receber esta homenagem e quer agradecer

Master Coaches

a presença dos convidados. **Ao se aproximar das pessoas, elas começam a lhe dizer coisas que você sempre quis ouvir sobre você**. Palavras carinhosas, elogios, surpresas. Pais, irmãos, companheira(o), filhos, amores antigos, amigos, colegas de trabalho, chefes, subordinados, professores, pessoas que você sempre admirou e admira falam coisas bonitas a seu respeito. Emocionado(a) e agradecido(a), você reconhece uma rara oportunidade de abrir seu coração e dizer o que sempre pensou a respeito destas pessoas e nunca encontrou o momento certo de fazê-lo. Ouça e fale o que sempre pensou e nunca disse. Tome o tempo que for necessário para ouvir e falar, afinal, hoje é o seu aniversário e você é o dono da festa. No meio a tanta alegria, uma porta se abre e um enorme bolo de aniversário iluminado por muitas velinhas é trazido até você. Surpresa! Você está completando o centenário, 100 anos de idade e é uma referência para todos os convidados. Meus parabéns!

Quando acabar, fique um tempo consigo mesmo em silêncio. Sem pressa, reflita e responda com base na experiência que acabou de vivenciar:

1. Como eu quero ser lembrado?
2. O que eu quero deixar como legado?
3. O que me torna uma pessoa única e especial?
4. Quão próximo ou distante eu estou da pessoa que idealizo ser?
5. O que eu posso fazer para me aproximar do melhor de mim todos os dias?

Escreva uma mensagem que vem do coração e vai direto para a alma. Para que você possa reler sempre que desejar estar mais próximo de si.

Este ano eu soube de três pessoas que completaram 100 anos de idade. Coincidentemente, as três são mulheres e o ponto em comum entre elas é que tiveram uma história forte de vida. Mulheres que venceram as adversidades, superaram perdas e se mantiveram todo o tempo no comando de suas vidas. Ajudaram muitas pessoas conhecidas e desconhecidas a encontrarem seus caminhos. Hoje, aos 100 anos, elas estão lúcidas e falam da longa vida com orgulho. Isso é um privilégio ou um sinal dos tempos? Penso que os dois. Daqui pra frente, com os avanços da medicina, cada vez mais pessoas irão completar o centenário e ultrapassar essa faixa etária. Mas, de que vale viver tanto tempo se a vida não tiver valido e pena?

"Nossas dúvidas são traidoras e nos fazem perder o bem que frequentemente poderíamos obter, por medo de tentar".
Willian Shakespeare

Eu espero, com este breve texto, ter contribuído para você estar mais conectado consigo mesmo, ciente de seu propósito de vida e pronto para iniciar ou continuar a sua jornada com a certeza de que viver vale a pena! Quem se sente bem consigo mesmo pode ajudar outras pessoas a também se sentirem melhor, e isso se multiplica infinitamente formando uma rede infinita.

17

Transformando vidas através do *Coaching* Evolutivo

O processo *Coaching* pode ser definido como um processo de desenvolvimento humano para o qual convergem conhecimentos de diversas ciências, com o objetivo de levar o indivíduo a alcançar resultados extraordinários e sentir maior plenitude quanto a vida

Douglas de Matteu

Douglas de Matteu

Mestre em Semiótica, Tecnologias da Informação e Educação; Especialista em Marketing e em Educação a Distância; Bacharel em Administração de Empresas e Formado em Marketing e promoção de Vendas; *Professional Self Coach, Business and Executive Coaching* e *Master Coach* pelo Instituto Brasileiro de *Coaching* com reconhecimento internacional pelo ICI (*International Association of Coaching Institutes*), ECA (*European Coaching Association*) e GCC (*Global Coaching Community*). Possui formação Internacional em *Coaching, Mentoring* e *Holomentoring* – ISOR®. *Practitioner* em Programação Neurolinguística com reconhecimento internacional da *The Society* of NLP ™ - licenciada por Richard Bandler, criador da PNL; Estudou *Coaching* Ericksoniano com Jeffrey K. Zeig, Ph.D. Fundador da Milton H. Erickson Foundation. Docente na Fatec de Mogi das Cruzes, Universidade de Mogi das Cruzes, Faculdade Unidade de Suzano – UNISUZ e em cursos de pós-graduação. Desenvolve treinamentos *in company*, palestras, *Coaching* e Consultoria. Atualmente é Presidente do Instituto Evolutivo, que atua com *Coaching & Marketing* e da Associação Brasileira dos Profissionais de Marketing – ABPMarketing. Coautor dos livros: *Manual Completo de Coaching, Ser + em Vendas Volume II, Ser + com Criatividade e Inovação, Ser + em Gestão de Pessoas e Ser + com Qualidade Total*, pela Editora Ser Mais. Coordenador do Grupo de Ensino e Pesquisa em Liderança e *Coaching* – GEPLICO da Fatec de Mogi das Cruzes.

Contatos:
www.institutoevolutivo.com.br / www.douglasmatteu.com.br
douglasmatteu@hotmail.com / (11) 3419-0585

Douglas de Matteu

> *"Nunca tivemos tantas opções para decidir nosso destino.*
> *Nenhuma escolha será boa, porém, se não soubermos quem somos"*
> Peter Drucker

Nascer, crescer, viver, envelhecer e perecer... Talvez esse seja o ciclo normal de todos os seres humanos. Mas, talvez seja pouco para descrever a fantástica jornada que fazemos do nascimento ao sepultamento. Nossa trajetória em vida é marcada principalmente pela intensidade de nossos pensamentos, sentimentos e pelas nossas ações e realizações em nossa caminhada evolutiva.

Algumas pessoas sobrevivem, outras vivem. Umas contam histórias, outras fazem história. Algumas vivem reclamando, outras realizando. Algumas pessoas focam o "ser", e outras, o "ter". Em meio a essas dualidades, o grande desafio é acessarmos nossa capacidade infinita de se transformar, desenvolver, evoluir! Evoluir, no sentido de viver, fazer história, realizar, produzir um legado. Conjugar o "ser" e o "ter". Ser Feliz! Evoluir em diversas dimensões, seja na perspectiva pessoal, profissional, amorosa, financeira, espiritual, intelectual, social, física ou mental. Ou seja, ir além do "transformar sonhos em objetivos" e, posteriormente, em resultados magníficos é gerar resultados que possam transformar sua vida e a sociedade como um todo. É evoluir como ser humano.

Para alcançar todos esses resultados, o *Coaching* se apresenta como meio que possibilita o despertar do potencial humano. Nesse sentido, te convido a acreditar que talvez possamos revolucionar a forma de vivermos, podendo inclusive mudar sua percepção do mundo e da "realidade" e talvez possa fazer você ver, ouvir, sentir e saborear a vida de um modo positivo, enriquecedor e produtivo.

O processo *Coaching* pode ser definido como um processo de desenvolvimento humano para o qual convergem conhecimentos de diversas ciências, com o objetivo de levar o indivíduo a alcançar resultados extraordinários. Nesse processo, considera-se o desenvolvimento de competências técnicas, emocionais, psicológicas e comportamentais, permite também a expansão da consciência humana de maneira focada para potencialização do ser humano em seus resultados. (MATTEU, 2011a).

Veja, ouça e sinta que o processo de *Coaching*, além de elevar o desempenho por meio de uma metodologia dinâmica que converge e integra diversas ciências humanas, permite também o desenvolvimento da consciência, no sentido de despertar e/ou elevar o potencial humano.

Para Timothy Gallwey, um dos precursores deste processo, considera-se que a essência do *Coaching* é "liberar o potencial de uma pessoa para que ela maximize a própria performance, ajudá-la a aprender em vez de ensiná-la" (Gallwey apud Whitmore, 2010, p.2). O autor destaca a maximização de performance atrelada ao "ajudar a aprender" em vez de simplesmente ensinar. Perceba que além de elevar o desempenho, a proposta do *Coaching* é promover o real desenvolvimento incentivando o próprio *coachee* (cliente) a aprender.

O Processo de *Coaching* Evolutivo tem base nos níveis neurológicos da Programação Neurolinguística – PNL, desenvolvidos por Robert Dilts. Conforme descrito a seguir:

Quadro 1- Níveis Neurológicos

1° Nível Ambiente: o contexto, tudo que nos rodeia e as pessoas que nos relacionamos.
2° Nível Comportamento: referem-se às nossas ações específicas.
3° Nível Habilidades e Capacidades: centra-se no que podemos fazer.
4° Nível Crenças e Valores: é aquilo que acreditamos e que consideramos importante para nós.
5° Nível Identidade: nossa autoconsciência, valores essências e a missão de vida.
6° Nível Espiritualidade: está atrelada a algo além de nós mesmo, uma perspectiva espiritual.

Fonte: O'Connor e Seymour, 1996 – Adaptado.

O quadro 1 sinaliza os níveis neurológicos, ou seja, está atrelado aos nossos processos mentais, inicializando pelo aspecto de ambiente, comportamento, habilidades e capacidades que formam os três primeiros níveis. Geralmente são esses os níveis em que os treinamentos são trabalhados. Ao considerar os níveis neurológicos citados, o tripé desenvolvido nos treinamentos representa apenas cinquenta por cento das potencialidades neurológicas.

O *Coaching* como processo de aceleração de resultados considera os seis níveis, atuando em cada um deles. Faz mais que isso, atinge um sétimo nível conforme a Figura 1 – Pirâmide Neurológica e o Processo de *Coaching*.

Fonte: MARQUES, 2011- Adaptado

A figura 1, desenvolvida por José Roberto Marques (2011), demonstra com clareza a relação dos níveis neurológicos da PNL alinhados com o processo de *Coaching*, que é subdivido em três níveis de atuação:

Coaching **Remediativo:** focaliza o ambiente e o comportamento, está alinhado com as perguntas: "Onde?", "Quando?" e "O que?".

Coaching **Generativo:** as perguntas são do tipo "Como?" e "Por que?". Está centrado em crenças e valores bem como nas capacidades e habilidades. A maioria dos treinamentos realizados hoje está no nível de desenvolvimento de competências, o que atinge apenas o terceiro nível de desenvolvimento neurológico.

Coaching **Evolutivo:** o processo torna-se mais profundo com questionamentos do tipo "Quem sou eu?" - em nível de identidade. Posteriormente, "A quais grupos eu pertenço?" - em nível de filiação. Além dos níveis anteriores, o processo alcança o ápice em um nível de espiritualidade que estão atrelados a visão e propósito.

O processo de *Coaching* Evolutivo permite, então, profundos processos de mudança que ocorrem em níveis conscientes e inconscientes.

Nossa mente consciente pode processar até 4.000 bits de informação por segundo. Um volume fantástico, porém, o poder maior está na mente inconsciente, que tem a capacidade prodigiosa de processar até 400.000.000 bits de informação por segundo (REES, 2009). Ou seja, a multiplicação do poder de processamento sai da casa de quatro mil bits para o incrível número de quatrocentos milhões.

Para acessar o inconsciente, podemos usar linguagem Ericksoniana: "utilizando a linguagem da nossa mente inconsciente, como metáforas, símbolos, sugestões indiretas, todos nós entramos em transe" (ADLER, 2011, p. 16). O autor destaca também que o transe é somente um estado de atenção focada e acrescenta: "o transe nos conecta com nossa sabedoria interior" (IDEM, p.16).

Quando conseguimos compreender e estimular o inconsciente, podemos aumentar quase que infinitamente nossos resultados, fomentando as mudanças necessárias para a nossa evolução. As mudanças são necessárias para o desenvolvimento humano como já descrita na famosa frase de Charles Darwin: "Não é a espécie mais forte que sobrevive, nem a mais inteligente, é aquela que melhor se adapta à mudança".

Logo, o *Coaching* Evolutivo permite uma viagem interna rumo ao seu "eu interior" (*Self*) e permite uma clara apreciação e ponderação mental propiciando o despertar da conscientização de si mesmo e o reconhecimento de suas responsabilidades ante os resultados da vida. Nesse mergulho interno, revelamos respostas para questões do tipo "Quem sou eu?", "Quais são meus valores?", "O que é realmente relevante na minha vida?", "Qual minha missão/meu propósito de vida?", "Onde quero chegar?", "Qual será o meu legado?"

O processo de *Coaching* Evolutivo pode ir tão profundo que transforma o modo de ver, ouvir e sentir o mundo. Ele ocorre de dentro pra fora, e permite ao *coachee* (cliente) obter o "empoderamento" do seu próprio eu, ao reconhecer os seus recursos e encontrar a energia para alcançar a situação desejada. O *Coach* (Profissional) atua com as perguntas, é o *coachee* quem fornece as respostas e, através desta parceria, conseguem atingir elevados resultados.

O *Coaching* Evolutivo considera a complexidade humana e a do ambiente, e integra os conhecimentos científicos de diversas ciências, tais como psicologia, psicologia positiva, programação neurolinguística, administração de empresas, entre outras áreas do conhecimento, objetivando potencializar o indivíduo para alcançar os resultados de modo acelerado.

Nesse sentido, podemos pensar no *Coaching* Evolutivo como um processo que possibilita a evolução humana, por meio da convergência das ciências atuais e talvez até das futuras. Não existem limites ou restrições, a proposta é gerar o resultado e a evolução física, psíquica, intelectual, mental, espiritual e social.

Nesse contexto, podemos pensar em uma espiral de desenvolvimento, trazendo como referência a Pirâmide Neurológica aplicada ao *Coaching* (MARQUES, 2011), Inteligência Emocional (GOLEMAN, 2001), Inteligência Multifocal (CURY, 2010), Linguagem Eriksoniana (ADLER, 2011), Programação Neurolinguística (LAGES, O´CONNOR, 2008), Vida Integral, (KEN WILBER, PATTEN, MORELLI, 2011) Teoria da Complexidade, (MORIN, 1990, 2010), Psicologia Positiva, (SNYDER; LOPEZ, 2009) entre outros, conforme figura 2:

Conforme descrito na figura 2, o *Coaching* Evolutivo é a convergência de diversas ciências orientadas pelo processo de *Coaching* que pode transformar e evoluir as pessoas em níveis conscientes e inconscientes rumo a excelência e a felicidade.

Nesse sentido, convido você a acreditar que o processo de *Coaching* Evolutivo pode contribuir de modo singular na vida das pessoas e na sociedade no sentido de contribuir para a melhoria das pessoas em diversas perspectivas, por um olhar inclusivo, integrativo e evolutivo.

O *Coaching* Evolutivo é uma possibilidade de unir várias ciências, conectar conhecimentos e realinhar as pessoas sob uma perspectiva sistêmica e integral, elevando desempenhos, acelerando resultados e tornando as pessoas mais felizes. A partir do foco de sentir, saborear, viver a felicidade, a psicologia positiva contribui sobre maneira e pode ser definida como a "ciência e as aplicações relacionadas ao estudo das qualidades psicológicas e das emoções positivas" (Snyder; Lopez, 2009, p.33) essa relevante área da psicologia vem se desenvolvendo e teve início com cientista Martin Seligman.

"A Ciência e a prática da psicologia positiva estão direcionadas para identificação e compreensão das qualidades e virtudes humanas, bem como para o auxílio no sentido que as pessoas tenham vidas mais felizes e produtivas" (Snyder; Lopez, 2009, p.19).

Conforme descrito pelos autores, a psicologia positiva tem como foco a felicidade e a produtividade, o que se alinha perfeitamente com a proposta do *Coaching* Evolutivo. Soma-se ainda identificação das virtudes e das qualidades humanas que são estimuladas e identificadas no processo de *Coaching*. A psicologia positiva possibilita também a perspectiva onde saimos de uma vida no "piloto automático" e atingimos um estado de *flow*, "estado de envolvimento ótimo, no qual a pessoa não percebe os desafios à ação como uma subutilização, nem como uma sobrecarga de suas atuais habilidades e tem os objetivos claros e atingíveis, e o *feedback* imediato sobre os avanços" (Snyder; Lopez, 2009, p.238). Conforme os autores destacam, é como um estado de excelência, fluidez.

Com base nesses conhecimentos e em outros é que o *Coach* atua para promover a excelência do seu *Coachee*. O *Coach* é o profissional que pode contribuir significativamente na vida das pessoas e das organizações. "O *coaching* conduz ao êxito, à autonomia, à autorrealização e à performance profissional e organizacional." (CATALÃO; PENIM, 2010 p.5).

Conforme destacado pelos autores, sinaliza-se que o *Coaching* oferece mais que resultados. Permite também desenvolvimento, autonomia e desempenho desejado.

O processo de *Coaching* Evolutivo pode oferecer o foco que as pessoas precisam e ainda pode auxiliar no desenvolvimento da sua evolução como ser humano, contribuindo para realização de ações e utilização de ferramentas que, consequentemente, vão conduzi-los aos

Master Coaches

resultados desejados.

Para concluir, espero que fique a intenção positiva de cada palavra aqui escrita. Que cada um consiga visualizá-las, ouvi-las, senti-las e saboreá-las. Mais que isso, convido-te a acreditar que, talvez, com o uso do *Coaching* Evolutivo possamos contribuir com a evolução das pessoas em diversas dimensões de modo holístico, humano, gerando resultados elevados e contribuindo para evolução planetária.

Lembre-se sempre: "Aquilo que você sinceramente acredita torna-se sua realidade" (TRACY, 2010, p.10).

Referências:

ADLER, S. P. Hipnose Eriksoniana: estratégias para uma comunicação efetiva. Rio de Janeiro: Qualitymark, 2011.

CATALÃO, J. A; PENIM, A. T. Ferramentas de *Coaching*. Porto: Libel, 2010.

CHOPRA, D. As sete Leis espirituais do sucesso. Rio de Janeiro: Bestbolso, 2011.

CURY, A. O código da Inteligência e a excelência emocional. Rio de Janeiro: Thomas Nelson Brasil, 2010.

GOLEMAN, D. Trabalhando com Inteligência Emocional, Rio de Janeiro: Objetiva, 2001.

MARQUES, J. R. Professional Self-*Coaching*. IBC, 2011a.

_____. Business and Executive *Coaching*. IBC, 2011b.

MATTEU, Douglas. Desenvolva as Competências do líder *Coach* com a Roda da Liderança *Coaching* in: SITA, M; PERCIA, A. Manual completo de *Coaching*. São Paulo: Ser Mais, 2011a.

_____. Gestão Estratégica de Pessoas com *Coaching*: A arte de alcançar resultados in: SITA, M; LANNES, A. Ser + em Gestão de Pessoas. São Paulo: Ser Mais, 2011b.

MORIN, E. Introdução ao pensamento complexo. 2°ed. Lisboa: Instituto Piaget, 1990.

_____. Ciência com consciência. 13°ed. Rio de Janeiro: Betrand, 2010.

O'CONNOR, J; LAGES, A. *Coaching* com PNL: Guia para alcançar o melhor em você e em outros: como ser um *coach* master, Rio de Janeiro: Qualitymark, 2008.

O'CONNOR, J; SEYMOUR, J. Treinando com a PNL: recursos para administradores e comunicadores, São Paulo: Summus, 1996.

REES, J. Você sabe usar o poder da sua mente? Melhore sua saúde mental e maximize o seu potencial. São Paulo:SENAC, 2009.

SNYDER, C. R; LOPEZ, S. J. Psicologia Positiva: Uma abordagem científica e prática das qualidades humanas. Porto Alegre: Artmed, 2009.

TRACY, B. As Leis Universas do Sucesso. Rio de Janeiro: Sextante, 2009.

WHITMORE, J. *Coaching* para Performance: aprimorando pessoas, desempenhos e resultados: competências pessoais e profissionais. Rio de Janeiro: Qualitymark, 2010.

WILBER, A. L. K; PATTEN, T; MORELLI, M. A prática de Vida Integral. São Paulo: Cultrix, 2011.

18

O campo de trabalho para o *coaching* eficaz

Como estar preparado para ser, ter e fazer o seu melhor para os seus clientes? Assim como a figura do treinador de futebol deve ser exemplar, servindo de modelo de excelência e superação para os seus jogadores, *o coach* deve ser uma referência de confiança e credibilidade para os seus clientes

Edson De Paula

Edson De Paula

Master coach, consultor de desenvolvimento pessoal e profissional, palestrante e treinador comportamental, sendo um especialista nas áreas de Comunicação, Liderança e Desenvolvimento Humano. É empresário e atua como executivo nas áreas de comunicação, marketing, planejamento estratégico e desenvolvimento de projetos, possuindo uma experiência profissional com mais de 25 anos em empresas nacionais e multinacionais. Possui formação em MBA em MKT estratégico pela Unimep; graduado em Comunicação Social pela Unisal; *Master Coach* com certificação internacional em Certified *Master Coaching* pela *Graduate School of Master Coaches* do BCI *Behavioral Coaching Institute* (EUA); *Coaching at Identity Level & Crisis, Transition and Transformation* com Robert Dilts (EUA); *Master Practitioner* e *Trainer* em PNL e Especialista em Relações Humanas e Comunicação Eficaz pelo Dale Carnegie *Training Institute*. É idealizador dos treinamentos de alta *performance Public Master*, *Creative Master* e *Leadership Master*. É coautor do *Manual Completo de Coaching* e autor do livro *Torcendo por Você! Uma analogia sobre futebol e liderança*.

Contatos:
www.edsondepaula.com.br
contato@edsondepaula.com.br
facebook.com/edsondepaulamastercoach
(19) 3444-3767

Edson De Paula

Este artigo foi escrito especialmente para você que assim como eu atua como *coach*. Há algum tempo venho me questionando porque algumas pessoas estabelecem conexões tão facilmente com outras enquanto estas não conseguem se relacionar nem mesmo com aquelas que são mais próximas, mais íntimas. Quando uma pessoa estabelece uma conexão real e sincera com outra pessoa, consegue dar o máximo de si e, com isso, faz com que a outra pessoa também dê o melhor de si, potencializando os resultados.

No mundo do futebol é muito comum você ouvir falar daquele jogador que joga para o time, que dá o máximo de si, aquele que "sua a camisa e dá o sangue pelo time". Estes jogadores costumam treinar além dos limites, estão comprometidos com a preparação para a partida e têm consciência do que é estar dentro do estádio vivendo intensamente cada minuto do jogo. O diferencial desses jogadores que fazem a diferença numa equipe é que eles se projetam para a partida, jogam o jogo antes do apito inicial, antes, durante e depois da partida.

Desde o seu preparo físico quando estão em aquecimento, flexionando e contraindo seus músculos ou fazendo o alongamento, eles já se imaginam dentro do campo disputando o jogo. É um preparo mental que vai além do preparo físico. Para estes jogadores, vencer o jogo não é o fator principal: o mais importante é estar muito bem preparado para a partida, física e mentalmente. Eles sabem qual é o melhor **estado desejado** para a partida e por isso se dedicam intensamente ao momento presente, ao centramento e aprimoramento do seu **estado atual**. O futuro só existirá se o presente for bem trabalhado e então eles mentalizam este futuro, visualizando-o de forma intensa, positiva e detalhada.

A conquista da vitória no campeonato será uma consequência deste trabalho, desde que eles estejam preparados e, principalmente, tranquilos e seguros, pois já analisaram seus pontos fortes e pontos de melhoria, sabem quais são as ameaças e as oportunidades que terão durante a partida. Neste contexto futebolístico, podemos afirmar que existem também alguns treinadores que preparam suas equipes de futebol para o desenvolvimento deste **campo de trabalho** que consiste, basicamente, em obter um resultado expressivo através da consciência da responsabilidade coletiva, ou seja: "Eu, como treinador, vou dar o melhor de mim e você, como jogador, vai dar o melhor de si para que juntos possamos estar muito bem preparados para este campeonato." Estes treinadores eficazes, verdadeiros *coaches*, sabem extrair o máximo potencial de suas equipes porque têm a clareza de qual é o **objetivo** principal do seu trabalho. Isso faz toda

Master Coaches

a diferença: saber exatamente qual é o **objetivo**.

Quando transferimos este cenário do futebol para as organizações empresariais, percebemos que alguns empresários, líderes e gestores também possuem essa mesma percepção e, exatamente, por isso, conquistam resultados mais expressivos na sua vida pessoal e profissional. E como master *coach* quero fazer uma pergunta para você que atua como *coach*:

"Como é que você está conduzindo suas sessões de *coaching*?" Será que você está sendo como aquele treinador de futebol? Você tem a visão real do objetivo do seu cliente ou será que está mais preocupado com os seus resultados ou em satisfazer as suas necessidades? Lembre-se: O foco é do cliente e não seu, assim como o resultado.

Como estar preparado para ser, ter e fazer o seu melhor para os seus clientes? Assim como a figura do treinador de futebol deve ser exemplar servindo de modelo de excelência e superação para os seus jogadores, o *coach* deve ser uma referência de confiança e credibilidade para os seus clientes. Neste momento quero reforçar os conceitos de Timothy Gallwey, famoso jogador e treinador de tênis norte-americano e precursor do atual processo de *coaching* que conhecemos. No seu livro intitulado "O jogo interior de tênis", ele analisa que quando um treinador imprime sua marca no atleta, ou seja, coloca a sua referência do jogo e dá instruções detalhadas de como sacar ou bater na bola, os jogadores rendem menos pois ficam mais ansiosos em acertar a jogada da maneira como o treinador está orientando e, deste modo, não conseguem mostrar o que fazem de melhor. Quanto maior for o nível de interferência do treinador menor será o desempenho do atleta.

Para se criar um campo de trabalho para o *coaching* eficaz, o profissional *coach* deverá, primeiramente, eliminar qualquer julgamento sobre o seu cliente, deixando-o livre para verbalizar o seu diálogo interior e com isso chegar às próprias conclusões de quais são os seus principais recursos e limites. Deste modo, poderá aprimorar ainda mais o seu desempenho na vida pessoal ou profissional. Isso promoverá autoconsciência no cliente para que ele próprio consiga conduzir o seu autodesenvolvimento. Já dizia Sócrates "Conheça te a ti mesmo" e é de fundamental importância que o cliente tenha o pleno conhecimento de seus pontos a serem melhorados para a partir destes pontos poder modificar sua relação consigo mesmo, com os outros e com o mundo à sua volta. Para que isso ocorra, o *coach* deve, primeiramente, transmitir ao seu cliente que está preparado e totalmente aberto para ouvi-lo e auxiliá-lo no que for preciso durante todo o processo de *coaching*.

Edson De Paula

O *coach* precisa estar tranquilo e seguro, pois isso também propiciará ao cliente, tranquilidade e segurança para se abrir e estabelecer o elo de confiança durante as sessões. Esse elo de confiança estabelecido, íntima e confidencialmente, entre *coach* e cliente, forma um campo de trabalho que, sistemicamente, é como um organismo vivo, onde as partes formam um todo em busca de resultados excelentes. É importante frisar que tanto *coach* quanto cliente devem estar comprometidos com o processo, cada um dando o melhor de si para os resultados a serem obtidos. O *coach* deve estar empenhado em fazer perguntas que gerem reflexões no seu cliente e que o conduzam à ação, ao movimento para a mudança. Já o cliente deve estar comprometido consigo mesmo e com as tarefas que se propõe a executar.

O *coach* jamais dá respostas ao seu cliente, pois as respostas interferem no desenvolvimento. O *coach* apenas auxilia o seu cliente a explorar quais são as melhores opções e a aprender com suas próprias respostas, principalmente aquelas exprimidas pelo seu diálogo interno. O importante é tirar o cliente daquele círculo vicioso, onde ele fica limitado às suas crenças e valores que o impedem de crescer e conduzi-lo a um círculo virtuoso, onde a inserção de novos hábitos poderá mudar significantemente sua vida pessoal e profissional. O grande desafio de qualquer *coach*, na minha opinião, é fazer com que o seu cliente se descubra e encontre o melhor de si. Para que isso ocorra, o *coach* deve estar consciente do seu estado atual nas sessões, deve estar presente e, principalmente, centrado no foco do cliente e nada mais.

É muito comum em alguns momentos das sessões que o *coach* sinta certo estresse, pois os clientes estão em outro estado emocional. Quando isso acontecer, a dica é imediatamente voltar ao seu estado de centramento. Para fazer isso busque a sua percepção corporal. Por exemplo, se você sentir uma tensão na região dos ombros, relaxe os ombros. Se sentir que está sentado com uma postura rígida ou desconfortável na cadeira, solte sua musculatura e respire. Fazendo isso, você irá se tranquilizar e conseguirá manter o campo aberto para a continuidade do trabalho de *coaching*. Se isso persistir, sugiro que você solicite ao seu cliente que também faça a mesma coisa, até para que ocorra a quebra do estado emocional dele. Isso mostrará que você está percebendo o estado do cliente e com sua empatia poderá auxiliá-lo a reestabelecer a segurança e a tranquilidade necessárias para continuar a sessão. Se necessário, faça uma pausa e reinicie a sessão, pois esta conexão fará com que seu cliente sinta-se completamente comprometido com o processo e, deste modo, com mais segurança e tranquilidade, encontrar os recursos que tanto necessita para atingir

Master Coaches

resultados excelentes em sua vida pessoal e profissional.

Concluindo, o importante é manter a qualidade e a excelência deste campo de trabalho para o *coaching* eficaz, ampliando cada vez mais esta conexão de intensa afinidade entre você e o seu cliente, obtendo uma excelente performance na sua próxima sessão de *coaching*. Sucesso!

19

Conectando-se com o *coaching*!

147

O que de mais precioso existe neste mundo senão as pessoas e suas conquistas?

Eduardo H. Rodrigues

Eduardo H. Rodrigues

Palestrante, *Master Coach* & Mentor Internacional, Conferencista, Treinador e Consultor, Publicitário, Administrador de Empresas por formação com mais de 30 anos de experiência em empresas de Grande porte Nacionais e Multinacionais. Em sua experiência, 20 anos como Executivo e na Liderança de Equipes e Profissionais. Estudioso do comportamento Humano e profissional e dos Comportamentos de Liderança. Formado *"Master Coach & Mentor"* com vários Reconhecimentos Internacionais e membro certificado da "ICF - *International Coaching Federation"* na categoria MCC. COACH & MENTOR de Equipes (*Team Coaching*), Executivos (*Executive Coaching*), Carreiras, Líderes e Empresas *High Performance Coaching*.

Contatos:
www.sucessotd.com.br
eduardo@aosucessocomvoce.com.br
edu@eduardo-rodrigues.com
eduhrodrigues@gmail.com
(19) 3384-2020/(19)8142-9459
facebook.com/eduhrodrigues
Twitter: @eduardocoach
YOUTUBE: eduhrodrigues

Coloco, neste texto, AMOR naquilo que faço, porque não se pode falar de pessoas (sejam elas clientes quando contratam o *coaching* como parceiro pessoal ou apoio para equipes e empresas, ou mesmo os profissionais do *coaching*) sem ele. Este pequeno trecho contém uma grande parcela de AMOR, afinal, o que de mais precioso existe neste mundo senão as pessoas e suas conquistas? Por esse motivo, nunca será demais praticar AMOR, porque no fundo é o que o *coaching* significa e nos exige em sua essência.

O *coaching*, como se sabe, pode ser definido de várias formas, e é um processo de parceria entre um *coach* e uma pessoa, equipe ou empresa que busca potencializar e modificar resultados positivamente ou que não estão de acordo com o que poderíamos chamar de "ideal" do ponto de vista daqueles que buscam o *coaching*.

Na verdade as pessoas, equipes ou empresas buscam um objetivo muito mais profundo, que envolve também a satisfação e a felicidade nos resultados de suas vidas ou negócios, e nesse momento as coisas complicam, pois vivemos um emaranhado sequencial de objetivos que se misturam a todo instante em nossa vida. Não conseguimos separar nossos objetivos e metas pessoais dos profissionais, ou ainda da empresa em que trabalhamos ou somos o empresário, portanto, temos que desenvolver uma visão abrangente das coisas para que o próprio *coaching* possa funcionar de forma definitiva e em todos os setores que temos necessidade.

Se observarmos profundamente nossa vida, podemos admitir que nos **SABOTAMOS** a todo instante e esse é o empecilho principal ao iniciar-se um processo de *coaching* que tenha resultado.

Resumidamente, e por falta de um espaço maior para desenvolver esse raciocínio, vou tentar determinar **CINCO PASSOS** facilitadores para um processo de *coaching* com eficácia, como se fizesse uma preparação para a aplicação das ferramentas de *coaching*.

Primeiro passo:

O sucesso e o fracasso - em todos os setores da vida, o SUCESSO ou o FRACASSO sempre tem uma causa que está ligada a nós de forma muito íntima e é o foco do pensamento, seja ele individual, da equipe ou da empresa. Por exemplo, se os pensamentos dominantes forem de DIFICULDADE, HAVERÁ UMA IMENSA BARREIRA PARA SE CONSEGUIR FACILIDADE EM ALGO, ou ainda se o foco dos pensamentos estiver em achar DIFÍCIL encontrar uma saída, na verdade será reduzida a chance de encontrar soluções porque os focos de pensamentos estarão voltados para a dificuldade e não para a SOLUÇÃO. Quando mudamos os rumos do nosso PENSAMENTO DOMINANTE, do negativo para o POSITIVO, as vibrações mudam e

Master Coaches

as respostas POSITIVAS começam a aparecer, em qualquer setor da nossa vida. Certamente essa atitude mental facilitará a condução do *coaching*, pois haverá uma redução drástica da chamada AUTOSSA-BOTAGEM.

Segundo Passo:

Não existe ACASO - não existe sucesso repentino E NINGUÉM TEM SUCESSO POR ACASO. O SUCESSO não aparece de repente na vida. Muitas vezes as pessoas, equipes ou empresas poderão imaginar erradamente que, por estarem em um processo de *coaching*, por si só os resultados e o SUCESSO aparecerão. As conquistas dependem de esforço mental e físico, planejamento, mudanças de todas as ordens que forem necessárias, desfazer-se de atitudes e crenças limitantes, sem contar as ações, o comprometimento e a disciplina. Por isso seu *coach* poderá ajudar no processo de aplicação das ferramentas, gerando um auxílio eficaz e providencial para que as metas e os objetivos sejam perseguidos com maior efetividade e objetividade.

Terceiro Passo:

Acredite verdadeiramente - acreditar com foco, sentindo aquilo que se almeja como meta ou objetivo e irradiando isso com firmeza para uma equipe ou para o clima de uma empresa, aumenta muito as chances de acontecer de verdade e fazer parte da sua realidade. Dessa forma, consegue-se evidenciar os passos do *coaching* e ir longe com motivação aflorada a todo o tempo. Como estamos falando sobre autossabotagem, devemos reforçar aquilo que acreditamos que seja realmente fortalecedor para o que desejamos alcançar, evitando mais uma vez acreditar em algo que possa enfraquecer o clima de uma forma geral, para que também esse ponto não seja um foco sabotador. O que se deve fazer é: sempre que sentir que está enfraquecendo aquilo em que acredita, transformá-lo em fortalecimento do foco original para reestabelecer os passos iniciais.

Quarto Passo:

Pensamento focado – eu diria que este passo é o mais importante para o sucesso do *coaching* e para alcançar qualquer objetivo ou meta, por mais desafiadora que seja. Trata-se de manter o pensamento focado no que se tem como meta para alcançar. Quando temos o pensamento focado em algo, como consequência obtemos uma visão mais constante do que precisamos atingir. Quando individualmente estamos em busca dos nossos objetivos, estamos em sintonia com tudo o que acontece e que diz respeito a estes objetivos, tendo então como resultado uma vibração consoante com eles, o que irá desencadear um processo de atração de tudo aquilo que precisamos e precisaremos para alcançá-los. Portanto, estaremos atentos a tudo o que acontecer e for relacionado ao objetivo final. Estes fatos nos proporcionarão a atração constante dos caminhos a seguir e das decisões a tomar, o que irá se complementar com a visão externa do *coach*, que facilitará seu trabalho nas contínuas ampliações das visões de mundo necessárias para trilhar os caminhos em busca dos objetivos. Não será diferente com as equipes e empresas de uma forma geral e, nesse caso, o *coach* ajudará a estabelecer uma linha de foco nos pensamentos daqueles que estão envolvidos com as metas para que, somados, contribuam para atrair várias alternativas necessárias à transformação da situação atual na situação desejada. Para melhorar o entendimento deste passo, basta compará-lo à famosa e já tão discutida "**Lei da Atração**", que coloca que os pensamentos são formados por atração pura, o que é uma verdade indiscutível, porém não basta achar que é só pensar e as coisas acontecem... é preciso pensar com sentimento, com dedicação, aproveitando as oportunidades, trabalhando e planejando os passos para efetivar os resultados, ou seja, é preciso ter foco no pensamento e atitude para que as coisas aconteçam e reforçando o segundo passo, NADA É OBRA DO ACASO.

O *coaching* ajudará sempre a manter os pensamentos focados e direcionados para seguir adiante no processo de conquista, seja ele individual ou coletivo, e este, sem dúvida, é um dos mais importantes passos, como já colocado.

Quinto Passo:

Mudanças – as mudanças são uma evidência em qualquer processo que possa se pensar em realizar. Portanto, se você procura atingir metas e objetivos, a MUDANÇA será o fator de maior preponderância para a trajetória e, principalmente, para o sucesso de alcançar as metas finais. Um processo de *coaching* deve ser enfrentado em qualquer circunstância com a mente aberta, devendo-se sempre estar atento ao fato de que talvez seja necessária, de um instante para o outro, a demanda por uma nova trajetória ou ainda voltar atrás a qualquer instante. Muito importante nesse passo é abrir a própria mente para aquilo que muitas vezes, em algum momento do passado, não funcionou, mas que na situação atual pode ser importante. Esclarecendo melhor isso, temos tendência a fugir daquilo que não funcionou em nossa vida para determinados fatos ou momentos. Pois bem, se pensarmos com frieza, cada situação é uma nova situação e, como exemplo, podemos dizer o seguinte: em um determinado momento da vida ou da carreira uma pessoa resolveu abrir o próprio negócio e digamos que ele não tenha dado certo; vamos supor que a tendência dessa pessoa tenha sido ficar com medo de

Master Coaches

tentar novamente, buscando estabilidade em empregos nas empresas, sentindo-se mais segura e, numa outra fase futura de sua vida, não queira mais tentar o "negócio próprio". Pensando com frieza, tudo pode voltar a dar certo em outro momento porque os fatores podem ser outros e as experiências adquiridas sempre nos conduzirão a caminhos melhores, então, deveremos estar abertos até para tentar novamente aquilo que nos incomodava até ali, a fim de que se completem os ciclos das mudanças necessárias para o alcance dos objetivos e metas propostas a si mesmo. Em nenhum momento o processo de *coaching* vai obrigar que se façam mudanças, mas quem participa dele, ou seja, o *coachee* ou equipes e empresas serão constantemente desafiados pelo *coaching* a processar mudanças e constantemente a ampliar mais e mais as visões desses novos cenários que vão se criando com as mudanças.

Não existe nenhum processo de mudança para pior, porque a mudança apenas nos acrescenta **experiência** pelos novos cenários que se formam através dela e a experiência nada mais é do que a nossa capacidade de **experimentar** novas situações que nos proporcionam sempre e invariavelmente progresso.

Voltar atrás também é um processo salutar e no *coaching* não poderá haver bloqueio para que se recomece uma trajetória, sempre lembrando que o *coaching* é um parceiro dos mais importantes para quem quer que seja e jamais será uma consultoria onde o consultor diz o que fazer, ou uma terapia onde se tenta entender os porquês internos. Como parceiro, o *coaching* caminha lado a lado com as mudanças necessárias para a trajetória que se impõe pela necessidade a cada momento.

A essência do *coaching*:

Acompanhar, auxiliar, ampliar visões e, por que não, ajudar pessoas, equipes e organizações na busca pelo desenvolvimento mais rápido e salutar, com isso produzindo RESULTADOS BRILHANTES e de importância dentro dos padrões esperados pelo cliente. Isso não é uma definição de *coaching* e sim uma constatação daquilo que vemos e comentamos com os *coaches* do mundo todo. Ser *coach* não é uma tarefa fácil como muitos podem imaginar, acreditar que simplesmente ter uma formação em *coaching* em um bom instituto já credencia o *coach* para suas atividades é um ledo engano, já que ele tem que se especializar em fazer com que outros tenham sucesso, ou seja, tem que gostar de ver o sucesso alheio; como diz uma citação do escritor Oscar Wilde: "***Qualquer um pode simpatizar com as penas de um amigo. Simpatizar com seus êxitos requer uma natureza delicadíssima e especial***" e isso é imprescindível a um bom

Eduardo H. Rodrigues

coach. Convido o leitor a pensar nisso com muita honestidade: como você se sente com os êxitos alheios? Bem por vê-los? Mal por não ter conseguido alcançar os mesmos êxitos? Ou ainda: insignificante porque não fui eu que alcancei?

Esses são os parâmetros de trabalho do *coach* que se sente sempre bem e realizado com o êxito das conquistas dos seus clientes.

Conforme os objetivos são escolhidos pelos clientes, sejam eles pessoas, empresas ou equipes, o *coaching* vai sendo moldado pelo *coach*, para o andamento desses trabalhos na trajetória da busca pelo SUCESSO final. Portanto, cada cliente e cada processo são únicos e jamais serão considerados ou tratados como iguais porque as características de cada situação ou cliente apresentam sempre identidades diferentes e o grande DIFERENCIAL do *coaching* é respeitar isso. O *coaching* oferece, sim, novos cenários e perspectivas aos seus clientes, proporcionando a constante parceria do que eu chamo de "**olhos externos**", para que caminhem com mais segurança. Mais segurança Como o *coaching* tem suas ferramentas e é um processo formalizado, com começo, meio e final, ainda me referindo à essência dele, PODE PARECER EM ALGUM MOMENTO QUE SEJA UM PROCESSO RÍGIDO, o que definitivamente não é e esse ponto é muito importante para os clientes, uma vez que imaginam que seus próprios processos de conquistas sejam dificultados pelas ferramentas impostas pela matéria. Na verdade, o que acontece é justamente o contrário, o processo formalizado vai gerar atalhos para a conquista dos objetivos e certamente abreviar qualquer conquista, por esse motivo afirmamos que o processo de *coaching* fará com que seus clientes alcancem seus objetivos e metas mais rapidamente.

O processo de *coaching* coloca várias ferramentas em uso e uma das mais importantes é a relação com as perguntas. No *coaching* as perguntas são feitas de forma direcionada pelo *coach*, que amplia a visão do cliente e direciona ao assunto em pauta para fazer com que ativem os raciocínios dos envolvidos, portanto o *coach* não responde às perguntas, ele as faz, mais ou menos no seguinte sentido: "O CLIENTE TEM AS DÚVIDAS e o *COACHING* no seu processo tem as PERGUNTAS", assim como, o processo de *coaching* requer que seus clientes executem tarefas para direcioná-lo em suas buscas por objetivos, identificando e ajudando a superar seus fatores limitantes, que muito influenciam tanto indivíduos com equipes e empresas, assim como providenciar uma verdadeira "**revolução do ponto de vista mental**" com as ampliações das visões de mundo e acrescentando novas e inovadoras visões aos seus clientes, além disso ainda mais poder fazer com que as pessoas tenham mais autoconhecimento,

Master Coaches

que é uma das chaves para o SUCESSO e de conhecerem melhor as outras pessoas e seus potenciais.

O *coaching* na liderança e o Líder-*Coach*:

Assim como nos processos de *coaching* onde se contrata um profissional para a aplicação das ferramentas, nas organizações é muito importante a figura do LÍDER–COACH, que nada mais é do que um Líder que se transforma em um Líder Treinador, através de um processo de formação em **Líder-*Coach*** e aplica ferramentas específicas da LIDERANÇA para obtenção de resultados por seus colaboradores.

A LIDERANÇA-*COACH* é um método dos mais eficazes para contribuir com os líderes para conseguir resultados através das pessoas, o que desde sempre é um dos maiores desafios que existe e sem termo de comparação. Muitas empresas e líderes desconhecem essa ferramenta que é fantástica quando implementada nas organizações, inclusive porque reduz em muito o estresse do Líder em relação aos métodos convencionais, dividindo responsabilidades com seus liderados e utilizando as ferramentas consagradas do *coaching*.

Vale muito a pena conhecer essa ferramenta do *coaching* e transformar Líderes em "LÍDER-*COACH*" e para isso estou à disposição do leitor para mais esclarecimentos.

Espero ter ajudado com este pequeno texto tanto os colegas *coaches*, que impulsionam suas carreiras com estas palavras simples e objetivas, como também possíveis clientes, elucidando ainda mais o conhecimento desta maravilhosa ferramenta para gestão de pessoas e negócios que proporciona o *coaching*.

20

Roda da Abundância e Seus Benefícios

Este artigo tem como objetivo mostrar os benefícios da Roda da Abundância quando colocada em prática diariamente e seu enorme benefício em nossa vida, relatados a partir das minhas próprias experiências e aprendizados, com o intuito de mostrar que, através da Roda da Abundância, é possível se viver infinitamente melhor

Elizabete Cristaldo

Elizabete Cristaldo

Especialista em Gestão de Recursos Humanos e Gestão da Educação a Distância, Coordenadora Acadêmica e Docente da Universidade Anhanguera Educacional –Uniderp, Polo de Apoio Presencial de Sidrolândia, Professional *Self Coach, Business And Executive Coach, Master Coach* e Analista Comportamental, formada pelo IBC Instituto Brasileiro de *Coaching* com reconhecimento internacional pelo ICI – *International Association Of Coacihing Institutes*, ECA – *European Coaching Association* e GCC – *Global Coaching Community, Metaforum International* Hipnóloga formada pelo INAP Instituto de Neurolinguística Aplicada, Consultora em RH e Desenvolvimento Humano/*Coaching*.

Contatos:
elizabete_ribas@hotmail.com
mastercoachelizabete.blogspot.com
(67) 9938-6002
Faceboock: elizabete_cristaldo@r7.com

Elizabete Cristaldo

onvido você, caro leitor(a), a usar diariamente em sua vida a **Roda da Abundância** e tenha certeza que sua vida jamais será a mesma, faça da Roda um hábito e você irá se surpreender com os benefícios que ela te proporcionará. Ela está dividida em quatro partes e pode ser exercitada por você da seguinte forma:

4) Agradecimento e perdão	1) DECLARAR
3) Arriscar	2) Solicitar

RODA DA ABUNDÂNCIA

Declarar: quando declaramos e definimos para o mundo quem somos e o que queremos tudo se transforma, quando nos permitimos mudar interiormente isso se reflete exteriormente. Declare a si mesmo que você é capaz de ser a melhor pessoa que deseja ser, declare ser a diferença na sua vida e no meio no qual está inserido.

Eu acredito verdadeiramente que, para falarmos de algo que dá certo, é necessário primeiramente dar certo com a gente mesmo, eu sempre dizia para meu esposo Adão que "eu era um talento não descoberto", através da Roda da Abundancia entendi que quem precisava se descobrir era eu mesma, colocando a favor das pessoas aquilo que eu tenho de melhor.

Quando aceitei meus acertos e erros, minhas sombras e luzes, minha vida se transformou e meu talento aflorou. Quando entendi e declarei para o universo que eu desejava ser o meu melhor, a minha Roda da Abundância começou a girar e a prosperar. Esse é o princípio de tudo, declarar quem somos e por que estamos neste mundo. Somos fruto das nossas escolhas e eu escolhi fazer sempre o meu melhor, hoje eu sou do tamanho dos meus sonhos e olha que aprendi a sonhar alto, ter ousadia e ser a própria ousadia.

Solicitar: já diz o velho ditado "pedir é muito importante, mas saber como pedir é mais importante ainda". Peça a Deus e ao universo que você deseja ser feliz, que você quer gerar felicidade, que você merece e quer ter um trabalho digno e reconhecimento porque você é capaz disso e muito mais. Nós podemos pedir o que quisermos, mas nossos pedidos só serão prontamente atendidos através

Master Coaches

das nossas ações e atitudes. Nada cai do céu, entenda que você é a única pessoa responsável por suas escolhas, pelos seus acertos e erros, prefira pecar pelo excesso, jamais pela omissão.

Arriscar: quando você arrisca e confia o universo aplaude e retribui, eu li isso em um desses sites de relacionamento e isso me marcou profundamente. Arrisque, invista em você mesmo, seja o(a) melhor profissional que você pode ser, busque os melhores cursos, aprenda a ver o que as pessoas tem de melhor, faça dos seus obstáculos oportunidades de crescimento. Doe seus conhecimentos e será recompensado em dobro com novos aprendizados. Quem não arrisca, não ousa, sempre terá o sentimento da dúvida. "E se eu tivesse feito, como seria?" Seja responsável por suas atitudes e escolhas, você só saberá o que é o sucesso se arriscar tê-lo, você só saberá o que é prosperar se buscar a prosperidade. Você só saberá o que é o amor se permitindo senti-lo.

No livro "Os Segredos da Mente Milionária", do Autor T. Harv Eker, onde é possível compreender de forma bem clara algumas definições sobre arriscar, encontra-se a seguinte mensagem: "As pessoas ricas aprendem e se aprimoram o tempo todo, as pessoas de mentalidade pobre acreditam que já sabem tudo". Arriscar nada mais é que aprender a aprender a todo momento, permitindo-se crescer e evoluir constantemente, é confiar em si próprio, sendo otimista e grato pelas conquistas e aprendizados.

O empresário Eike Batista é um exemplo de prosperidade porque ela gera prosperidade, ele gosta do que tem e aproveita da melhor maneira possível, é bilionário e, ao contrário de muitos, tem o maior orgulho disso e em nenhum momento se faz de hipócrita dizendo que não tem dinheiro. Em uma reportagem na revista Veja ele diz que é bilionário sim e usufrui de tudo que seu dinheiro pode lhe dar porque tudo que ele tem foi conquistado com honestidade e trabalho, isso sim é exemplo de abundância. Declare ao universo que você quer ter uma vida melhor e, tenha certeza, não tem nenhum mal nisso.

Agradecimento e Perdão: eu, particularmente, considero a quarta parte da roda a mais importante. É o fechamento do ciclo, pois a gratidão é um dos sentimentos mais nobres que o ser humano pode desenvolver. Quando somos capazes de agradecer a Deus ao nos levantarmos e ao deitarmos tudo muda dentro de nós. Agradecer pela vida, pela saúde, pela família, pelo trabalho é o mínimo que podemos fazer. Agradecer a Deus por nos tornar pessoas melhores e

Elizabete Cristaldo

mais conscientes dos nossos atos é canalizar dentro de si mesmo que agradecimento gera prosperidade, prosperidade gera autoconfiança, autoconfiança gera amor próprio e pela vida.

Somente quem é grato é capaz de perdoar a si próprio e às outras pessoas de forma totalmente sincera e não somente da boca para fora. Por esta razão aproveito a oportunidade para agradecer primeiramente a Deus por fazer parte desta obra onde estão relatadas as melhores experiências de pessoas maravilhosas que aqui tive o privilégio de conhecer, pela compreensão e apoio do meu esposo Adão Cristaldo, e aos meus patrocinadores Cotag Ind. E Com. de Alimentos Ltda, Figueirão Peças, Pavilândia Materiais para Construção Ltda, Restaurante Recanto dos Amigos, Auto Posto Sidrolândia, Vacaria Transporte, que transformaram este sonho em realidade junto comigo através dessa Roda da Abundância que trouxe muitos benefícios a mim e espero que vocês que estão lendo sejam beneficiados colocando-a em prática no dia a dia. Eu conheci a Roda da Abundância através do *Coaching* e desejo que cada um de vocês, caros leitores, tenham algum dia a oportunidade de vivenciar este processo que, com certeza, será um dos melhores momentos de suas vidas.

Declare, solicite, arrisque e agradeça por tudo que você tem e por tudo que você ainda vai ter. Faça a sua roda da abundância girar e prosperar. Pergunte a si mesmo: quem sou eu? O que eu gosto de fazer? Quais atitudes preciso tomar para alcançar o que desejo? Quais são os meus sonhos? Liste-os e escreva num papel, transforme-os em algo concreto. A quem devo perdoar primeiramente? Quem eu necessito perdoar?

Pergunte-se infinitas vezes: eu tenho agradecido por tudo que sou e por tudo que tenho? Siga seu coração, ouça sua voz interior, acredite que você é uma pessoa de sorte e aprenda a pensar e ver somente as coisas positivas. Agradeça a tudo que receber por menor que seja. Honre seu trabalho, valorize sua família, suas raízes, seus amigos de verdade. Acredite que existe um Deus maior e de imensa bondade. Um Deus de misericórdia que te ama e te abençoa constantemente. Seja amor e luz por onde você passar. Você é o que é e isso é o seu melhor.

Master Coaches

21

Qual a sua habilidade de transformar o seu sonho em realidade?

Através deste texto conseguimos VER a possibilidade de realização dos nossos sonhos, tornando o que que era imPOSSÍVEL em POSSÍVEL num piscar de olhos

Fabricio Rubens de Melo Viana Rocha & Vanessa Jonas Alcici

Fabricio Rubens de Melo Viana Rocha & Vanessa Jonas Alcici

Fabricio Rubens de Melo Viana Rocha
Advanced Coach Senior, certificado internacionalmente pelo BCI (*Behavioral Coaching Institute*) . Pós-graduado em Gestão de Pessoas com *Coaching* pelo Instituto Brasileiro de *Coaching* e credenciado internacionalmente por - GCC (*Global Coaching Comnunity*), ECA (*European Coaching Asssociation*), ICI (*International Association of Coaching Institutes*), Metaforum Internacional, IAC (*International Association of Coaching*) e ICC (*International Coaching Council*). Administrador de empresas, analista comportamental e gestor de pessoas há 23 anos. Pós-graduado em Gestão de Pessoas com *Coaching*. Especialista em gestão estratégica de Vendas. Consultor organizacional e palestrante.

Vanessa Jonas Alcici
Advanced Coach Senior, certificada internacionalmente pelo BCI (*Behavioral Coaching Institute*). Pós-graduada em Gestão de Pessoas com *Coaching* pelo Instituto Brasileiro de *Coaching* e credenciada internacionalmente por - GCC (*Global Coaching Comnunity*), ECA (*European Coaching Asssociation*), ICI (*International Association of Coaching Institutes*), Metaforum Internacional, IAC (*International Association of Coaching*) e ICC (*International Coaching Council*). Administradora de empresas, analista comportamental e consultora Organizacional há 10 anos. Pós -graduada em Gestão de Pessoas com *Coaching*. Especialista em gestão estratégica de pessoas, desenvolvendo programas nas áreas de Mudança comportamental e cultura Organizacional.

Contato:
www.grupover.com.br
vanessa.alcici@grupover.com.br / fabricio.rmv.rocha@grupover.com.br
(31) 8800-3800 / (31) 8800- 3742

Fabricio Rubens de Melo Viana Rocha & Vanessa Jonas Alcici

"Transformando o impossível em possível!"
Certa vez, um adulto perguntou a uma criança:
- Qual é o tamanho do universo?
Respondeu a criança:
- É do tamanho do mundo!
O adulto prontamente questionou:
- Mas, então qual é o tamanho do mundo?
Prontamente ouviu a resposta da criança:
- É do tamanho do sonho!

Se tiver uma aspiração, você terá uma razão para viver. Se você tem uma razão para viver, você tem um sonho. Muitas pessoas entendem essa afirmação como utópica e, com o tempo, ainda continuam acalentando o mesmo sonho. Isso acontece porque temos muita dificuldade de transformar aquilo que idealizamos em objetivos concretos.

Desenvolvemos duas ferramentas que hoje são de extrema importância para potencializar nossos resultados. Denominamos estas ferramentas como: **sonho** e **dom**.

Do sonho à realidade

O "sonho" é uma ferramenta desenvolvida/utilizada para fazer o levantamento de sonhos e propósitos. É também uma base para aprimoramento dos ideais e para o planejamento estratégico do que se aspira alcançar. Constitui-se em um sistema simples para posicionar, verificar e viabilizar os sonhos, ideais e metas que normalmente as pessoas rotulam como impossíveis ou difíceis de se tornar realidade. Devido à sua simplicidade, poderá ainda ser utilizada para qualquer situação ou cenário que apresente obstáculos no alcance de algum desejo. Através do Coaching e da utilização dessa ferramenta, várias pessoas mudaram a ótica em relação à vida e aos sonhos. Acreditamos verdadeiramente que ela pode fazer isso com você que está lendo este livro.

Alguém já lhe perguntou qual é o seu sonho? Se alguém lhe perguntasse hoje, o que você responderia? Caso você ainda acredite que seu sonho está longe de ser alcançado, convido-o a se entregar a ferramenta "sonho". O resultado será surpreendente. A maioria das pessoas pensa que sonhos são metas distantes, pois foi introduzido em nosso inconsciente coletivo que seríamos felizes e realizados apenas quando conseguíssemos atingir o sucesso. Outras pessoas pensam que sucesso é tudo aquilo obtido por indivíduos distantes da nossa realidade consciente. Mas isso não é uma verdade, levando-se em consideração que o mundo não é como se vê e, sim, como vemos pelas nossas lentes (mentes). Vamos então desmistificar a lenda de que sonhos são alvos ou metas inatingíveis. A partir de agora, todo e qualquer sonho que você tiver pode se tornar uma realidade, desde que você realmente esteja disposto a transformá-lo em um objetivo de vida.

Master Coaches

Veja, no dicionário, o significado da palavrinha mágica que normalmente usamos para definir aquilo que desejamos muito em nossa vida:

"**sonho**|ô|

(latim somnium, -ii)

Sonho s.m. Associação de imagens, frequentemente desconexas ou confusas, que se formam no espírito da pessoa enquanto dorme. / Fig. Ilusão, fantasia, devaneio, utopia: o sonho acabou. / Coisa vã, fútil, que se esvai: a vida é um sonho. / Ideia acalentada, ideal: o sonho da liberdade. / Desejo intenso e vivo. / Visão sobrenatural. / Bolo de farinha e ovos, muito fofo, e revestido de açúcar. // Parecer um sonho, ser tão extraordinário que é difícil de acreditar (Aurélio Online)"

Percebe-se, assim, pelo significado da palavra sonho no dicionário, o grande motivo pelo qual as pessoas possuem tanta dificuldade para realizar seus anseios mais profundos. Desde nossos antepassados até os dias atuais, esta palavra é associada a projetos difíceis de serem realizados ou até mesmo a fantasias e ilusões. Então perguntamos – por que ainda utilizamos uma palavra tão danosa em relação a nossos anseios mais profundos, a nossos desejos mais ocultos e mais intensos? Por que, inconsciente ou conscientemente, acreditamos e sabemos que essa vontade, esse sonho, pode se tornar realidade?

Com a ferramenta "SONHO", vamos apresentar uma nova forma de ver e entender o seu anseio. Convido você a acreditar que, a partir deste momento, será capaz de, conscientemente, transformar os seus sonhos mais íntimos em realidade. Para aplicar a ferramenta, é necessário responder à pergunta:

- Qual o seu maior sonho?

A partir deste momento, comece a transformação e a potencialização do sonho em realidade. Escreva a palavra sonho no sentido horizontal e, daremos um novo sentido para cada letra. Em seguida, responda as perguntas:

S – Sonho – Capacidade de sonhar, acreditar e imaginar.

Então, quando você diz que tem um sonho, está dizendo que possui um obstáculo ou um problema, certo? (Normalmente as pessoas respondem: - "Não! Tenho apenas um sonho!"). Você está dizendo que possui um sonho que ainda não se tornou realidade e, devido a isso, não pode dizer que é uma pessoa realizada, certo? Posso entender então que tem um problema, uma objeção?

Neste momento, a pessoa reflete e geralmente responde:

- Sim! Tenho um obstáculo, um problema!

O – Obstáculo/Objeção – Motivo pelo qual você ainda não realizou seu sonho: um problema, uma questão a ser resolvida.

Dessa forma, quando você diz que possui um sonho, logo podemos presumir que você tem um obstáculo, uma objeção, e isso resulta em um problema, correto? Imaginando que, se você ainda não alcançou

Fabricio Rubens de Melo Viana Rocha & Vanessa Jonas Alcici

este sonho - pois a própria palavra remete a algo que almejamos e ainda não alcançamos - você consegue pensar quais seriam essas objeções? O que está levando seu sonho para longe de você?

N – Neutralizar – Neutralizando as objeções e iniciando o processo de descoberta e viabilização do sonho.

Neste momento, em que você já sabe qual o seu sonho e entende que, paralelamente a ele, você possui algumas objeções ou um problema, vamos neutralizar as dificuldades. Neutralize tudo que você entende como empecilho para a realização desse desejo. Neste momento, pegue um papel e faça duas colunas: no lado esquerdo, anote tudo que você considera um fator negativo para que você alcance este sonho. Todos os indicativos são importantes, portanto anote tudo o que remete ao obstáculo.

H – Habilidade – Criar um meio de transformar toda objeção em habilidade, possibilidade e realização.

Após entender todo o processo do seu sonho e o motivo pelo qual ainda não foi atingido, no mesmo papel, na coluna da direita, à frente de cada ponto negativo encontrado, você vai colocar uma habilidade ou uma forma de resolver e atingir seu sonho. Nesta parte, use sua imaginação e anote todas as suas pontencialidades sem esquecer que, se você possui a capacidade de sonhar, também possui a habilidade de executar e transformar o sonho em realidade.

O – Objetivo – Transformando o sonho em realidade, através da definição de objetivos claros e tarefas derivadas dessa descoberta.

Após todos os passos que seguimos, você encontrou um verdadeiro objetivo a seguir, uma forma concreta e possível de realizar seus sonhos. Convido-o então a colocar, na frente de cada linha contendo as objeções e habilidades, uma ação que você pode começar a fazer agora. Podemos começar com uma forma bem simples, apenas declarando para o universo e para as pessoas que seu sonho não é mais um sonho, mas um objetivo com data prevista para tornar-se realidade. Provavelmente, nesta fase, você entenda que seu sonho já está sendo construído e que você já evoluiu alguns passos rumo ao seu objetivo. Agora que você já sabe que pode fazer esta transformação, comece a descobrir seu verdadeiro **dom**.

Encontrando um dom

*"Encontre um **dom** e seja **dono** do seu mundo!"*

Muito se fala em desenvolver habilidades que potencializem a capacidade humana para gerar um diferencial competitivo próprio (DCP) na vida pessoal e na cadeia produtiva de trabalho. Esse diferencial é tudo que se espera de uma pessoa ou de uma equipe altamente eficaz.

Sabe-se que, para atingir suas missões, as organizações dependem de pessoas, que são responsáveis e importantes para o funcionamen-

Master Coaches

to das corporações. A cada dia, equipe e indivíduos se renovam nesse novo sistema corporativo que se inova e renova a cada instante. O ideal é, como profissional ou como equipe, ser uma raridade em relação aos concorrentes, ou seja, o mercado deve perceber que é uma dificuldade substituir tal indivíduo ou seu grupo de trabalho, que possuem um **dom** de fazer e de resolver as adversidades do dia a dia. Algo que devemos resgatar nas pessoas é um **dom**, ou seja, *donum* - originada do latim, com o significado de "doação, dádiva, presente".

Na língua portuguesa, usamos a palavra **dom** para explicar aquilo que se faz com maestria, que vem da nossa competência inconsciente, algo que já aprendemos e realizamos mecanicamente e que, se questionados sobre a execução, não sabemos explicar como foi realizado. Com o objetivo de desenvolver um pensamento sistêmico, vemos o dom como o resgate da missão pela qual o indivíduo se propôs a fazer algo, ou algo para o qual tenha sido contratado. Algo que direciona as pessoas dentro de um grupo a verem novas e crescentes alternativas para resolver antigas e novas questões de forma diferente. Algo que as leve a programarem-se para ter várias opções de resolução para uma determinada questão, de modo a interferir em seus resultados.

Um dom = *donum* = **mundo**

Após desmistificar que sonho é intangível, devemos seguir alguns passos rumo ao seu objetivo. Entende-se que é de suma importância saber e conhecer qual o seu **dom** e qual a sua habilidade de utilizar este **dom** em seu mundo. Precisamos compreender a capacidade que temos e, assim, acreditar que podemos transformar o impossível em possível. Criamos uma ferramenta que potencializa a maestria de cada indivíduo, proporcionando um autoconhecimento e o desenvolvimento pessoal ou profissional.

Essa ferramenta, a qual chamamos "**um dom**", é simples, mas de compreensão profunda, pois proporciona uma comparação entre duas realidades no ponto de vista individual, ou seja, entre você e o mundo. Ela pode ser usada como sondagem para avaliar como as pessoas estão vendo o cenário (mundo) naquele exato momento, como podem agir e de qual forma as pessoas agiriam diante deste mesmo contexto. Nesta roda, vamos entender a palavra **mundo** como: outras pessoas envolvidas no processo que servem de referência para analisar suas habilidades e competências mais importantes.

A própria ferramenta sugere que tudo está ligado: o mundo se liga ao nosso dom pessoal, particular e intransferível que, unido a outros vários dons encontrados nas organizações, geram uma verdadeira maestria no resultado. Fazendo uso da ferramenta – ouvindo e compreendendo as palavras - nos encontramos naquele instante em que, diante de uma determinada questão, podemos apoiá-lo no processo de **ver** e encontrar uma nova forma de resolver uma situação.

Fabricio Rubens de Melo Viana Rocha & Vanessa Jonas Alcici

Esta é a roda que vamos utilizar na ferramenta "**um dom**".
U – União: Como você se doa para unir-se às pessoas rumo ao seu

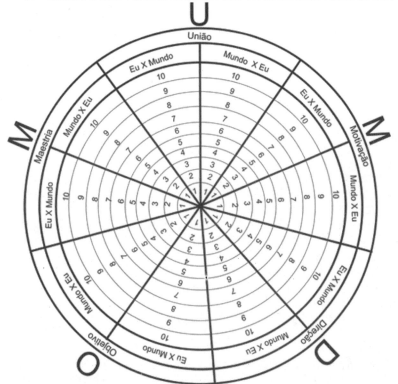

sonho?
Eu X Mundo: Qual nota você daria para seu desempenho em relação ao quesito: união?
Paralelamente:
Mundo X Eu: Que nota você acredita que os outros te dariam quanto a sua capacidade de unir-se às pessoas?
M – Motivação: Você consegue perceber a sua capacidade de estimular a motivação nos outros?
Eu X Mundo: Que nota você daria para sua capacidade de estimular a motivação das pessoas?
Paralelamente:
Mundo X Eu: Que nota você acredita que as pessoas dariam para a sua motivação e habilidade de estimular este sentimento nos indivíduos?
D – Direção: Suas metas possuem um direcionamento congruente com seus objetivos?

Master Coaches

Eu x mundo: Que nota você daria em relação ao direcionamento de suas metas e objetivos? Este direcionamento está congruente com seus propósitos?

Paralelamente:

Mundo x Eu: Que nota você acredita que as pessoas dariam para o seu direcionamento diário? Para a forma como você transmite o seu dom de direcionar? Você acredita que as pessoas conseguem internalizar o direcionamento proposto por você?

O – Objetivo: Seus objetivos estão claros em sua mente e nas suas atitudes?

Eu X Mundo: Que nota você acredita possuir com relação ao seu objetivo? Seus objetivos estão bem definidos?

Paralelamente:

Mundo X Eu: Que nota as pessoas dariam para você em relação à clareza dos seus objetivos? As pessoas conseguem perceber nas suas atitudes o seu real objetivo?

M – Maestria: Você acredita exercer as suas tarefas e suas metas com maestria em direção ao seu propósito?

Eu x Mundo: Que nota você daria em relação à sua capacidade de atingir suas metas como mestre? Que nota você daria com relação à sua capacidade de unir, motivar e direcionar suas ações para alcançar seus resultados com maestria?

Paralelamente:

Mundo X EU: Que nota você acredita que as pessoas dariam para seu dom de ser mestre?

O seu **mundo** é proporcional à sua **M**aestria (**dom**) em Unir forças **M**otivadas e **D**irecionadas rumo aos seus **O**bjetivos. Agora precisamos definir a data e as tarefas que você precisa executar para chegar ao seu estado desejado. Se fizer sentido para você, após utilizar as ferramentas, faça um projeto de vida e um plano de ação. A realização dos seus sonhos depende efetivamente da sua postura proativa frente ao mundo. E lembre-se: a sua persistência é a alavanca que remove o impossível.

O escritor César Romão diz que "um grave problema das pessoas é que elas não realizam seus sonhos e se contentam apenas em sonhar. As pessoas têm sonhos, mas não se propõem em transformá-los em realidade". Acredite! O impossível trata-se de uma limitação criada por nós mesmos. Quando conseguimos **ver** a possibilidade de realização, o que era imPOSSÍVEL transforma-se em POSSÍVEL num piscar de olhos.

Referências:
Ferramenta UM DOM e SONHO - Desenvolvida por Fabrício Rubens de Melo Viana Rocha e Vanessa Jonas Alcici
Dicionário Aurélio

22

Coach in Group e a Inteligência Emocional

169

Quem experimenta o *Coach in Group* Emocional reestrutura-se, podendo alcançar seus objetivos com muito mais facilidade

Fernando C. Oliveira

Fernando C. Oliveira

Coach – Certificação Internacional – Lambent do Brasil, fundador do Instituto Napoleon Hill do Brasil, *Master Trainer* em *coaching* e PNL (Programação Neurolinguística), membro da ICC (*International Coaching Community*), administrador, especializado em Marketing pessoal e empresarial. Estudioso da Física Quântica, Cromoterapia, Psicanálise e Constelação Sistêmica. Desenvolveu e realizou projetos de melhoria organizacional no Brasil e no exterior junto a grandes empresas. Atuou como vendedor, gerente, administrador e diretor. Possui quinze anos de experiência em psicanálise. Desenvolveu e coordenou projetos sociais na África para o desenvolvimento cultural e educacional. Consagrou-se no Japão com treinamentos e palestras. Possui técnicas próprias e inovadoras para aplicação da PNL, *coaching* e desenvolvimento pessoal. Em dez anos realizou mais de 100 *Coach in Group* para liderança pessoal e organizacional no Brasil, no Japão e em Angola.

Contatos:
www.fourtraining.com.br
fernando@fourtraining.com.br

I - *Coach in Group* Emocional

É a técnica de trabalho de *coach* para grupos com Inteligência Emocional.

Neste texto você irá conhecer essa ferramenta e sentir a importância da Inteligência Emocional no trabalho de *coaching*.

Minha experiência demonstra que o *Coach in Group* Emocional pode ajudar um grupo de pessoas com interesses em comum ou individuais a atingir seus objetivos.

Sua aplicação pode se dar tanto para grupos de interesse comum, como, por exemplo, equipes esportivas focadas em busca de um título ou classificação, grupos de executivos em busca de metas empresariais, outros grupos sociais, empresariais e, até mesmo, servidores de órgãos governamentais, independentemente das esferas de estado.

Seu alcance ainda se dá em benefício de grupos com interesses individuais, formados por pessoas que possuem objetivos diferentes, metas e missões focadas em outros fins pessoais, entretanto, unidos em um mesmo grupo com o propósito de ressignificar o entendimento de seus pressupostos e limitações com vistas à obtenção de melhores resultados e do êxito nos campos profissionais e também na vida conjugal.

Para o *Coach in Group* Emocional, há a necessidade de conhecer os dez pressupostos de sua aplicação:

1-Todo ser humano possui princípios iguais, caracterizando assim a harmonia e a semelhança entre os indivíduos.

2-A liberdade para expressão é fundamental.

3-Todos compartilharão as emoções e aprenderão com isso.

4-O poder de criatividade do grupo pode ser acessado por todos.

5-Cada um tem o seu jeito e a sua forma de aprender.

6-Resultados sinérgicos não são necessários para uma boa produção.

7-Todos os problemas são importantes.

8-O *feedback* é um propagador de crenças.

9-O grupo aprende através do "sentir".

10-O pilar da ressignificação é a ancoragem.

Na aplicação do *Coach in Group* Emocional, o que se tem observado é que todos os seres humanos possuem os mesmos princípios e que tais princípios levam estes indivíduos a compartilhar dos mesmos desejos, demonstrando assim completa similaridade entre todos os envolvidos acerca dos seus objetivos de vida.

Nos trabalhos empresariais já realizados, há sempre uma preocupação dos gestores em resolver problemas relacionados às diver-

Master Coaches

gências entre as pessoas quando, na verdade, o foco a ser observado se dá justamente pelo oposto, ou seja, analisar os indivíduos com base em seus princípios e não em suas diferenças.

Nos diversos questionamentos apresentados ao longo dos treinamentos, os gestores buscam formas de harmonizar um grupo cujos indivíduos possuem visões diferentes de um mesmo assunto; como laborar no entendimento de todos, se na verdade está aparente que veem o mundo de formas diferentes e, por fim, como oferecer a esses indivíduos um incentivo, já que exteriorizam que buscam coisas diferentes, posto que são diferentes?

Outro aspecto importante é que os cursos ministrados no Brasil, em face da grande diversidade cultural, aparentemente exteriorizam um descrédito no seu êxito. Entretanto, o que se observa é que, sendo todos iguais nos princípios, tal condição é suficiente para apontar algo em comum entre os indivíduos e, assim, laborar no sentido de valorizar tais aspectos, obtendo o resultado esperado.

Ao iniciar o trabalho em grupo, verifico o quanto as pessoas se aproximam em seus princípios, através da similaridade entre os envolvidos. Alguns questionamentos são imprescindíveis para que se obtenha, entre os indivíduos, o consenso quanto aos seus princípios, como, por exemplo, indagar a todos quem quer ser feliz; quem quer ser respeitado; quem quer ser reconhecido e, finalmente, quem quer ser bem remunerado pelo seu trabalho.

O resultado dos questionamentos se dá pela resposta em consenso no sentido de que todos querem, demonstrando assim a existência dos princípios ora mencionados, que são comuns entre todos os seres humanos do planeta.

Tive a oportunidade de questionar os participantes nos diversos treinamentos aplicados em grupos com interesses comuns e individuais, realizados em vários países com diferentes culturas, como por exemplo, no Japão e em Angola, e no Brasil, aplicando tais questionamentos nas diferentes culturas próprias de um país com dimensão continental.

Tanto nos estados brasileiros quanto nos países mencionados, a resposta de que todos queriam as mesmas coisas soou de forma única entre os participantes, confirmando assim a questão apresentada.

Outro aspecto que merece abordagem é o fato de que fará enorme diferença à iniciação de um *Coach in Group* Emocional a utilização do seguinte pressuposto: "todo ser humano possui princípios iguais e é aí que encontramos a harmonia ou similaridade entre as pessoas". Nota-se que as pessoas, entre si, não enxergam essa semelhança e se veem distantes. A partir do momento em que você

Fernando C. Oliveira

questiona em grupo os princípios comuns ao homem, todos encontram algo para se aproximar e as pessoas passam a se identificar, estabelecendo assim a figura do *rapport*[1] entre elas.

No treinamento de *Coach in Group* sempre haverá objetivos em comum ou objetivos individuais. Na verdade, quaisquer que sejam os objetivos, os participantes têm algum fator a ser trabalhado e ainda, se não tiverem clareza do que querem ou buscam, terão o *Coach* como ferramenta de auxílio na busca dessa resposta.

Aliás, a importância do querer é fundamental para o êxito do treinamento, onde eu busco sensibilizar os participantes através da apresentação metafórica[1] de casos que levam à reflexão sobre a importância desse "querer". Nesse aspecto, é correto afirmar que a vida dará o que quiser àqueles que não tiverem suas escolhas e que adotam como hino de sua existência a música "Deixa a vida me levar (...)" de autoria do sambista Zeca Pagodinho.

Notadamente, as pessoas são o que escolheram no decorrer de suas vidas e é de suma importância que o grupo tenha plena consciência disso, uma vez que, se não entenderem que isso é verdadeiro, não ocorrerá congruência quando forem convocadas às mudanças propostas.

II - MUDANÇA

Pensamos em mudança de comportamento quando queremos atingir algo que necessite de ações diferentes das que estamos acostumados a ter. Se você não mudar a ação, os resultados e as consequências serão os mesmos.

Entretanto, como convencer as pessoas da importância da mudança? Como convencê-las a mudar? Por que a mudança de comportamento pode parecer assustadora para muitas pessoas?

Para resolver tais questionamentos, adentramos ao campo das crenças e valores, cientes de que são vários os que impedem as pessoas de mudar, e alguns seguem exemplificados:

1-Acreditam que nasceram predestinados a algo;

2-Certeza de que nasceram assim e irão morrer assim;

3-Tudo está relacionado ao signo do zodíaco e não é passível de alteração, já que está escrito dessa forma;

4-Deus fez assim, então não muda;

5-Sou igual ao meu pai, minha mãe ou algum familiar.

A "síndrome da Gabriela" é a que mais afeta a mudança de comportamento: "Eu nasci assim, vou viver assim e vou morrer assim", ou o outro dito popular: "Pau que nasce torto nunca se endireita".

A utilização de cases que apontam pessoas comuns que nasce-

---

[1]Rapport é a capacidade de entrar no mundo de alguém, é a essência da comunicação bem-sucedida.

[2]Por exemplo: "Quem não sabe o que quer, qualquer coisa serve" ou "Se você faz uma viagem sem destino, qualquer lugar serve".

Master Coaches

ram predestinadas ao fracasso e fizeram escolhas que as levaram ao sucesso pode ser útil nesse momento. Mostre a todos que essas pessoas fizeram o que queriam, independentemente das crenças externas terem lhes mostrado caminhos diferentes.

A mudança é possível e viável para todos. Os seres humanos nasceram predestinados ao sucesso, o problema é que não foram avisados.

III – LEVANTAMENTO DE DADOS

Um administrador sabe a importância de levantar dados da empresa para o desenvolvimento de um plano de marketing, os pontos fortes, fracos, as ameaças, oportunidades, possibilidades, vantagens, entre outros recursos.

No marketing pessoal ou de grupo a busca pelas fortalezas e fraquezas são importantes para que o cenário atual seja conscientizado, e a partir destes dados saibamos o que se deve manter, melhorar, abandonar, organizar ou ainda replanejar.

Podemos simplesmente dar um formulário para ser preenchido pelos participantes, porém a eficácia não ocorrerá em níveis inconscientes, os quais são determinantes para um bom resultado.

Tanto as falhas quanto os recursos positivos podem estar em níveis conscientes ou inconscientes. Os que estão nos níveis conscientes serão fáceis de detectar para trabalharmos, entretanto, os que estiverem em níveis inconscientes não aparecerão na planilha, não serão lembrados e nem reconhecidos. E estes são os principais recursos e falhas para serem revistos e aprofundados.

A mente humana é dividida em duas partes, consciente e inconsciente. A mente consciente é a que detém menos conteúdos do histórico de vida e informações. Ela julga e guarda aquilo que estamos focando no momento. A mente inconsciente guarda nossas recordações, é nela que está a maior parte de nosso repertório.

É possível, sim, acessar essas informações, entretanto, existem conteúdos guardados que não trazemos para a consciência, por terem sido omitidos ou distorcidos por diversos motivos de nossa história de vida.

IV – RECURSOS CONSCIENTES

Se você pedir para uma pessoa escrever num papel cinco qualidades positivas e cinco negativas, pode acreditar que muitas ficarão sem conseguir escrever todos os recursos que possuem. A dificuldade para conseguir se ver como realmente é pode ser muito grande, porque o que mantemos consciente é a menor parte das nossas qualidades.

A maior parte está no inconsciente, do qual, quando acessamos, trazemos à tona recursos ou falhas que normalmente julgamos, omitimos e dos quais duvidamos.

Parto de um pressuposto: "todas as pessoas possuem os recursos e ferramentas para atingirem seus objetivos". Ajudar o grupo a trazer à tona seus recursos é fundamental e, para que isso ocorra de forma rápida, utilizamos a inteligência emocional e a neurolinguística.

V – INTELIGÊNCIA EMOCIONAL

Aprendemos na neurolinguística que para mudar um comportamento é necessário mudar o significado e, mudando o significado, obtemos uma nova conexão neural que causará um novo estado e, consequentemente, um novo comportamento.

Essa premissa de mudança de comportamento é perfeitamente aceita e compreendida.

Entretanto, pense da seguinte forma: um estado é causado por um evento (cena, som, sentimento) e esse evento, antes de causar o estado, é envolvido em **emoção**. Concluímos então que "**a emoção causa o estado**" e, sendo assim, ressignificando a emoção, iremos alterar o estado e enfim o comportamento.

A regra é simples assim!

O levantamento das emoções negativas e positivas é fundamental para ajudar na mudança de comportamento. Essas emoções virão carregadas de crenças e valores culturais que impedem as pessoas de acreditar no seu potencial, em seus recursos e outras fortalezas que ajudariam a percorrer seu caminho com muito mais facilidade.

É bem típico que pessoas magoadas, com sentimento de fracasso, dificuldade em progredir tenham recebido na infância mensagens como: "Você não é capaz", "vai ser igual ao seu pai (e o pai é um modelo de total imperfeição)", "vai ser gordo igual à vovó (por parecer fisicamente com ela)", "matemática não é seu negócio (só porque veio aos oito anos de idade com um vermelho em matemática)", "o amor não existe" (visto que a mamãe não amava o papai), "não se deve confiar nos outros" e muitas outras sugestões/pressuposições que foram aceitas como verdade.

Esses momentos de massacres de sugestões negativas causam emoções que estão associadas a essas cenas, a momentos, sentimentos e irão produzir um estado negativo toda vez que algo (âncora) o fizer lembrar-se da cena.

Normalmente quando queremos que o cliente obtenha recursos

Master Coaches

positivos o incentivamos a buscar cenas positivas marcantes em sua vida, ou cenas negativas para podermos ressignificar.

Para um *Coach in Group* isso fica mais difícil, já que não temos oportunidade de desenvolver cada caso. Entretanto, podemos propiciar a lembrança das emoções.

Nosso cérebro não distingue a verdade da fantasia. Se você for uma pessoa medrosa, insegura e ouvir essas palavras com uma entonação forte, provavelmente irá sentir um mal-estar em alguma região de seu corpo, uma mudança de estado para negativo. Isso ocorre mesmo sem que a pessoa que estiver proferindo essa emoção o faça com intenção de magoar e, mesmo que você saiba disso, irá sentir como se fosse verdade.

VI – A CONSCIENTIZAÇÃO DAS EMOÇÕES

Se as emoções são a base para mudança de estado, e se estas emoções estiverem em níveis inconscientes, não perceberemos sua existência. Por isso que pessoas maravilhosas não reconhecem suas emoções positivas e, da mesma forma, pessoas terríveis não se veem arrogantes ou prepotentes. Tudo está no inconsciente.

No *Coach in Group* Emocional as pessoas experimentam as emoções e as trazem para a consciência. Isso possibilita o reencontro consigo mesmo, o reconhecimento de todas as suas próprias fortalezas e fraquezas, além da ciência de que, com seus recursos emocionais latentes, ficará muito mais fácil identificar onde se pode melhorar e onde usar suas qualidades positivas no futuro.

No trabalho pioneiro com *Coach in Group* Esportivo obtive êxito nas equipes de futebol e de vôlei no Brasil, com a colaboração do técnico de futebol Luiz Carlos Cruz e o bicampeão olímpico de vôlei pelo Brasil, Giovane Gávio, reconhecido campeão como técnico de equipe.

Com as emoções organizadas e conscientizadas, essas equipes destacaram-se e incluíram em seu currículo experiências positivas para toda a vida, ajudando em todos os aspectos a busca de seus objetivos pessoais e do grupo.

Quem experimenta o **Coach in Group Emocional** reestrutura-se, podendo alcançar seus objetivos com muito mais facilidade, curte seu caminho observando tudo que há de bom ao seu redor. É uma viagem inimaginável com a contemplação da maravilhosa máquina humana.

Referências:
Covey, Stephen , "Os 7 Hábitos das Pessoas Altamente Eficazes",
Hill, Napoleon , "A Lei do Triunfo",
Goleman, Daniel, " Inteligência Emocional"
Peters, Tom, "Em Busca do UAU", " O Ciclo da Excelência".

23

Coaching: uma solução sustentável para o mal-estar nas organizações de trabalho

O mal-estar nas organizações surge pela falta de conhecimento e entendimento de si mesmo, dos outros e pela falta de sinergia entre os objetivos pessoais e organizacionais

Flávia Vasconcelos

Flávia Vasconcelos

Psicóloga formada pela FMU, Especialista em Gestão de Pessoas pela Universidade São Marcos, *Master Coach* pelo Instituto Brasileiro de *Coaching*, com reconhecimento internacional pelo ICI – *International Association of Coaching Institutes*, ECA – *European Coaching Association*, GCC – *Global Coaching Community* e *Behavioral Coaching Institute*. Cursando Pós-Graduação em Gestão de Pessoas com *Coaching*. Consultora DISC (Análise de Perfil Comportamental) pela HLCA. Proprietária da THAI RH, atua como Consultora Organizacional há mais de 10 anos, aplicando projetos de Gestão de Talentos, Desenvolvimento Organizacional, Treinamentos Comportamentais, *Coaching* Pessoal e Profissional, Desenvolvimento de Líderes e Orientação de Carreira. Realiza atendimento psicológico clínico para adolescentes e adultos. "Minha missão de vida é ouvir na essência os profissionais e as empresas, compreendê-los com sabedoria e desenvolvê-los para que eles possam obter o melhor de si, para assim oferecerem o melhor para o mundo".

Contatos:
www.thairh.com.br
flavia@thairh.com.br / contato@thairh.com.br
(11) 5083-4647 / 4119-9566 / 4119-9567

Flávia Vasconcelos

Por meio da observação e acompanhamento do trabalho em diversas organizações, é possível perceber as diversas reações de mal-estar das pessoas no ambiente de trabalho frente a situações de pressão, competição, entre outras. As relações humanas e os comportamentos, de forma geral, dentro das organizações, são determinados pela utilização das defesas e dos conteúdos internos que cada indivíduo traz consigo. Assim, percebemos que conteúdos latentes se apresentam nos comportamentos e nas relações humanas dentro das organizações.

Dessa forma, queremos chamar a atenção dos gestores de pessoas de forma geral para o mal-estar nas organizações de trabalho e demonstrar que o *Coaching*, em suas diversas modalidades, pode ser uma ferramenta extraordinária e sustentável para a minimização ou até eliminação dos conflitos individuais internos e também dos conflitos interpessoais, tornando, assim, o indivíduo e o ambiente de trabalho mais saudável e produtivo.

I) As organizações e sua história

A Organização "é um sistema de atividades conscientemente coordenadas de duas ou mais pessoas". (CHIAVENATO, 2008, p. 22). A vida das pessoas, no geral, é formada por diversas organizações, nas quais identificamos as interações com outras pessoas e suas diversidades.

Nenhum ser humano vive só. Desde os seus primeiros dias de vida, se relaciona com outras pessoas, criando assim seus laços de afeto e dependência. Devido às suas limitações, os seres humanos são impulsionados a colaborar e cooperar uns com os outros. Desta forma, constituem organizações para alcançarem determinados objetivos que individualmente não conseguiriam alcançar.

Para que exista uma Organização, é essencial que exista a cooperação entre as pessoas envolvidas e a mesma só existe quando há pessoas capazes de se comunicarem e que estão dispostas a contribuir com ação conjunta, com a finalidade de alcançarem um objetivo comum. A contribuição dependerá de cada participante da organização, em função das diferenças individuais e também do sistema de recompensas aplicado pela organização para incrementar ou não as contribuições.

As organizações permitem ao indivíduo satisfazer diferentes tipos de necessidades, sejam elas econômicas, espirituais, intelectuais, emocionais, entre outras. Elas existem para que o ser humano possa realizar em conjunto o que as suas limitações individuais não permitem fazer sozinho. Elas podem servir como suporte para a superação dos limites individuais.

A sociedade moderna é toda constituída por organizações. São sistemas compostos de atividades humanas em diversos níveis de análise. Elas evoluem devido ao aumento do número de pessoas e de recursos. Para que este crescimento e estas pessoas sejam administradas, é necessário o acréscimo da quantidade de níveis hierárquicos. Uma vez que o

Master Coaches

número de níveis hierárquicos aumenta, ocorre um gradativo distanciamento entre as pessoas e seus objetivos organizacionais. Na maioria das vezes, esse distanciamento leva a um conflito entre os objetivos individuais dos participantes e os objetivos organizacionais dos níveis mais altos da Organização.

A história das Organizações passou por diversas fases, diferenciando-se pelos modelos de industrialização, interesses das pessoas em diferentes épocas e principalmente, pelo desenvolvimento da tecnologia. Essas alterações impactam diretamente na sociedade e na vida das pessoas, ocasionando, inclusive, as mudanças ambientais.

II) Mal-estar no trabalho

Segundo Mendes (2007), o sofrimento ou mal-estar surge quando a relação do trabalhador com a organização do trabalho é prejudicada e não é possível a negociação entre o desejo de produção e o desejo do trabalhador.

A partir da década de 90, diversas organizações passaram a manipular a subjetividade dos trabalhadores para atingir maior nível de comprometimento. O medo do desemprego, aliado à necessidade de afirmação no meio social, leva o indivíduo a submeter-se a situações de trabalho prejudiciais à sua saúde psíquica e a aceitar essa gestão de sua subjetividade pela organização do trabalho, o que, paradoxalmente, tende a aumentar seu sofrimento.

O sofrimento passa a ser danoso para a saúde mental do trabalhador quando o indivíduo tem dificuldade para lidar com a pressão psicológica exercida pela organização do trabalho.

Quanto maior a rigidez da organização do trabalho, maior será a intensidade do sofrimento a que o trabalhador estará submetido.

III) Patologias sociais e a busca da saúde

O emprego exagerado de defesas psíquicas desencadeia, normalmente, o aparecimento das chamadas patologias sociais. Mendes (2007) identifica três patologias sociais relacionadas ao trabalho:

A **sobrecarga** surge quando o trabalhador se submete à uma demanda de trabalho que vai além de suas condições físicas, psicológicas e sociais.

A **servidão voluntária** é uma patologia decorrente da radicalização dos modos de organização do trabalho onde a submissão consentida a uma verdadeira banalização do sofrimento busca o máximo de produtividade.

A **patologia da violência** decorre da desestabilização das relações de solidariedade. O estresse imposto pela organização do trabalho leva os trabalhadores a práticas agressivas contra si próprios, contra os colegas de trabalho e contra o patrimônio.

Ao reconhecer a existência de forças contraditórias e conflitantes no

Flávia Vasconcelos

contexto de trabalho, o sofrimento passa a ser visto como um fator que mobiliza o trabalhador em busca das condições de saúde. Surge a mobilização subjetiva, que Mendes (2007) define como sendo um processo por meio do qual o trabalhador transforma as situações causadoras de sofrimento com o emprego de seu conhecimento prático, da sua subjetividade e do coletivo de trabalho.

O reconhecimento é uma valorização simbólica de grande importância para a construção da identidade do trabalhador. É por meio do reconhecimento que existe a possibilidade de dar sentido ao sofrimento vivenciado.

Para *Calgaro e Siqueira* (2008), seus projetos e seus objetivos passam a ser os mesmos da organização e ele tende a perder sua individualidade e submeter-se totalmente às expectativas de comportamento, desempenho e gestão da organização.

Na análise que deve ser feita nas organizações é necessário que, além de focar nos determinismos sociais, estejamos atentos aos determinismos individuais e suas relações com as estruturas de poder das organizações.

Para que o trabalho seja uma fonte de saúde e um meio de satisfação,, é necessário que o trabalhador reconheça seu esforço e investimento na tarefa para dar sentido ao sofrimento vivenciado. A saúde psíquica do colaborador depende do equilíbrio entre as forças causadoras de sofrimento e as forças causadoras de prazer.

IV) Como o *coaching* pode diminuir o mal-estar no trabalho?

Em primeiro lugar, é necessário esclarecer que o processo de *Coaching* não substitui o processo terapêutico e vice-versa. O *Coaching* sempre terá foco no futuro e tempo determinado para o alcance do resultado, do objetivo estabelecido pelo cliente.

Exatamente por este motivo, o *Coaching* tem papel fundamental nas organizações de trabalho, pois as mesmas precisam de resultados rápidos, precisos e focados em metas.

Após a apresentação dos conceitos relacionados ao mal-estar nas organizações de trabalho, é importante revelar uma solução eficaz, sustentável e precisa, para que as pessoas e equipes de trabalho possam se ver livres de tantos conflitos que impactam diretamente em suas produções e resultados.

O *Coaching*, neste caso, terá o papel de trazer à tona o sofrimento individual ou do grupo e trabalhar diretamente a ressignificação do mesmo para que os comportamentos sejam alterados de forma positiva para a conquista dos objetivos da organização.

Normalmente, a solicitação deste serviço chegará ao *Coach* através da empresa (Diretoria) e o profissional fará a análise do cenário para escolher as melhores metodologias a serem aplicadas.

V) Algumas metodologias do *Coaching* para o mal-estar nas organizações

Master Coaches

1) Utilização dos princípios absolutos do *Coaching*.
a) Suspender todo tipo de julgamento
b) Foco no futuro (estado desejado)
c) Propor ações/tarefas
d) Confidencialidade e ética

2) Aplicação do *Autofeedback*
a) Uma frase que identifica o indivíduo
b) Quais os seus pontos fortes?
c) Quais os seus pontos de melhoria?
d) Quais são suas oportunidades internas e externas?
e) Quais são seus dificultadores/limitadores/ameaças?

3) Identificação de Perfil Comportamental e Talentos
Com a aplicação desta metodologia, será possível conhecer o comportamento dos indivíduos e da equipe de forma rápida e precisa. Esta ferramenta facilita o início do processo de *Coaching* e direciona a comunicação do *Coach* com seu *Coachee* para que possam acelerar o desenvolvimento dos gaps e os resultados propostos.

4) Identificando a fase da vida (RPP)
a) Quando você acorda de manhã, você se sente disposto ou indisposto?
b) Você tem planos, metas e objetivos estabelecidos para a sua vida?
c) Você busca agir para alcançar estes objetivos?
d) Você se sente cansado frequentemente no dia a dia?
e) De 0 a 10, quanto o seu desempenho pode melhorar?

5) Crenças e Sonhos (RPP)
a) A respeito da vida, em que você acredita?
b) A seu respeito, em que você acredita?
c) O que é mais importante para você?
d) Qual o seu maior sonho?
e) Quanto você está comprometido?

6) Visão (IBC)
a) Como você se sente dentro do seu ambiente de trabalho e dentro da sua relação na sua casa?
b) Quais são as suas reações, ações e comportamentos dentro de seu ambiente de trabalho e dentro de sua relação em casa?
c) As suas crenças e valores te permitem e te motivam o suficiente para viver a sua visão de mundo?
d) Qual é a impressão que as pessoas têm de você quando te conhecem pela primeira vez?
e) Afinal, qual é a sua visão de mundo? Como você se vê agora? No

final do ano? Daqui a 5 anos? E em 10 anos?

7) Matriz de Gestão de Mudanças

FAÇO

1. Manter, melhorar	2. Transformar, Eliminar
3. Realçar	4. Eliminar, ressignificar

NÃO FAÇO

8) Formatando objetivos (RPP)

a) Objetivo: o que? Quando? Aonde? Com quem? (este objetivo pode ser determinado pela empresa e caberá ao *Coach* procurar alinhar o objetivo da empresa com o objetivo pessoal do indivíduo)

b) Evidência: qual a evidência de que você conseguiu chegar ao objetivo?

c) Motivadores: o que você vai ganhar com isso?

d) Sabotadores: o que você vai perder se tiver isso?

e) Estratégias: quais as formas para conseguir isso?

f) Recursos: do que você vai precisar?

9) Aplicação de Tarefas entre as sessões

Durante todo o processo de *Coaching*, que deve ter a duração de aproximadamente 10 a 12 sessões mensais ou quinzenais, é de extrema importância que o *coachee* leve para casa ações efetivas, tarefas a serem realizadas neste intervalo para que ele possa vivenciar cada experiência e também para que possa trazer as suas dificuldades e conquistas para as sessões.

10) Acompanhamento ao(s) *Coachee*(s)

O *Coach* é um facilitador de processos de mudanças para o *Coachee*. Desta forma, o profissional de *Coaching* deve, durante todo o processo, se disponibilizar a acompanhar este cliente.

O *Coachee* precisa de acompanhamento direcionado, personalizado e dedicado, de acordo com os princípios básicos do *Coaching*.

VI) Resultados do *Coaching* para o mal-estar nas organizações de trabalho

O objetivo deste trabalho é trazer à tona os conflitos existentes na empresa, para que eles sejam motivos de atenção, mas é impossível fazer isso, se não tocarmos cada profissional com os seus talentos e objetivos de vida.

O *Coach*, uma vez contratado pela empresa, deverá sempre ter como foco o objetivo da mesma, porém, nunca deverá se esquecer de que a empresa é constituída por pessoas e seres individuais, cada um com seu mal-estar e cada equipe com o seu conjunto de sofrimentos e conflitos.

Master Coaches

É aí que o *Coach* deverá focar: promover mudanças de crenças limitantes e quebra de bloqueios individuais e grupais, que impactam diretamente na saúde e nos resultados da organização.

Se cada pessoa da equipe entender quem é, do que é capaz, o que precisa desenvolver, aprender a respeitar as diferenças de culturas e opiniões e, principalmente, internalizar o seu papel, a sua importância dentro da organização de trabalho, o mal-estar já estará minimizado. Com as ferramentas de *Coaching* apresentadas acima, o(s) *coachee*(s) terão a oportunidade de se conscientizarem a respeito de todas estas informações e acima de tudo, agirem em relação a tudo isso.

Os gestores de pessoas devem se atentar para este fato e tomar atitudes precisas e focadas para que o prejuízo às empresas e, principalmente, às pessoas possa ser minimizado.

Uma empresa em profundo mal-estar não produz, não alcança metas, não se desenvolve e, pelo contrário, regride ou fica estagnada.

Se você é um gestor de pessoas, um líder, um *Coach*, ou exerce um papel estratégico dentro de alguma organização de trabalho, preste atenção, analise o cenário e se pergunte: qual é a minha responsabilidade, com a posição que eu tenho na empresa, de fazer com que aquelas pessoas e aquela equipe tenham a oportunidade de se tornarem pessoas e profissionais mais saudáveis emocionalmente e, consequentemente, mais produtivas? De 0 a 10, quanto você está comprometido para eliminar o mal-estar na sua organização de trabalho?

Referências:
CALGARO, J. C. C.; SIQUEIRA. M. V. S. Servidão e sedução: duas faces do gerencialismo contemporâneo. In: MENDES, A. M. (Org.). Trabalho e saúde: o sujeito entre emancipação e servidão - Juruá: Curitiba, 2008.

CHIAVENATO, Idalberto. Gestão de Pessoas: e o novo papel dos recursos humanos nas organizações – 9ª reimpr. - Elsevier: Rio de Janeiro, 2004.

CHIAVENATO, Idalberto. Recursos Humanos: o capital humano das organizações, 8ª edição – 4.reimpr. – Atlas: São Paulo, 2008.

DEJOURS, Christophe. Da psicopatologia à psicodinâmica do trabalho. Rio de Janeiro: Fiocruz, Brasília: Paralelo 15, 2004

MARQUES, José Roberto. Programa de Formação e Certificação Internacional Professional & Self *Coaching*. IBC: Goiânia, 2011.

MARQUES, José Roberto. Programa de Formação e Certificação Internacional Business and Executive *Coaching*. IBC: Goiânia, 2011.

MENDES, A. M. Psicodinâmica do trabalho: teoria, método e pesquisas. São Paulo: Casa do Psicólogo, 2007.

SCHUH, Walter Jr. A Influência da Organização do Trabalho nas vivências de prazer e sofrimento de servidores de uma organização do Poder Judiciário Federal, Universidade de Brasília – Programa de Pós Graduação em Administração (PPGA) – Brasília, 2009.

24

Na sua história, você é quem manda

A partir do momento em que ganha autoconsciência, você assume a dianteira da vida e se torna o único responsável por suas escolhas e conquistas. Com as ferramentas do *coaching*, você encontra bases que ajudam a direcionar sua trajetória ao sucesso

Heloísa Capelas

Heloísa Capelas

Diretora do Hoffman International Institute, com sede nos EUA, e do Centro Hoffman, no Brasil. Especializada há mais de 20 anos no desenvolvimento do potencial humano por meio do Autoconhecimento e do aumento da Competência Emocional. Expert em Psicodinâmica Aplicada aos Negócios e em Processos Transformativos. *Coach* certificada pela CCU Corporate *Coach* U e Master Practitioner em PNL. Pós-Graduada em RH e Graduada em Assistência Social. Conferencista nacional e internacional, aplica cursos com a metodologia Hoffman, considerada por Harvard um dos trabalhos mais eficazes de mudança de paradigmas para líderes. Eleita uma das melhores conferencistas do Congresso Brasileiro de Treinamento e Desenvolvimento (CBTD). Coautora dos livros "Ser + Inovador em RH" e "Ser + em Gestão de Pessoas". Possui vasta atuação na área social, tendo atuado como presidente da Associação de Pais e Amigos de Pessoas Portadoras com Deficiência dos Funcionários do Banco do Brasil (APABB).

Contatos:
www.heloisacapelas.com.br
www.centrohoffman.com.br
heloisa@centrohoffman.com.br
(11) 3648-3340

Heloísa Capelas

Para projetar seu futuro e desfrutar do presente tomando, de fato, as rédeas das situações, sejam elas quais forem, é preciso, antes, assumir a liderança sobre si mesmo. Se você sabe aonde quer chegar, como e por que deseja chegar lá, e quais ferramentas são necessárias para atingir sua meta, terá a inteligência de que precisa para ingressar nessa missão. Da mesma forma, se você reconhece seus pontos fortes e fracos, saberá avaliar quais comportamentos e reações serão mais apropriados e benéficos em cada momento da vida. Esse é o verdadeiro significado da liderança.

Trilhar caminhos que levem a um futuro melhor não é clichê, mas, sim, o desejo das pessoas. Para responder aos seus anseios e agir alinhado com as mudanças que você quer pela frente, será fundamental olhar-se de forma transparente para compreender, antes, como chegou até aqui. Caso contrário, estará fazendo projeções a partir de padrões comportamentais antigos e tão arraigados que nem mesmo perceberá que estão aí, fazendo parte de você. Refletir sobre o que ficou para trás, muitas vezes, é um passo essencial para que se possa chegar a lugares aparentemente inimagináveis. Sua história é disciplina obrigatória na grade curricular da sua vida e sua graduação é a liberdade de escolha e o poder de decisão sobre seus caminhos. O diploma que você obtém nesse trajeto é o autoconhecimento. A importância dos historiadores para a construção do futuro é também um exercício desempenhado individualmente.

Perguntar-se é buscar um caminho e o processo como *coachee* trará o significado de sucesso para você. Quais foram e quais são seus sonhos e realizações? Qual seu propósito? Quem são as pessoas importantes em sua vida? Aonde, realmente, quer chegar? E com quem você quer estar quando chegar lá? É possível que muitos encontrem respostas entre os números, os gráficos e os resultados, e outros entre a família e seus papéis sociais. O *coaching* ajudará você a encontrar as respostas dentro do equilíbrio e do melhor resultado integrado.

Houve um tempo em que formar uma família numerosa e mantê-la bem estruturada, mesmo com poucos recursos financeiros, era sinônimo de ser bem-sucedido. Depois, trilhar uma trajetória profissional sempre ascendente e elevar os padrões de vida passaram a contar tanto ou mais que a família. Em meio a isso, os desejos materiais – a casa própria, o carro dos sonhos, a viagem para o exterior – invariavelmente apareceram como fatores associados ao sucesso em um ou outro tempo. Hoje vivemos o momento da mudança constante. O termo "bem-sucedido" é uma variável temporal e precisa ser constantemente questionado para que seja atualizado e mantido conforme seus momentos de vida. Todas as realizações acumuladas

Master Coaches

com os anos, a construção intermitente de novas necessidades, novos formatos familiares e de relacionamentos, a carreira e as novas hierarquias ou as inconstâncias financeiras, além das infindáveis exigências profissionais, são os principais aspectos determinantes para desequilibrar o indivíduo. Galgar a escada do sucesso é unir esses anseios.

O processo cognitivo para novas aprendizagens comportamentais é enriquecido com as informações descobertas no processo entre *coach* e *coachee*. A liderança é primeiramente interior. O caminho da liderança é traçado ao caminhar. Isso quer dizer que só você mesmo pode definir qual o sentido e a direção do sucesso em sua vida. Ainda que as suas vontades e sonhos sejam opostos, idênticos ou simplesmente diferentes aos de seus familiares ou ao que foi estabelecido como senso comum no meio em que vive, só quem pode identificar e lutar por tais objetivos é você. E mais: uma vez identificados os valores, as ferramentas, o talento e atitudes que serão utilizados para trilhar o caminho do sucesso, o *coachee* terá ao seu alcance o conhecimento e consciência para reconhecer as oportunidades e os riscos, trazendo para si o poder de decisão e equilíbrio para liderar-se, responsabilizar-se e tomar posse do seu espaço e da abundância que o sucesso lhe entregará.

O quebra-cabeça do autoconhecimento

Reconhecer de que maneira nossa história tornou-se um hábito ou vício comportamental é uma das peças que nos ajudam a montar o quebra-cabeça do autoconhecimento. No entanto, é preciso dedicação e persistência até que se possam unir todas as pecinhas, afinal, trata-se de um trabalho constante, um jogo individual em que o vitorioso é aquele que, dia após dia, está disposto a conhecer e a compreender a si mesmo. Esse, certamente, é o melhor caminho para quem busca realizar tudo aquilo a que se propõe. Essa é a ação do líder.

Desvincular-se de paradigmas comportamentais é ver e rever a própria história e buscar novas possibilidades. Parafraseando Arthur Schopenhauer: "A tarefa não é tanto ver o que ninguém viu ainda, mas pensar o que ninguém pensou". O processo da descoberta já é sucesso, já é caminho. As informações para o alcance das metas estão dentro de nós, por isso, o trabalho é fazer-se a melhor pergunta, pois já temos as respostas. São as perguntas que têm o peso e a leveza suficientes para dar equilíbrio e propulsão aos navios que conduzimos. Somos os capitães de nossas escolhas e decisões. O mais comum é repetirmos velhas receitas e agirmos compulsivamente diante das mesmas situações, o que nos levará a resultados igualmente conhecidos.

Heloísa Capelas

Durante um recente trabalho intensivo, indagado e indagando-se correta e positivamente, um empresário com quem atuei com as técnicas de *coach* descobriu crenças e valores ligados à sua prosperidade e sua relação com o sucesso que o permitiram, em poucos meses, alterar o rumo de sua empresa, sua condição societária, seus investimentos e seus laços com entes queridos, ficando à frente de sua companhia, posicionado-se para o sucesso e a realização a que ele tem direito. Com a pergunta certa, ele tomou o propósito de sua vida nas próprias mãos.

Executivos elogiados por seus superiores, colaboradores e pares são os que detêm o conhecimento de si, desfrutando melhor de suas características, pois todos os aspectos de nossa personalidade são úteis, importantes e bem-vindos. As avaliações comportamentais que surpreendem o avaliado determinam o grau de desconhecimento de si por parte do próprio avaliado. A falha no resultado humano, em geral, está no desconhecimento e mau uso das características pessoais, na não aceitação dos erros ou inexistência de diálogo interior, o que desqualifica o indivíduo para a troca de informações e o mantém distante de sua equipe. Nestes casos, o *coaching* auxiliará para que o *coachee* possa se observar e aos seus resultados, concluindo, em alguns meses, transformações práticas que o levem ao reconhecimento e uso de suas habilidades.

Pode parecer óbvio, mas pouca gente percebe que a repetição impede a novidade. Mudar de emprego, carreira ou área de atuação é uma decisão delicada que precisa ser auxiliada por um profissional e uma metodologia aplicada para a obtenção de resultados mensuráveis. Demissões, contratações, projetos, riscos e entusiasmos são geradores de reflexão para um líder, e, como tal, ele pode ter ao seu alcance grandes descobertas se fizer a pergunta certa para si mesmo. Quando se fecha para o novo e evita a troca de informações, esse executivo, certamente, reduz a possibilidade de aprendizado e evolução – tanto individual, quanto empresarial. E quem comanda e mantém esse ciclo ininterrupto de respostas idênticas a situações semelhantes é ele mesmo. Por que será?

Uma referência autoritária na infância, por exemplo, pode lhe haver ensinado, ainda pequeno, que é preciso algum distanciamento para conquistar o respeito dentro de uma cadeia hierárquica. Ou, então, pode ser que ele próprio, o executivo, tenha chegado tão longe após trabalhar para um chefe extremamente exigente. Entre tantas outras possíveis respostas, a verdade sobre seu comportamento está ali, inserida em uma série de aprendizados que acumulou ao longo da vida. Caberá a ele, antes de tudo, decidir se quer compreender sua

Master Coaches

motivação para, então, desvendá-la a partir do autoconhecimento. Caso resolva modificar esse e outros padrões de comportamento, deverá desenvolver meios para isso. E, nessa hora, o jogo que parecia tão pessoal e individual pode contar com a participação de novos colaboradores.

Liderança interna e coletiva

O autoconhecimento funciona como uma espécie de catalisador na vida de qualquer pessoa. Ao desenvolvê-lo, ganhamos o poder de agir com mais clareza e precisão. Por muito tempo, convivemos com o conceito de que a real função de um líder era meramente comandar para gerar resultados em qualquer âmbito. Hoje, a liderança não fica restrita ao núcleo familiar ou corporativo, ou seja, não é preciso que haja um grupo a ser comandado para colocá-la em prática. Cada indivíduo pode desenvolvê-la internamente, com o objetivo de tornar-se líder de si próprio.

Aqueles que se tornam capazes de assumir a responsabilidade pelos próprios atos são, certamente, mais habilidosos e eficazes na hora de comandar um grupo, um projeto ou uma família. Aprendem a superar limitações individuais e coletivas e usam os melhores recursos para chegar aonde desejam. E, vale lembrar, tudo isso aparece como consequência do autoconhecimento. Portanto, o que se faz no âmbito individual, se faz no âmbito coletivo. Por mais raros que sejamos com nossas histórias e atitudes únicas, estamos constantemente inseridos em relações pessoais e profissionais que nos servem de palco. Nelas, temos a oportunidade de apresentar nosso conteúdo, de demonstrar aquilo que somos.

Não à toa, são essas relações que nos trazem o melhor parâmetro no que diz respeito às nossas falhas e acertos. Evidentemente, qualquer pessoa prefere ouvir elogios a críticas. A questão é que ambos servem (e muito) para que se possa avaliar com inteligência as próprias escolhas e ações. Quando estamos habilitados a ler nas pessoas que encontramos as nossas próprias placas de sinalizações, em outras palavras, isso significa nosso *autofeedback* – estar aberto e atento ao retorno do outro, mesmo que seja através do silêncio – tornamo-nos mais hábeis nos relacionamentos sociais e profissionais. A pessoa que está despreparada para ouvir e ver os sinais seguramente levará mais tempo para chegar ao seu destino ou poderá chegar sozinha.

Para que seu navio não naufrague ou encalhe, é preciso treino e especialização, além de coragem. Muita coragem. O que fazer com as críticas? Positivá-las. Transformá-las em resultados. É preciso re-

Heloísa Capelas

conhecer-se nelas para promover mudanças estratégicas e legítimas. Ao tomarmos consciência do apontamento da crítica, ela se transforma em tábua de salvação. A escolha será sempre sua.

O terceiro olho

De acordo com a tradição hindu, pessoas com alto grau de sensibilidade e grande capacidade intuitiva apresentam o "terceiro olho" bastante desenvolvido. Trata-se de um ponto localizado entre as sobrancelhas, que, em bom funcionamento, confere percepção apurada a cada indivíduo. Acreditemos ou não no que diz a filosofia hindu, o fato é que todos nós poderíamos fazer bom uso de um terceiro olho que nos incentivasse a desenvolver sensibilidade, intuição e percepção.

Ferramentas como essas proporcionam excelentes resultados práticos a quem busca autoconhecimento, liderança, plenitude e, claro, sucesso. E, já que a ideia é recorrer a um instrumento capaz de enxergar mais do que nós mesmos temos sido capazes ao longo da vida, por que não buscar essa visão diferenciada naqueles que nos cercam?

Aceitar opiniões positivas e negativas que vêm de fora é um passo importante no processo de desenvolvimento interno. Isso porque, às vezes, o espelho que usamos para nos enxergar tal como somos não reflete partes importantes daquilo que nos constitui e, sem essas partes, evidentemente, permanecemos incapazes de reconhecer aspectos essenciais sobre nós mesmos.

Apontar esses pontos cegos, ou seja, atuar como um terceiro olho, pode ser uma função desempenhada por aqueles que fazem parte do nosso convívio, mas, também, pode ser um trabalho realizado por profissionais especializados. O *Coaching*, como o próprio nome indica, oferece a possibilidade de treinarmos nossa visão para que o espelho interno passe a refletir aquilo que não estávamos vendo. Mais que isso, a atuação de um especialista em desenvolvimento humano intensifica o processo e facilita o caminho a ser percorrido. Caberá a ele proporcionar técnicas e ferramentas eficazes para que cada um tenha a possibilidade de enfrentar seus próprios medos, superar limitações e desenvolver habilidades que, até então, permaneciam adormecidas.

Como foi dito anteriormente, esse processo interno depende, ou seja, começa e continua de acordo com os anseios e escolhas individuais. Os grandes beneficiados pelas mudanças que decorrem dele são as pessoas mais próximas, familiares, amigos e colegas de trabalho. No entanto, quem realmente ganha ao mergulhar nessa

Master Coaches

viagem rumo ao autoconhecimento é você, um ser raro e único que, então, saberá como tirar sempre o melhor proveito do passado, do presente e do futuro.

25

Roteiro de *Master Coaching* Executivo ISOR® Abordagem holo-sistêmica, complexa e tensorial

Mudanças de mentalidade geram mudanças atitudinais, alteram a energia das pessoas e, por sua vez, influenciam no tensor – seja ele de uma só pessoa, de uma equipe ou de uma empresa, isto é, de qualquer sistema humano

Marcos Wunderlich & Renato Klein

**Marcos Wunderlich &
Renato Klein**

Marcos Wunderlich

Master Coach ISOR®, Presidente do Instituto Holos. Mentalizador do Sistema ISOR®, Consultor, palestrante, *Coach* e *Mentor* de Executivos, Formador de *Coaches* e Mentores com visão holístico-sistêmica e complexa, tem 28 anos de experiência profissional. Consultor CMC – *Certified Management Consultant* do ICMCI- International *Council of Management Consulting Institutes*. Filiado ao ICF – *International Coach Federation*, Washington, USA.

Renato Klein

Master Coach ISOR®, Diretor Científico do Instituto Holos. Coidealizador do Sistema ISOR®. Doutor em Sociologia das Organizações Complexas e Mestre em Psicologia Social, com Especialização em Sociologia e Realidade Brasileira. Hábil palestrante e facilitador de cursos e seminários no Brasil e no exterior.

Contatos:
diretoria@holos.org.br
(48) 3235-2009
www.holos.org.br

Marcos Wunderlich & Renato Klein

Os autores deste artigo são os idealizadores do sistema ISOR® – conjunto instrumental científico-pedagógico genuinamente brasileiro para desenvolvimento de pessoas e organizações, atualmente utilizado no suporte às atividades de *Coaching* e *Mentoring*, tanto para pessoas, como para profissionais e empresas. Em nossas pesquisas e estudos, criamos ou recriamos e adaptamos referenciais que possibilitem ampliar nossa visão e ultrapassar os obscurecimentos que as visões lineares, cartesianas e mecanicistas nos proporcionam. Dessa forma, incorporamos ao sistema ISOR® o que chamamos de abordagem tensorial, numa referência direta à teoria dos tensores de Einstein, que a utilizou como suporte a sua teoria da relatividade e no advento da física quântica.

Um tensor se refere à energia e aos impulsionadores ou vetores dinâmicos existentes num determinado campo. Para compreender um tensor, precisamos primeiramente ter o entendimento da teoria de campo, que se refere a um determinado espaço dentro do qual acontecem determinados fatos. Isso nos remete à compreensão de um sistema – com suas entradas, processamento, saídas, *feedback* e *feedforward* - como um processo altamente dinâmico, cuja ordem interna é regida pelo tensor correspondente.

Tensor, portanto, é a energia sutil, presente em todos os sistemas e atividades humanas, que rege a ordem dos acontecimentos, ou seja, os vetores internos de um tensor determinam a direção ou os rumos dos aspectos mais concretos e visíveis do sistema. Por exemplo, dependerá do tensor (clima interno) de uma pessoa a maneira como serão suas atitudes; dependerá do clima tensorial de uma empresa a forma como atua e se processa no dia a dia.

Todos os processos humanos, incluindo os empresarias, são regidos a partir do processo sutil tensorial, e não são possíveis melhorias efetivas externas sem mudanças nos aspectos tensoriais que regem a realidade correspondente.

Como mudamos um tensor?

Mudanças de mentalidade geram mudanças atitudinais, que alteram a energia das pessoas e, por sua vez, influenciam no tensor – seja ele de uma só pessoa, de uma equipe, de uma empresa ou de qualquer sistema humano.

Uma máxima da realidade tensorial é a seguinte: o sucesso depende do tensor. Em outras palavras, se queremos que algo aconteça, é preciso atuar sobre o tensor correspondente.

Propriedades do sistema humano

O sistema humano tem diferentes propriedades, tais como: movimentos cíclicos, relações de faixa interna e externa, memórias e recorrências, **estruturas mentais – racional, emocional e operacional** -, em busca da homeostase energética. Está presente nas dinâmicas pessoal,

Master Coaches

grupal e social. E contém o seu *momentum* holístico, sua expressão total no "aqui" e "agora". A energia do sistema é o tensor que atua simultaneamente em todos os seus subsistemas e se expressa também em seus subtensores. No presente artigo, falaremos da propriedade tensorial de

um sistema e de seus subtensores.

Coaching executivo com abordagem tensorial e subtensores

Classificamos o tensor geral de um sistema humano em sete subtensores, segundo a TEOS (Teoria da Organização do Ser, de Odival Serrano). Cada subtensor é um campo sutil, formado por um conjunto de competências profundas e isomórficas e, quando ativadas ou presentes nas pessoas e/ou nos sistemas, em maior ou menor grau, permitem um bom desempenho e condução de processos mais afinados com a Vida.

Os subtensores expressam os diferentes e progressivos momentos processuais de uma epigênese. Este é um termo proveniente do grego e significa o nascer de um novo ciclo, o impulso ou força de renovação antes de encerrar o ciclo anterior. O novo se sobrepõe ao velho como escamas que se sucedem, como gerações de filhos, netos etc. Ao final de um ciclo, o sistema se reformula para um novo tempo probabilístico ou "morre" e é absorvido energeticamente por outro sistema. A epigênese contém um ciclo tensorial que pode ser percebido, permitindo nele atuar na sequência de seus subtensores.

Teremos excelência no *Coaching* Executivo se percorrermos com o *Coachee* cada um dos subtensores ou se pudermos diagnosticar qual subtensor precisa ser (re)ativado nele. Os subtensores estão listados na

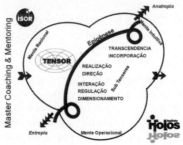

Marcos Wunderlich & Renato Klein

figura. Embora todos estejam presentes simultaneamente, podem ser estudados um a um.

Apresentamos, a seguir, de forma suscinta e em caráter ilustrativo, os sete subtensores, suas características básicas e suas resultantes. Os instrumentais e referenciais ISOR® que são utilizados nos trabalhos de cultivo de cada subtensor são disponibilizados nos cursos de Formação de Master *Coaching & Mentoring* ISOR® do Instituto Holos.

1. SUBTENSOR DE DIMENSIONAMENTO

Refere-se à energia tensorial presente no início de qualquer epigênese. Traz consigo todo o estoque de experiências acumuladas. Trata da forma, condições e disponibilidade energética para um determinado processo, as quais determinarão o andamento e o grau de sucesso que se poderá alcançar. Todo resultado depende dessas condições iniciais.

1.1 COMPONENTES TENSORIAIS
1.1.a - MENTE RACIONAL
Pessoal: conhecimentos, cosmovisão, rastreamento dos referenciais.
Profissional: conhecimento do modelo de negócio e do mercado; *Know-how*;
Rastreamento dos referenciais.
1.1.b - MENTE EMOCIONAL
Pessoal: consciência do nível evolutivo, coragem, garra, momento emocional.
Profissional: clima organizacional, confiabilidade, intenção dos fundadores, energia inicial, alma da empresa: identidade.
1.1.c - MENTE OPERACIONAL
Pessoal: aprendizagem vivencial, estocástica (conjunto de experiências).
Profissional: gestão de pessoas, inserção no mercado e na sociedade.
1.2 -RESULTANTE
Pessoal: isomorfismo, sabedoria, autonomia.
Profissional: motivação, missão, visão e sucesso empresarial.

2. SUBTENSOR DE REGULAÇÃO

É a capacidade de nos centrarmos, sem invadir ou nos deixarmos invadir. Tem como focos principais a percepção do clima e a capacidade de ajuste situacional.

Inclui a capacidade de atuar com critérios claros e com ética, de dar auto e hétero-*feedback*, bem como de conduzir a recepção e emissão de energia.

A regulação funciona como suporte e pano de fundo no funcionamento de uma equipe ou organização.

2.1 COMPONENTES TENSORIAIS
2.1.a - MENTE RACIONAL

Master Coaches

Pessoal: critérios claros, auto*feedback*, discernimento, clareza de intenção, flexibilidade .

Profissional: normas e critérios, carta de valores, clareza de funções, auto-hétero-inter-*feedback*.

2.1.b - MENTE EMOCIONAL

Pessoal: percepção e intuição, sensibilidade, sintonia, assunção da vida, vigilância e atenção.

Profissional: atenção ao nível de desgaste e estresse, sensibilidade à espiritualidade na empresa.

2.1.c - MENTE OPERACIONAL

Pessoal: estado de atenção, condução da emissão e recepção, equilíbrio, caminho do meio.

Profissional: gestão de competências, alinhamento organizacional, habilidade de negociação, acompanhamento do mercado: ameaças e oportunidades.

2.2 - RESULTANTE

Pessoal: centramento e delimitação.

Profissional: clima organizacional.

3. SUBTENSOR DE INTERAÇÃO

Refere-se ao campo de energia dos relacionamentos interpessoais e intersetoriais, comunicação, posturas prestadias, enfim, a tudo que diz respeito ao complexo processo de relacionamentos e interação humana. Inclui a habilidade de geração de harmonia relacional.

3.1 COMPONENTES TENSORIAIS
3.1.a - MENTE RACIONAL

Pessoal: objetividade, comunicação real, assertividade, tolerância, diálogo.

Profissional: comunicação assertiva com colaboradores, fornecedores e sociedade, comunicação verbal, visão compartilhada, responsabilidade social, sustentabilidade.

3.1.b - MENTE EMOCIONAL

Pessoal: amorosidade, compaixão, paciência, sintonia.

Profissional: relacionamentos cooperativos entre pessoas, equipes e áreas, comunicação não-verbal, respeito à diversidade de gerações – Gerações X, Y, Z.

3.1.c - MENTE OPERACIONAL

Pessoal: posturas focadas e condutoras, criação e condução do tensor (clima) nos relacionamentos, equanimidade, diplomacia.

Profissional: formação de equipes e times, gestão da comunicação social, comunicação factual, capacidade de gerar tensores harmônicos, liderança servidora.

3.2 -RESULTANTE

Pessoal: harmonia e paz.

Profissional: sinergia e fluidez.

4. SUBTENSOR DE DIREÇÃO

Refere-se à capacidade direcionadora humana, na qual estão contidos os processos de tomada de decisões, planejamento, condução, gestão e liderança. É dar rumo às ações.

4.1 COMPONENTES TENSORIAIS

4.1.a - MENTE RACIONAL

Pessoal: ordenação mental, visão de futuro, capacidade estratégica, clareza de rumos, abertura para o novo.

Profissional: planejamento estratégico, visão de futuro, modelos de gestão, visão apreciativa.

4.1.b - MENTE EMOCIONAL

Pessoal: coragem de decidir, criatividade.

Profissional: confiabilidade, equilíbrio emocional.

4.1.c - MENTE OPERACIONAL

Pessoal: talento, assunção, decisões com ritmo e eficácia, autocondução, gestão pessoal, flexibilidade, inovação.

Profissional: gestão estratégica, indicadores de controle, delegação.

4.2 -RESULTANTE

Pessoal: condução da vida.

Profissional: condução organizacional.

5. SUBTENSOR DE REALIZAÇÃO

Esta é a área mais conhecida, pois fomos educados desde nosso berço até hoje a nos voltar para o fazer, ter, adquirir, realizar, viver. Praticamente tudo o que fazemos está voltado a este campo de realização, da atividade e processualidade humana.

5.1 COMPONENTES TENSORIAIS

5.1.a - MENTE RACIONAL

Pessoal: visão evolutiva na ampliação de conhecimentos, linguagem adequada, inteligência racional.

Profissional: competência profissional, tecnologia e processos, certificações, modelo de trabalho, controle de qualidade.

5.1.b - MENTE EMOCIONAL

Pessoal: alegria de viver, vontade de aprender, inteligência emocional.

Profissional: comprometimento: disposição para o trabalho, ter sentido no que está fazendo.

5.1.c - MENTE OPERACIONAL

Pessoal: realização de vida, inteligência operacional, produtividade, ritmo, acontecimentos.

Profissional: gestão compartilhada, produtividade, resultados.

5.2 -RESULTANTE

Pessoal: qualidade de vida.

Profissional: lucro e serviço realizado.

6. SUBTENSOR DE INCORPORAÇÃO

Master Coaches

Geração de densidade, aprendizagem, potencialização de si, das equipes e da empresa, fortalecimento para criação de bases para o futuro.

6.1 COMPONENTES TENSORIAIS

6.1.a - MENTE RACIONAL

Pessoal: apreciação e aceitação, filtragem, escolha isomórfica, diferenciação da matriz.

Profissional: olhar para o futuro, elaboração de novos projetos, *Feedforward*, teoria U, pesquisa das tendências.

6.1.b - MENTE EMOCIONAL

Pessoal: atitude de aprendizagem, *insights* da sabedoria.

Profissional: abertura para mudanças, Presencing, faro epigenético.

6.1.c - MENTE OPERACIONAL

Pessoal: adensamento da experiência, potencialização/capacitação, cultivo permanente.

Profissional: Learning Organization, investigação apreciativa, *coaching*, *mentoring* e *counselling*, gestão do conhecimento e do capital intelectual.

6.2 -RESULTANTE

Pessoal: ampliação da cosmovisão e vitalização.

Profissional: alinhamento organizacional e capitalização.

7. SUBTENSOR DE TRANSCENDÊNCIA

Ultrapassagem, salto quântico, renovação e geração de novo tempo.

7.1 COMPONENTES TENSORIAIS

7.1.a - MENTE RACIONAL

Pessoal: capacidade reformuladora, reformulação conceitual, mente livre, desatrelamento, nova estocástica.

Profissional: novo modelo organizacional, novos projetos, organização do futuro.

7.1.b - MENTE EMOCIONAL

Pessoal: reenergização, liberdade, recriação.

Profissional: nova ambiência de trabalho, clima criativo, entusiasmo.

7.1.c - MENTE OPERACIONAL

Pessoal: redimensionamento e reposturação, novos circuitos neurônicos, novas funções.

Profissional: organização integradora, gestão inovadora e servidora, Capacidade reformuladora, consistência e brilho organizacional.

7.2 -RESULTANTE

Pessoal: evolução, transformação e alegria.

Profissional: revitalização organizacional.

Esperamos ter transmitido a essência e a sequência de uma metodologia diferenciada de *Master Coaching* e *Mentoring* para executivos e suas organizações. Nossa intenção básica é gerar o maior benwefício possível a todas as pessoas e organizações.

26

Poderosas ferramentas de um *Master Coach*

A apresentação de alguns conceitos do processo de *coaching*, o conhecimento da mente humana e das ferramentas apresentadas neste texto proporcionam ao *coach* poder extra na condução de um processo de *coaching* em nível de profundidade com o *coaching* evolutivo

Ivo Correia

Ivo Correia

Master Coach, consultor, Trainer e palestrante motivacional. Criador do programa de formação de líderes excepcionais – Programa Chef Coach. Idealizador da Liga Coach Internacional que agrega vários coaches por todo o Brasil e países falantes da língua portuguesa. Administrador, cientista da computação e gestor de projetos, com experiência de mais de 10 anos em gestão de empresas, marketing, vendas e motivação pessoal. Diretor da Etic Brasil – Gestão e Conhecimento. Tem paixão por livros, planejamento estratégico, projetos e pelo estudo da essência do ser humano.

Contatos:
www.ligacoachinternacional.com
www.ivocorreia.com
correia.ivo@gmail.com

Ivo Correia

Um dos grandes segredos do nível máximo de *coaching* é o aumento dos conhecimentos que o *coach* detém e a variedade de métodos e ferramentas que passará a utilizar em suas sessões em nível de *Master Coach*.

Algumas que podem ser citadas são: Hipnose, Visualização Criativa, PNL, Lei de Sugestões, Psicologia Positiva, Constelações Sistêmicas, entre outras. Não há limite ou recomendação das áreas de conhecimento que podem ser utilizadas e isso permite que sejam usadas outras competências dominadas pelo *coach* como ferramentas para suas sessões.

Independentemente do nível de atuação do *coach*, certamente ele trabalhará com princípios e fundamentos do *coaching* como:

1. Reconhecimento do ser humano e de suas necessidades básicas

Para o Instituto Brasileiro de *Coaching*, as necessidades básicas do ser humano são: ser ouvido na essência, ser amado/reconhecido e ter o direito de errar.

2. Ausência de julgamento

O que muito ocorre no cotidiano das pessoas é a aplicação de filtros na comunicação, nas percepções e nos relacionamentos. Adota-se a polaridade por princípio e o uso do conceito de certo e errado a todo instante, o que impede compreender as pessoas em profundidade. A ausência de julgamento não quer dizer que as pessoas deverão deixar de ter opiniões e divergências, mas sim que elas possam se permitir a entender melhor antes de aplicar algum filtro ou julgamento sobre as pessoas com as quais se relacionam.

3. Foco no estado desejado / Estado futuro

O processo de *coaching*, em sua essência, compreende a jornada do *coachee* (ator do processo) em busca de determinado objetivo futuro desejado. Assim, todas as ações combinadas e que devem ocorrer durante o contrato de *coaching* terão que estar relacionadas a este objetivo ou a objetivos assessórios ao principal – objetivos que não fazem parte do contrato, mas que apoiam o alcance do objetivo principal. O foco e o objetivo principal sempre deverão ser relembrados ao *coachee*, a fim de que ele tome sempre a consciência do ponto a ser atingido.

4. Ação e tarefas no presente

O estado de inércia não provoca nenhuma mudança, assim faz-se necessária a realização de atividade e a liberação de energia por

Master Coaches

parte do *coachee*, para que seus objetivos sejam alcançados e o processo aconteça. *Coaching* é ação e aprendizado. Em alguns momentos o *coachee*, através de atividades, participa do desenvolvimento de um conhecimento empírico e muitas vezes ele é desenvolvido mais intensamente durante um encontro com seu *coach*, em que é fornecido o *feedback* sobre como ocorreu a execução da atividade.

Compreendidos os princípios do *coaching*, para um melhor entendimento do trabalho de *coaching* em nível de máximo deve-se conhecer o principal componente do instrumento de trabalho do *coaching*, a mente. Ela é a responsável pelas atitudes, pelos pensamentos e pelas memórias dos seres humanos. Um perfeito processo de *coaching* provoca mudanças em níveis cognitivos e comportamentais.

"O cérebro é feito para mudar."
(Michael Merzenich)

Conhecendo o funcionamento da mente

Para melhor entendimento, pode-se resumir a mente nas partes como: percepção, não consciente (subconsciente, inconsciente e outros não detalhados aqui pela intenção de resumir), consciente e pré-motora.

A **percepção** é responsável por captar imagens e a sensação que vem dos cinco sentidos. Esta é a área na qual tudo que acontece no mundo exterior é captado.

A área **consciente** (ou mente objetiva) tem a função de ordenar, analisar e distinguir toda informação que recebe do não consciente (aqui agrupado a outras para fins didáticos) e fazer com que se cumpram as ordens. Ela gerencia os músculos voluntários e os sentidos do corpo. A memória do consciente não armazena informações por muito tempo.

O **não consciente** é a mente subjetiva, que está ligada a um conjunto de ramificações nervosas e em seu interior fica localizado o centro da memória. Ali ficam armazenadas todas nossas vivências e experiências acumuladas ao longo da vida. Também está armazenado todo o conhecimento, impulsos, hábitos, sensações e instintos do ser. E permanecem guardados até o fim de sua vida.

O **inconsciente** é parte da área não consciente e responsável por guardar os instintos primários dos indivíduos como preservação, perpetuação e reprodução da espécie. As informações gravadas nele nem sempre chegam à região do consciente com facilidade.

A **zona pré-motora** está ligada ao sistema motor e é quem transmite as ordens da área consciente para o sistema nervoso cen-

Ivo Correia

tral, responsável para que o processo mental se converta em ação.

O cérebro é composto por bilhões de neurônios e funciona por processos físicos e químicos. A conexão entre os neurônios é chamada sinapse e é a liberação de substâncias químicas que vão gerando estímulos elétricos, as chamadas ondas cerebrais.

As ondas cerebrais são medidas em ciclos por segundos e podem ser de cinco tipos. Destas, duas indicam estado de vigília e as outras três são estados abaixo da vigília que vão de um leve sono até o coma. O *coach*, através do processo de relaxamento, pode provocar a redução dos níveis destas ondas para maior efetividade no processo de *coaching* durante uma sessão.

Explicado o funcionamento do mais poderoso instrumento do ser humano, pode-se apresentar que através da manipulação da frequência destas ondas cerebrais o *coach* consegue conduzir o *coachee* ao alcance dos estados alterados de consciências. A mudança deste estado de consciência tem como objetivo o apoio ao *coachee* na solução de problemas que podem estar afligindo o alcance de seus objetivos. Esses estados de alteração podem provocar o aumento da concentração e a redução do estado de vigília, favorecendo a aceitação de sugestões, já que a consciência e o filtro crítico reduzem o acesso à mente inconsciente, onde fica a memória de longa duração.

Visualização criativa

Ainda aproveitando o uso do poder do inconsciente no *coaching*, pode ser feito o uso da ferramenta de visualização criativa em que o *coach* pode conduzir o *coachee* a viver uma experiência de que já concluiu seu objetivo. Uma das formas é levar o *coachee* a imaginar uma sensação, e visualizar detalhes do dia em que alcançou o objetivo almejado e provocar uma visão tão detalhista e profunda que leva ao pensamento inconsciente a memória de que o fato já aconteceu, assim a mente passa a fornecer apoio emocional ao *coachee* para enfrentar barreiras e medos que antes da vivência provocada não teria condições de avançar.

Steven Covey, em seu livro "Os 7 hábitos das pessoas altamente eficazes", relata como conseguiu resultados em sala de aula e com diversos profissionais utilizando a técnica acima citada. Em seu texto ele afirma que, ao convencer as pessoas a imaginarem como seria a situação e quais poderiam ser os obstáculos e as objeções pessoais dos envolvidos na decisão ou na meta, o *coachee* tem maior disposição de montar estratégias para enfrentá-las e ter maior domínio emocional sobre a situação e, consequentemente, o êxito.

O processo utilizado por Covey e descrito nos parágrafos acima

Master Coaches

provoca a criação de uma memória de futuro. Como sabemos, as memórias de longa duração ficam registradas na zona inconsciente da mente. As emoções vividas durante o processo são respostas orgânicas e fisiológicas e podem ser agradáveis ou não.

O *coachee*, ao compartilhar com o *coach* as sensações vivenciadas durante o processo de visualização criativa, pode identificar se as emoções são naturais/autênticas ou emoções substitutas. O fato de cocriar uma memória de futuro junto ao *coachee* permite ao *coach* abranger com profundidade o processo e apoiar o *coachee* fornecendo recursos e ressignificando emoções e pensamentos que não favoreçem o objetivo futuro deste último. Este processo o conduzirá a um verdadeiro resultado.

O Processo de identidade

Os níveis neurológicos desenvolvidos por Robert Dilts compreendem os níveis de ambiente, comportamento, capacidades, crenças e valores, identidade e espiritualidade. O processo de *coaching* nos níveis abaixo de identidade são apenas de *coaching* remediativo e generativo. Já o nível acima é considerado *coaching* evolutivo, que pode ser um dos propósitos de trabalho do *Master Coach*.

A sequência dos níveis neurológicos de forma ascendente pode ser melhor representada na metáfora de um iceberg, já que as partes visíveis são o ambiente e os comportamentos, como se fosse o cume do iceberg, enquanto na parte que não é visível ou submersa estão todos os outros níveis, inclusive o de identidade.

O "Processo de Identidade" apresentado por José Roberto Marques aborda as emoções básicas dos seres humanos e suas manifestações como o sentir, o expressar verbal e o atuar corporal. Também é esclarecida a importância do amor incondicional, a liberdade condicional e o padrão da dependência afetiva negativa.

Verdadeiramente, o padrão de dependência afetiva negativa é algo que pode destruir o senso do eu, pois a partir de traços negativos do pai, da mãe ou de pais substitutos a criança passa a adotar estes traços por vezes em cargas muito superiores aos padrões negativos dos pais e o adulto acaba por ser a criança do passado. Por mais que existam o livre arbítrio e a possibilidade de desenvolver comportamentos próprios de forma inconsciente, o adulto passa a ter comportamentos de seus pais.

A repetição deste padrão está associada à ideia de que se for como seus pais, um dia eles podem conquistar o amor desejado que nunca será preenchido desta forma. O processo de identidade convida o *coachee* a se questionar se já não é tempo de parar de procurar por este amor incondicional paternal e adotar domínio sobre si mesmo e seus comportamentos. Assim a programação pode ser desprogramada e a palavra-chave para a desprogramação é: ADOÇÃO.

Nenhum comportamento é genético ou inato, de forma que pode ser alterado, proporcionando ao *coachee* consciência, liberdade, autoaceitação e amor próprio. Como apoio, na desprogramação pode ser apresentada uma lista com comportamentos positivos e negativos e o *coachee* identifica se os comportamentos listados são adotados de seu pai, mãe ou pais substitutos. Isso proporciona a consciência dos gestos e comportamentos, um importante passo para o progresso no processo de *coach* em nível de identidade.

O processo de identidade é algo que pode trazer de volta o *coachee* à sua verdadeira essência e à melhor aceitação de si próprio e de seus comportamentos, bem como à evolução deste em conhecer melhor a si mesmo e adotar comportamentos próprios.

A apresentação de alguns conceitos do processo de *coaching*, o conhecimento da mente humana e das ferramentas aqui apresentadas proporcionam ao *coach* poder extra na condução de um processo de *coaching* em nível de profundidade com o *coaching* evolutivo.

Master Coaches

27

Factbook - o lado bom ou melhor de cada um

209

Factbook é um processo simples, quase que uma aula de quem somos, o que queremos e para onde vamos. Linha a linha, letra a letra, o *coachee* vai unindo uma série de informações a respeito de si mesmo que estavam escondidas e até mesmo esquecidas. Fotos, fatos, ações que pontuaram momentos brilhantes do passado passam a ter papel fundamental no amadurecimento do presente

Janaina Manfredini

Janaina Manfredini

Advanced Coach Senior (*Post-Master Coach*) pelo *Behavioral Coaching Institute* – BCI (EUA); *Master Coach* Executiva pelo Instituto Brasileiro de *Coaching*; *Trainer* em PNL pelo Instituto Brasileiro de *Coaching* e *Certified Master Coach* pelo *Behavioral Coaching Institute* – BCI (EUA), *International Association of Coaching-Institutes* (EUA), pela *European Coaching Association* – ECA(Alemanha/Suíça), pelo Global *Coaching Community* –GCC (Alemanha) e Metaforum *International* (Itália/Alemanha); *Behavioral Coach* e *Behavioral Analyst* pelo Global *Coaching Community* – GCC(Alemanha); Pós-Graduada em Gestão de Pessoas com *Coaching* pela *European Coaching Association* – ECA (Alemanha/Suíça); MBA executivo Internacional em Marketing (Universidade da Califórnia- Irvine); Especialista em Marketing (FGV), Administradora pela FURB; *Master Coach* Senior e Facilitadora do Instituto Brasileiro de *Coaching*, CEO e *Head Master Coach Trainer* na Effecta *Coaching*.

Contatos:
janaina@effectacoaching.com.br
www.effectacoaching.com.br
(47) 9959-0259

Janaina Manfredini

Fato: a grande maioria dos seres humanos não sabe aceitar elogios. Pior do que isso, não sabe reconhecer o que tem de melhor, não admite que é eficiente em uma tarefa e, muito menos, manifesta orgulho pelos êxitos conquistados. Análises do comportamento humano mundial levam a resultados de centenas e milhares de pesquisas, atestando que o "normal" entre indivíduos nos quatro cantos do planeta é reconhecer os erros, ressaltar as falhas e assumir a inferioridade frente a uma situação. Diante da cultura de massa de que o marketing pessoal é algo negativo, antiético e até soberbo, profissionais – vou me ater a eles - nos mais variados segmentos agem dia a dia com a síndrome do patinho feio. Encolhidos, acuados e acreditando que são despreparados para agarrar o leão diário do mundo corporativo.

O *coaching* chega a essas pessoas como um alívio para a onda de inseguranças e fraquezas, trabalhando a força interna de cada um, resgatando crenças positivas em torno da capacidade de realização e a possibilidade de conclusão. Um dos mecanismos eficientes neste processo de autodescoberta é o *factbook*. Essa é uma ferramenta usada corporativamente no ambiente de marketing, para levantar dados sobre os diferentes meios em que a empresa está inserida. Seja o macro ou o micro ambiente, seja interno ou externo, uma análise completa sobre todos os *stakeholders*, ou agentes que direta ou indiretamente influenciam nos resultados da organização.

Ao trabalhar como *Coach*, e aprofundando minhas experiências, acabei trazendo essa expertise, essa ferramenta para os processos que lidero. Considero essa ferramenta como uma grande forma de resgate e empoderamento do indivíduo, como ser indivisível que é. Gosto de pensar nela como totalmente flexível nas primeiras sessões ou algo permanente do processo, tornando-se a linha de cada sessão que levará ao grande final e fechamento do processo. O formato do *factbook* também pode ser flexível, permite que o *coachee* escolha a melhor forma de apresentá-lo, seja em texto, em vídeo, slides, ou narrado em CD. Isso realmente não importa. O importante é o autor do *factbook* sentir, vivenciar todas as maravilhas que ele proporciona.

Resumindo, o *factbook* é um processo simples, quase que uma aula de quem somos, o que queremos e para onde vamos. Linha a linha, letra a letra, o *coachee* vai unindo uma série de informações a respeito de si mesmo que estavam escondidas e até mesmo esquecidas. Fotos, fatos, ações que pontuaram momentos brilhantes do passado passam a ter papel fundamental no amadurecimento do presente. Até mesmo objetos como medalhas, certificados, ingressos ou outras lembranças podem fazer parte desse registro. As conquis-

Master Coaches

tas de outrora são a prova de que o *coachee* deve se olhar com novos olhos, com olhos de aprovação diante da pessoa que atualmente é. Alguém que tem uma trajetória pontuada de acertos e que preferiu guardar unidades de erros diante de centenas de bons motivos para acreditar em si.

Está comprovado, o ser humano, em sua grande maioria, tem um cantinho maior para o que é mágoa, desgosto e desilusão. As vitórias são ocupadas comedidamente e divididas com receio para meia dúzia de pessoas. Longe de querer achar uma raiz para este tipo de comportamento, questão de terapia e não de *coaching*, a proposta do *factbook* é enaltecer o que deve nortear os planos profissionais e pessoais. É um convite a celebrar a vida!

A proposta é simples e rápida, tão prática quanto uma receita de bolo. Pegue as melhores lembranças, adicione bons sentimentos, encha-se de otimismo e prepare-se para um novo mundo que se abrirá diante de seus olhos. Mesmo com toda simplicidade, as instruções são importantes, pois, como essa é uma ferramenta bem flexível, precisa-se manter o foco no resultado desejado. Ou seja, o empoderamento do indivíduo através do resgate de memórias positivas, conquistas, momentos, e alegrias, uma forma de planejar a vida a partir do processo de *coaching* com a visão nova que ela tem dela mesma.

Instruções:

1. Junte fotos, lembranças, objetos que lhe trazem **boas** lembranças. Lembranças de conquistas, bons momentos, boas vivências, pessoas que te trazem boas lembranças, que participaram dos melhores momentos de sua vida. É possível que o *coachee* diga que não consegue lembrar-se de nada... O que é MA-RA-VI-LHO-SO. Neste caso diga que você vai dizer palavras simples e corriqueiras para ver se ele se lembra de algumas coisas, reforce que ele deve buscar coisas **boas** e **positivas**. Então, comece a estimular as boas lembranças com coisas rotineiras, expressões como: bicicleta, sorvete, aniversário, presente, paixão, beijo, gargalhada, cinema, brincadeiras, melhor amigo. Assim você pode seguir estimulando boas lembranças, dando subsídios para trazer o positivo à memória. O sentimento dele ao relembrar esses momentos é revigorante.

2. **Descreva sua missão, visão e valores de vida** - temas que normalmente são levantados durante o processo de *coaching*.

3. **Fale de seus sonhos** - você pode estimular o *coachee* a escrever um capítulo dedicado aos sonhos, estimular que se permita sonhar, aqui também pode ter imagens e objetos que representem o sonho.

Janaina Manfredini

4. **Faça um plano de ação para realizar seus sonhos** - este capítulo seria o plano de ação, que, diante dos sonhos, pode ser criado durante o processo, plano de curto, médio e longo prazos. Nesse capítulo, ele assume um compromisso consigo próprio pela realização de seus sonhos.

5. **Agradeça a tudo que você é, tem e pode se tornar ou vir a ter** - neste capítulo estimule a gratidão, o perdão onde ele agradeça a tudo que tem e ainda não tem, mesmo os sonhos, como se tivessem sido realizados, para criar a ponte ao futuro ao pensamento vencedor.

6. **Descreva quem você aprendeu que é** - leve o *coachee* a pensar em quem ele é depois de ter feito toda essa reflexão. "O que aprendi, sobre mim mesmo?"

7. **Outros capítulos podem ser criados** ou ter apenas os capítulos que fazem sentido no processo do *coachee*.

8. **Pode ser feito na linha do tempo**, com as lembranças e momentos ordenadas por datas aproximadas, por ordem de importância e prioridade ou qualquer outra ordem que fizer sentido para o *coachee*.

9. **Coloque tudo em um arquivo virtual**, um vídeo, uma apresentação, um texto, um caderno, um rascunho (impresso ou não). Apenas certifique-se de que ele realmente resgatou momentos alegres e que valem a pena serem relembrados. Eu adoraria ver um *factbook* teatral. Seria interessante, não?

10. **Oriente seu *coachee* para que tenha isso por perto**, à mão, para que ele possa revisitar esse documento de positividade sempre que desejar, que sentir saudades ou que precisar lembrar de que as coisas boas acontecem na sua vida.

11. Ele deve lhe apresentar o *factbook* na data marcada e combinada por vocês.

Por que fazer um resgate desse tipo?

Muitas são as escolas e teorias sobre a importância de se autoconhecer, se amar. Sobre o poder que tem a autoestima, algumas delas são citadas aqui:

No livro "A Lei do Triunfo", Napoleon Hill fala de 17 leis que ele elencou após ter estudado por décadas milhares de pessoas, homens bem-sucedidos no mundo dos negócios, e o que essas pessoas tinham em comum. O *factbook* colabora na construção do pensamento diante da segunda lei: "**A confiança em si mesmo**". Pois quando ele relembrar todas e tantas coisas boas, perceber todas as suas

Master Coaches

conquistas, celebrar cada uma delas com o merecimento de constar nesse registro, ele estará mais forte, cheio de si mesmo, sabendo de que é capaz de muitas coisas que até já havia esquecido. Este registro - o *factbook* - ainda ajuda a construir o pensamento da décima lei: "**Pensar com segurança**", que é uma das pedras fundamentais de todo triunfo duradouro. Essa lição ensinará a distinguir os "fatos" da mera "informação". O que é reforçado pelos pensamentos positivos, pelas lembranças positivas que constatarão neste documento.

Já no livro "O Poder Infinito de Sua Mente", Lauro Trevisan fala que semelhante atrai semelhante. Segundo ele, essa é uma lei mental e a partir daí seus pensamentos positivos atrairão situações positivas, pensamentos de sucesso atraem sucesso, pensamentos de felicidade e alegria atraem felicidade e alegria, pensamentos de amor, atraem amor. Então o *factbook* se torna assim um grande ímã de coisas boas, situações boas e positivas, de alegria, felicidade, amor e **prosperidade**. Também segundo Lauro Trevisan, e muitos outros mestres, autores e conhecedores, você é o resultado de seus pensamentos. O *factbook* será um impulsionador do seu *coachee* para o sucesso.

O *factbook* vem de encontro com muitas das sete leis universais, abaixo descrevo as que dão suporte à importância desse registro.

• **Lei da Fé** - segundo a lei, "A ideia de que a fé só tem a ver com a nossa experiência religiosa é um erro. A fé é uma faculdade da mente que tem a sua máxima expressão na atitude religiosa, mas a pessoa que tem fé na sua própria habilidade empreende sempre mais coisas que aquele que não tem confiança em si. Os que têm grande fé têm grande poder. A fé é uma abordagem mental e afirmativa à realidade." ("Ciência da Mente", Ernest Holmes). Levando essa lei em consideração, mais uma vez o *factbook* ajuda a fortalecer a fé do indivíduo nele mesmo.

• **Lei de Causa e Efeito ou do Carma** – Segundo Brian Tracy, no Livro "As leis universais do Sucesso", tudo acontece por algum motivo. Para cada causa há um efeito, e, quer você saiba ou não, cada efeito foi gerado por uma ou várias causas. Não existem acidentes. "Você pode conseguir tudo o que deseja na vida se decidir o que quer e fizer o que outros já fizeram para alcançar o mesmo resultado." A maioria dessas escolhas é inconsciente.

O biólogo Dr. Bruce Lipton afirmou que cerca de 95% do que criamos na nossa vida, fazemo-lo de forma inconsciente (os nossos hábitos, automatismos, padrões inconscientes de resposta ao meio). É fácil entender então a razão para atrairmos tantas vezes para a nossa vida circunstâncias de que preferiríamos evitar. São as leis da

Vibração e do Carma, Atração juntas em ação." O ***factbook*** mais uma vez prova contribuir para essa lei universal atraindo coisas boas! Positivas! Alegres! Felizes! Para o autor em questão.

• **A Lei da Atração e da Analogia** – regida pelo princípio "O semelhante atrai o semelhante". O maior agente unificador do universo é a energia do Amor-Sabedoria e o propósito da Analogia é conduzir a mente de volta ao sentido da unidade (a iluminação). Considerando essa lei, mais uma vez o estímulo de usar as lembranças positivas do passado para construir o futuro próspero através da Atração!

• **Lei da Intenção e da Manifestação** – "A energia segue o pensamento. Pensamos e agimos. O pensamento é uma força criadora." Mais uma vez o ***factbook*** permitindo a construção do pensamento, captando e potencializando a energia a favor de seu *coachee*.

• **Lei do Otimismo** - Uma atitude mental positiva é essencial para o sucesso e a felicidade em cada área da vida. Sua atitude é uma expressão de seus valores, crenças e expectativas, diz Tracy.

Resumindo, nós, *coaches*, temos nas mãos a possibilidade de impulsionar a mudança. Esse nosso "poder" pode gerar o crescimento pessoal e profissional de *coachees* que até então estavam acostumados a encarar a realidade sem grandes potenciais. Para que consigamos auxiliar nossos *coachees* nessa caminhada transitória entre a acomodação e à janela de oportunidades positivas, devemos estar preparados com ferramentas eficientes. Entre as mais simples, dinâmicas e eficazes, está o ***factbook***, o livro da vida de quem faz acontecer!

Referências:

Trevisan, Lauro. *O Poder Infinito da Sua Mente* , 79ª edição, Livraria Editora D. da Mente / Santa maria RS.

Albuquerque, Jamil. *A Lei do Triunfo para o século 21*, 2ª reimpressão Editora Napoleon Hill Tracy, Brian. *As Leis Universais do Sucesso*. Sextante.

Master Coaches

28

Formação Acadêmica + *Coaching* = Profissional Competente

217

A atividade de *Coaching* oferece um espaço de reflexão e contribui para diminuir o tempo de amadurecimento profissional, para que as pessoas possam realizar contribuições efetivas às organizações nas quais trabalham

Jansen de Queiroz, Vera Cecilia Motta Pereira & Silvana Ladi Ramalho

Jansen de Queiroz, Vera Cecilia Motta Pereira

Jansen de Queiroz é Administrador pela FGV, Economista pela UERJ, e formulador da metodologia *Coaching*.BR, elaborada para atender ao profissional brasileiro. Pós-graduado em finanças e recurso humanos pela FGV e em dinâmica de pequenos grupos pela SBDG. Membro-fundador do Grupo de Excelência em *Coaching*, do CRA-SP. Coautor dos livros: Manual Completo de *Coaching*, Gestão de Pessoas e Gestão do Tempo e Produtividade, editados pela SER MAIS. Palestrante em congressos de Recursos Humanos, ministra treinamento e cursos aberto e in company.

Contatos:
jansen@gestaopolifocal.com.br
(11) 3044-1019

Vera Cecilia Motta Pereira é psicóloga (CRP-06/2574). Especialista em Psicologia Clínica e Hospitalar, e Supervisora em Psicologia, pelo Conselho Regional de Psicologia – 6ª região. Supervisora e Terapeuta Didata em Psicodrama, reconhecida pela Federação Brasileira de Psicodrama – FEBRAP. Consultora em temas organizacionais, especialmente em T&D e Processos Seletivos, bem como em Saúde e Educação. Membro fundador do Grupo de Excelência em *Coaching*, do Conselho Regional de Administração de São Paulo – CRA/SP, desde 2007. Trabalhos publicados, no Brasil e no Exterior. Membro de Associações nacionais e internacionais. Palestrante.

Contato:
veracp@uol.com.br

Silvana Ladi Ramalho

Adm. Silvana Ladi Ramalho - CRA-SP 59.031; Especializações em Adm. R.H. (FAAP e FGV-SP); *Coach* pela ABRACEM (Dra. Rosa Krausz); Membro ICF - International *Coach* Federation USA; Membro Fundadora ICF Regional SP; Membro Fundadora do GEC / CRA-SP (Grupo de Excelência em *Coaching*, do Conselho Regional de Adm. de S.P.); Sua experiência profissional iniciou em 1986 e desde 1994 vem atuando com Gestão de Pessoas, incluindo empresas como Demag Cranes & Components Ltda. (antigo Grupo Mannesmann / Siemens), Ind. Nac. de Aços Laminados INAL S/A (Grupo CSN Cia. Siderúrgica Nacional), e Bolsa de Valores de São Paulo (BOVESPA); Responsável pela Ladi Ramalho Consultoria Empresarial, desempenha funções em T&D, R&S, C&S, Social, Comunicação Interna, Sistema ISO 9001 e *Coaching* Executivo Empresarial; Professora responsável pelas disciplinas: Gestão Estratégica de Pessoas no curso de MBA em Gestão Empresarial, Sociedade e Cultura nas Organizações no curso de Tecnologia em Gestão de RH, e Consultoria Empresarial no curso de Bacharel em Administração da UNIBR - São Sebastião.

Contatos:
www.ladiramalho.com.br
silvana@ladiramalho.com.br
(12) 7812.5287 /(12) 3896.5129 / (11) 99906.5247

Master Coaches

Jansen de Queiroz,
Vera Cecilia Motta Pereira &
Silvana Ladi Ramalho

Sumário

A preocupação com a carreira, sua escolha, suas consequências, tem ultrapassado a questão individual, alcançando dirigentes, empresas e órgãos profissionais, o que se percebe cotidianamente, nas publicações e debates, sobre variadas abordagens: geração Y, apagão de mão-de-obra, manutenção de talentos, as pessoas como motores da organização, etc.

A dificuldade em entender as motivações e anseios dos jovens profissionais versus as diretrizes e metas das organizações, bem como os relacionamentos necessários entre pessoas de gerações e conhecimentos diferentes, seus acessos às tecnologias, a necessidade em equilibrar ou gerir produtivamente a relação trabalho e família e crescimento profissional com qualidade de vida têm gerado inúmeras teses, artigos e proposições.

Aqueles que têm contatos com os trainees, recém-formados e formandos sabem que, após se esforçar para ultrapassar as barreiras dos anos acadêmicos, não têm ideia de como vão enfrentar o ambiente de trabalho e se será especialista ou generalista. Estas questões funcionam para a maioria dos jovens profissionais como um enorme conflito para uma jovem pessoa, sem a experiência de vida que lhe ajude avalia-las, o que, por vezes, fica mais pesada por lacunas na sua formação acadêmica.

Coaching
Facilitador do rito de passagem no desenvolvimento do estudante para profissional

A realidade observada e descrita de forma simplificada acima indica que o conhecimento técnico-profissional é fundamental, mas não é bastante e suficiente para garantir a empregabilidade, o sucesso profissional, boa qualidade de vida no trabalho e o equilíbrio entre trabalho e família. Questão que fica potencializada com as incertezas e inseguranças próprias do rito de passagem de estudante para profissional e, algumas vezes, pela ausência de apoio organizacional no sentido de facilitar o rito de passagem e acelerar o processo de adaptação e enriquecimento da contribuição que o jovem profissional poderá oferecer à organização.

As instituições de ensino superior, em geral, se concentram na transmissão de uma enorme massa de informação. A formação do indivíduo, para ter atitude produtiva diante de problemas e conflito interpessoais, como, também, a valorização da teoria e do tempo não tem merecido a importância requerida pelo nível de desempenho

Master Coaches

desejado pelo mercado.

A observação feita, pelos autores deste texto, da existência da dissonância entre o foco das instituições de ensino superior e as necessidades do mercado, combinado ao interesse em participar de um esforço em busca de um recurso instrucional facilitador do desenvolvimento de atitudes e comportamentos que minimizasse as incertezas e inseguranças dos jovens profissionais, reduzisse o período de amadurecimento profissional e acelerasse a capacitação do jovem profissional em contribuir para a construção do lucro, da sustentabilidade técnica-econômica e financeira, do desenvolvimento das pessoas e das organizações, com qualidade de vida e respeito aos ecossistemas, conduziu ao estudo de uma metodologia de *Coaching* específica para jovens profissionais.

Vários questionamentos e debates foram feitos entre os autores, os quais foram enriquecidos pelas contribuições de outros colegas *coaches*, num contexto de certeza de relação e de honestidade intelectual. Assumida a problemática, como aqui exposta, definiram-se, primeiramente, os objetivos, seguidos dos princípios, complementados pela metodologia, ferramentas e ações identificadas como necessárias. Durante as inúmeras reuniões de estudo, identificamos dois condicionamentos culturais que, a nosso juízo, deveriam ser colocados como prioridades nas reuniões de *Coaching*, com os jovens profissionais:

A teoria na prática é outra coisa

Esta crença cultural induz a não se estudar para aprender, mas para obter o diploma com a fantasia de que seja suficiente para melhorar a remuneração e o conceito profissional. Por que estudar se a teoria na prática é outra coisa? Afasta a possibilidade de o profissional aceitar a realidade de que a prática, sem teoria que a fundamente, é jogo de azar. Suspeitamos que esta crença popular exista para evitar a dor do profissional de reconhecer que não aprendeu suficientemente a teoria para poder aplicá-la no dia a dia, que desperdiçou seu dinheiro e seu maior patrimônio: o tempo. Esta observação pode ser percebida na prática: é só passar na maioria das faculdades que o leitor verá que há mais "estudantes" nos bares vizinhos do que em sala de aula. Os profissionais precisam tomar consciência de que o que um profissional vende ao mercado e, portanto, o que o torna valorizado e cobiçado, é o conhecimento fundamentado em teorias, técnicas e comportamentais, testadas na dura realidade do cotidiano;

O maior patrimônio do jovem é seu tempo

Jansen de Queiroz, Vera Cecilia Motta Pereira & Silvana Ladi Ramalho

Tempo é mais do que dinheiro, se confunde com a própria vida. Monteiro Lobato vaticinou no inicio da década de quarenta que os americanos do norte teriam muito mais progresso do que os americanos do sul, por uma simples razão: os do norte valorizam o tempo, usam o relógio e os do sul continuam marcando suas atividades por eventos, como os homens das cavernas - amanhã, depois do almoço, na próxima semana... Também fazemos visita sem marcar dia e hora de inicio e fim do encontro. Provocamos e aceitamos interrupções, sem perceber que estamos sendo desrespeitosos, etc. Por que somos inespecíficos?

Suspeitas: não queremos nos compromissar ou será que o intuito inconsciente é a manipulação?! Quaisquer das suspeitas podem ser supridas pela aceitação e prática de que tempo é vida. Só aplica produtivamente seu tempo quem acredita que o futuro determina o presente. Isto requer o estabelecimento de objetivos para que se possam alinhar as atividades do presente com os objetivos declarados.

Questões

Ao longo do tempo, colecionamos algumas questões representativas das dúvidas:

Formandos:
Estou no 4º ano e já sinto necessidade de me preparar para o término da faculdade e a entrada no mercado de trabalho. Como e onde posso me preparar? Não sinto que sei o que fazer...

0 a 2 anos de formados:
Meu maior problema no trabalho é a competição entre colegas. Como viver num ambiente assim?

Acabei de me formar, mas tenho muitas dúvidas quanto meu futuro profissional. E agora, o que é que eu faço?

3 a 10 anos
O tempo está passando, os problemas se avolumando e estou sempre correndo atrás deles. Como ter "qualidade de vida" se a exigência é outra?

O que é relevante: o comportamento técnico ou a atitude?

Acima de 10 anos
Vivo estressado. Ir para o trabalho é um reiniciar de conflitos, competições intermináveis. Como podem me ajudar?

Estou inseguro, pois minha empresa foi comprada e não sei como

Master Coaches

será meu futuro. Como podem me ajudar?

O que é mais importante: a Teoria ou a Prática?

Meu chefe não faz uma avaliação do meu desempenho. Não sei onde estou bem e onde preciso melhorar. O que faço?

Propósito

Frente a estas questões construímos uma atividade de *Coaching* própria para formandos e profissionais recém-formados, visando oferecer um espaço de reflexão e contribuir para diminuir o tempo de amadurecimento profissional, para que possam oferecer contribuições profissionais efetivas às organizações nas quais trabalhem, sem descuidar-se do desenvolvimento profissional e da qualidade de vida.

Visamos também oferecer recursos técnicos e apoio comportamental a fim de minimizar ou sanar as possíveis carências, no espaço entre o currículo acadêmico, a realidade do mercado e a prática orientada pela intuição (sem fundamentação nas teorias e boas práticas de gestão). Pois, sabemos que em nosso meio - e as pesquisas assim o informam - as pessoas são contratadas pela sua competência e dispensadas por seu comportamento, às vezes, sem ser informado sobre os motivos que contribuíram para o desligamento.

Propósitos específicos

Visamos propiciar aos participantes espaço para reflexões dirigidas a:

a) Atitudes produtivas diante de problemas técnicos e comportamentais;

b) Desenvolver pensamento crítico fundamentado, para evitar "modismos" sem consistência teórica testada na prática;

c) Valorizar e integrar: teoria x prática, razão, emoção e resultados;

d) Treinar a ouvir, a fazer perguntas, ser específico, valorizar o tempo. Trabalhar em equipe e com a diversidade, dar e receber *feedback* elaborado tecnicamente;

e) Suplementar as informações recebidas na faculdade sobre gestão de negócios e de pessoas;

f) No caso de recém-formados, suprir a carência de treinamento;

g) Reduzir, se possível, e compreender criticamente, atitudes preconceituosas;

h) Treinar a habilidade de fazer perguntas esclarecedoras, estimuladoras da reflexão;

i) Treinar a perceber as decisões baseadas em suposições, que devem ser substituídas por dados e informações quantitativas e qualitativas;

j) Preparar-se para reuniões com chefes, pares, equipes e clientes;

k) Defender-se da ansiedade de obter resultados em curtíssimo prazo;

l) Obter resultados produtivos, baseados na ética. Respeito às pessoas e ao tempo;

m) Desmitificar o entendimento sobre o lucro;

n) Resgatar valores de educação, trabalho, moralidade e ética;

o) Discutir a relevância para o êxito profissional das capacidades de amar, trabalhar e renunciar.

Metodologia proposta

1- Aplicação e análise de um questionário de autoprospecção;

2- Reuniões quinzenais de duas horas, com avaliação a cada reunião;

3- Quatro reuniões temáticas por grupo;

4- Trabalho centrado no grupo.

5 - O cliente, sob orientação do *coach*, elabora um Programa de Desenvolvimento Autogerenciável

Identificação dos temas

a) Conceituação;

b) Ambiente organizacional;

c) Competência emocional;

d) Visão de carreira.

Classificação de assuntos por reunião temática

a) Conceitos:

1- Valorizar e integrar teoria e prática;

2- Desenvolver pensamento sistêmico;

3- Suplementar as informações conceituais;

5-Desenvolver atitudes produtivas diante de problemas técnicos e comportamentais;

6-Resgatar os valores: conhecimento, trabalho e ética.

b)Ambiente Organizacional:

1-Ansiedade em apresentar resultados em curto prazo;

2-Treinar: ouvir, perguntar e ser específico;

3-Valorizar o tempo;

4-Dar e receber *feedback*;

5-Discutir o entendimento sobre lucro.

c)Competência Emocional:

1-Carência de treinamento comportamental;

2-Atitudes preconceituosas;

3-Atitudes perante chefias e subordinados;

4-Estruturação de reuniões.

Master Coaches

d) Visão de Carreira:
1-Empreendedor ou intraempreendedor;
2-Decisões apoiadas em fatos e informações;
3-Equilibrar trabalho e lazer;
4-Êxito profissional.

Atividades extra-reuniões

a) Construção do Plano de Desenvolvimento Autogerenciável - PDA, elaborado pelo jovem profissional durante o período de sua participação no grupo (um registro de seus objetivos e um programa de execução, com indicação de datas de realização conclusiva, para evitar cair no esquecimento. Ninguém consegue fazer o que não se lembra) para que na conclusão do Programa, o participante tenha em mãos um instrumento orientador do seu desenvolvimento de carreira, com reflexões sobre Missão, Visão e Valores pessoais, com propósito de traçar objetivos e metas de carreira.

b) Seminários:
Ao longo do ano, os subitens de cada tema serão apresentados, em forma de palestras, aos participantes. Isso quando o programa for patrocinado pela instituição de ensino.

Critérios de inclusão do cliente

1-Ser formando (último ano da graduação) ou formado (até dois anos após a graduação);
2-Ordem de inscrição;
3-Seleção por entrevista individual;
4-Assinatura de acordo de participação;
5-Responder ao questionário de autoprospecção, que é a primeira intervenção valiosa.

Critérios de exclusão do cliente

1- Não cumprir integralmente o bloco de reuniões contratadas;
2- Falta de comprometimento.

Comentários finais

Alguns leitores, educadores e colegas *Coaches* poderão questionar se o número de reuniões é suficiente para atender às necessidades do jovem profissional. Acreditamos que se conseguirmos discutir os conceitos:
• Nada mais prático do que uma boa teoria,
• Tempo é vida, nada é permanente,

- Realidade, do ponto de vista intimista, é o que se percebe,
- Um conceito de gestão alinhado a um conceito de homem,
- Para que as organizações pagam seus executivos e alguns outros que compõem os assuntos temáticos,

Ofereceremos um conjunto conceitual básico para o jovem profissional iniciar a construção de sua carreira profissional. Se, eventualmente, o jovem profissional sentir a necessidade de mais ajuda, ele poderá procurá-la através de *Mentoring* no ambiente de trabalho ou no mercado contratando um *Coach* ou um terapeuta, conforme sua necessidade.

Temos absoluta convicção de que este trabalho pioneiro não é panaceia, que resolverá todas as questões complexas do rito de passagem de estudante para o mundo profissional e que pode ser melhorado, por isso ficaríamos muito agradecidos se os leitores nos encaminhassem seus comentários, suas sugestões e seus questionamentos.

Temos o desejo de que este trabalho possa ser um estímulo para que colegas *coaches*, terapeutas, educadores e profissionais com senioridade, que possam atuar como mentores, mobilizem-se no sentido de oferecerem ajuda ao jovem profissional. Para que ele possa, com brevidade, apresentar as contribuições que esperam dele, sem se descuidar do estudo continuado, da qualidade de vida, da sua família e de seu lazer, com o objetivo de ter elevado desempenho com qualidade de vida, respeito aos ecossistemas e de criar um ambiente de trabalho que priorize a cooperação - que é uma relação ganha-ganha -, e não a competição - que é uma relação perde-ganha, que tanto mal tem causado às pessoas, provocando-lhes variadas doenças induzidas pelas más emoções e, às organizações, por perdas elevadas de produtividade, pelo desperdício de tempo em resolver problemas interpessoais perfeitamente evitáveis, sem falar na redução das fofocas. O teste-piloto desta metodologia, realizado com doze jovens profissionais confirmou a sua eficácia.

Master Coaches

29

A Lei de Causa e Efeito e o *Coaching*

Para manter o bem-estar, a satisfação, a sensação de plenitude, é necessário apenas se concentrar efetivamente em construir esse estado de bem-estar. Estar aqui e agora, até superar a noção de tempo e espaço. Assim estaremos no futuro, de forma absolutamente abrangente. Concentrar-se no aqui e no agora, no estado de bem-estar, é fundamental para este tipo de realização. Ora, para fazer esse tipo de trabalho, é preciso atuar em alguns aspectos fundamentais, tais como; conhecer a si mesmo, buscar a liberdade, ser total e transcender

José Américo

José Américo

Diretor de Operações de uma empresa de engenharia, no Rio e também trabalho como *Coach*. Formado em Engenharia Elétrica pela UFJF em 1976, MBA em Gerenciamento de Projetos pela UFRJ, MBA em Gestão de Negócios no IBMEC-Rio, participei do treinamento "Líder do Futuro" – Crescimentum – 2010, formação em Professional *Self Coaching, Business Coaching*, e Analista Comportamental e Master *Coach* pelo IBC - 2011. Atuou 17 anos na área de manutenção em indústria de papel e alumínio, 8 anos na área técnico-comercial na ABB nos segmentos (papel, siderúrgica, óleo e gás), nove anos em gerenciamento de engenharia, comissionamento e gerenciamento de projeto, na área de óleo e gás. Trabalhei em um ambiente com regras rigorosas de *Compliance*. Coordenei Projeto de um estaleiro. Em todas minhas atividades desde 1977 atuei gerenciando pessoas, treinando e aprendendo, estes são meus maiores aliados.

Contato:
jaac.jac@terra.com.br

José Américo

Ação (causa) e **Reação** (efeito) compõem um mecanismo através do qual o universo regula todas as coisas. Conhecendo alguns princípios básicos acerca dessa lei cósmica imutável, podemos aprender a reconhecer as causas dos nossos problemas. Nosso ser está imerso em um campo de energias sutis e não físicas, com as quais interagimos ao mesmo tempo em que as emanamos. Podemos classificar estas energias de modo simples como **positivas** e **negativas**.

Quando pensamos ou agimos com ódio, vingança, egoísmo produzimos energia negativa e quando pensamos e agimos com harmonia, justiça, bondade, produzimos energia positiva. Essas energias produzem efeitos, e tais efeitos são diferentes uns dos outros, podem produzir **bem-estar** ou **mal-estar**. Se assim é, então, podemos produzir efeitos favoráveis ou não a um determinado estado desejado, dependendo da nossa escolha.

Imagine-se como sendo uma pequena parcela dessa energia universal em ação. Você interage no campo de energia e produz modificações no universo. Utilize-a e sintonize-se com aquilo que você reconhece como energia positiva, paulatinamente verá que as emanações negativas se afastarão de seu campo energético vital. Convido você a persistir pacientemente, agir e pensar positivamente e verá a transformação que novos hábitos o levarão a experimentar, vivenciando assim, uma sensação crescente de **bem-estar**.

Essa nova atitude não exclui a possibilidade do mal, pois o mal existe no mundo como uma força efêmera e transitória, que existe enquanto o homem mantiver pensamentos e ações negativas, assim, esta energia poderá afetar-nos, ou não, dependendo do nosso proceder. No sentido mais amplo do termo, o mal não representa o aspecto natural da vida. Ninguém quer perder a saúde, nem se regozija com o próprio sofrimento ou tampouco com a fome e a miséria, daí podemos crer que o ideal transcendental plantado em nossa essência regozija-se somente com as coisas boas e circunstâncias felizes. Para isso, temos que labutar na restauração dos nossos pensamentos e ações para sintonizarmos novamente com o bom, com o belo e com o justo!

Não há outro caminho! Salientamos que o alinhamento com as energias positivas do universo, significa que o **bem-estar** pode e deve ser um dos maiores aliados em nosso crescimento e evolução. Se seu prazer ou sua alegria se dão às custas do sofrimento de alguém, não está de acordo com as regras universais. Se, por outro lado, você produz algo positivo com suas ações, está em sintonia com a lei de causa e efeito, e é motivo de júbilo para todo o universo.

Quando erramos, segundo os antigos mestres, estamos nos afastando do "alvo". E lembre-se sempre que o "alvo principal" é você, são os outros e são todas as demais criaturas, porque juntos fazemos parte do universo com tudo que nele existe. É necessário, então, que reflitamos

Master Coaches

sobre como "escolhemos" nossos pensamentos e nossas ações, **para que**, e **como** escolhemos a nossa finalidade. Identificamos uma história que nos leva a uma reflexão sobre nossas escolhas e como percebemos o mundo.

Certa ocasião, um homem abordou um velho jornaleiro:

- Bom dia, meu amigo.
- Bom dia, respondeu o jornaleiro.
- O senhor mora há muito tempo nesta cidade?
- Desde que nasci – respondeu o jornaleiro.
- Estou chegando de mudança e gostaria de saber como é o povo daqui. Já que o senhor nasceu nesta cidade, deve conhecê-lo muito bem.
- É verdade – falou o jornaleiro. – Mas, por favor, fale-me antes da cidade de onde você vem.
- Ah! É ótima, maravilhosa! Gente boa e fraterna... Deixarei muitos amigos e só vou mudar por causa da minha transferência.
- Pois bem, meu filho. Esta cidade é exatamente igual. Você vai gostar daqui.
Minutos depois, por coincidência apareceu outro homem e perguntou ao mesmo jornaleiro:
- Estou chegando para morar aqui. O que me diz deste lugar?
O jornaleiro fez a mesma pergunta:
- Como é a cidade de onde vem?
- Horrível, muito chata, povo fofoqueiro, orgulhoso, cheio de preconceitos. Não fiz um único amigo naquele lugar.
- Lamento, meu filho, mas aqui você encontrará a mesma coisa.

O mundo à nossa volta será exatamente aquilo que nele fizermos e dele pensarmos!

Podemos concluir, então, que todas as coisas podem ser puras se forem realizadas com sentimentos nobres e elevados. Reflitamos com a máxima bíblica: "que todas as coisas são puras para os Puros!".

Não precisamos nos fixar no passado ou algemar-nos ao futuro para estarmos felizes. Precisamos aprender e isso é fundamental no nosso meio. Estarmos cada vez mais felizes, a partir de uma autonomia construída que se manifesta na existência. E aí começa a grande fase da evolução. Precisamos aprender a mover-nos ilimitadamente nos limites que a existência nos apresenta. Tomemos um espaço de um metro quadrado e tentemos nos mover em todas as possibilidades, realizando os mais variados movimentos. Descobriremos que há muito tempo não usávamos o metro quadrado com tanta variedade de possibilidades! Em suma, trata-se de cada vez mais conseguir que aquele ser que está no mundo,

José Américo

a partir das diferentes circunstâncias, transforme o próprio mundo.

Para manter o bem-estar, a satisfação, a sensação de plenitude, é necessário apenas se concentrar efetivamente em construir esse estado de bem-estar. Estar aqui e agora, até superar a noção de tempo e espaço. Assim estaremos no futuro, de forma absolutamente abrangente. Concentrar-se no aqui e no agora, no estado de bem-estar, é fundamental para este tipo de realização. Ora, para fazer esse tipo de trabalho, é preciso atuar em alguns aspectos fundamentais, tais como; conhecer a si mesmo, buscar a liberdade, ser total e transcender.

Esse conhecimento de si mesmo pode ser visto agora num nível de abrangência muito mais amplo. Antes conhecíamos a *persona*, a máscara, aquilo que era o papel social. Conhecíamos algumas ideias, algumas relações de cuja existência gostaríamos que ninguém mais soubesse. Tanto quanto podíamos, escondíamo-nos dos outros e usávamos basicamente o intelecto, o pensamento lógico. Mas é preciso ir além. É preciso deixar aflorar a dimensão afetiva como uma possibilidade de conhecimento, como outra maneira de perceber-nos. É claro que precisamos resgatar nossa sensorialidade para conhecer a nós mesmos. Na nossa cultura, nosso corpo é negado, é esquecido, é maltratado. Prioriza-se o verbo, o intelecto, ao passo que se deveriam integrar todas as funções do corpo.

Portanto, o primeiro grande passo nesse conhecimento de si mesmo é o reconhecimento de outros canais para isso. A percepção será intuitiva, será afetiva, será intelectual, será sensorial. Mas não somente isso. Essa percepção, sendo trabalhada, poderá incluir a compreensão do estágio evolutivo do ser. É a renovação interior. É a grande transformação evolutiva, energética, que passamos a reconhecer em nós mesmos. A liberdade é outro critério que acreditamos ser importante, no futuro, para definir o bem e o mal. Esse fator será fundamental e se ampliará muito. Se hoje nos consideramos livres, imaginemos no futuro! Agora desfrutamos da liberdade em função dos medos de perdê-la pelo controle externo, pelas possibilidades de outro tomá-la ou pelas inibições sociais da vida comunitária. Mas essa liberdade de que estamos falando vai além da liberdade de pensar, pura e simplesmente. É uma liberdade tão profunda que possibilita ao indivíduo verificar que, dentro dele, não há mais medos e apegos, pois todo apego e todo medo são prisões.

Não poderemos, pois, ter apego ao nosso desapego! Esse é o último dos apegos: ser apegado ao desapego, à própria simplicidade voluntária, à ânsia de evolução! Isso ainda é apego. É preciso ser total e transcender!

Kant descobre que o espaço e tempo podem ser incluídos como categorias do ser, da estrutura da mente. Imagine quando isso for superado e se delinearem outras percepções. A viagem na consciência! Sairemos dos limites estreitos da consciência e perceberemos, então, a totalidade de modo diferente. Nessa trajetória, há a percepção de que somos mais que um corpo. A psicologia facilitou isso: a consciência de

Master Coaches

que não somos o corpo, mas somos as emoções. Não somos a soma de valores. Não somos o pensamento. Estamos além disso, trata-se de uma busca de ordem **ontológica** do ser.

Quando isso ocorre, vamos verificar como mudam os conceitos, nossas interações com o mundo, nossas ações e nossas ocupações. Passaremos a perceber uma espécie de integração mais abrangente e faremos um movimento em direção ao outro. Movimento que é fundamental para nossa autorrealização. Já que não somos a totalidade, pelo menos seremos a plenitude na parcialidade que ainda somos. E poderemos fazer isso no encontro com o outro.

Somos diferentes uns dos outros, mas a diferença não é assustadora. O pensamento divergente não é complicador. O paralelo não é inquietador. Percebemos, então, que, ao invés de termos uma verdade ideal e única, seja afetiva, seja intelectual, temos agora uma espécie de **visão esférica de totalidade**, em que a diferença é a capacidade multiplicadora de possibilidade de realização. Aprendemos que ir ao encontro do outro significa tirar a sua máscara, abrir-se, ampliar sua flexibilidade, perceber o outro tal como ele é, e não como nós gostaríamos que ele fosse. Tarefa árdua, porque nossa identidade está muito situada nos conceitos, nos valores, na maneira como construímos nosso pensamento. Então ver a diferença sem nos assustar, aproximar-nos do outro é uma tarefa que possibilita a unificação dos povos, das pessoas, das possibilidades de realização. Isso é possível à medida que o indivíduo descobre que o outro não é estranho.

Esse discurso da sinergia já está em várias áreas. Na verdade, por mais discurso que haja, a prática ainda reflete o grande atavismo do passado e a falta de construção desse futuro. Nosso ambiente social ainda é de competitividade e, por isso, é ainda difícil colher solidariedade. Haverá também uma nova consciência sobre a natureza do saber, capaz de integrar suas diferentes formas de organização. A humanidade deve caminhar para o fim da confusão de saberes. Todos eles podem ser usados para nos conhecermos melhor e estabelecermos novas relações com o outro, novas possibilidades de convivência. Para a grande transformação, não basta conhecer a si mesmo e a seu próprio estado evolutivo, seus indicadores e relacionar-se muito bem com os outros. Isso ainda é pouco, é preciso ir além. É preciso ir ao transcendente e superar tudo que imaginamos humano.

Isso diz respeito às leis de causa e efeito, de atração e afinidade e outras leis que governam este universo. Enganamos-nos muito utilizando modelos prontos. Não conhecemos o caminho de cada um em profundidade, naquele inconsciente de que Jesus falava e que vai se tornando conhecido. Essa inconsciência se expressa no mundo, na vida. Esse é um longo caminhar, uma longa possibilidade à espera de novas realizações. Só há uma exigência: **pureza de coração**. E pureza de coração começa com uma questão básica: **perdão**.

José Américo

Deepak Chopra nos fala sobre a lei do carma ou de causa e efeito: - A palavra carma significa o conjunto das ações dos homens e suas consequências. É causa e efeito simultaneamente, porque toda ação gera uma força energética que retorna para nós da mesma forma. É bem conhecido o ditado "Você colhe aquilo que semeia". Portanto, não há nada de misterioso na **lei do carma**. Obviamente, se desejamos felicidade, precisamos aprender a semear felicidade. Carma implica, então, em escolhas e ações conscientes. Quer você goste ou não, tudo que está acontecendo neste momento é resultado de escolhas feitas no passado (uma vez que o carma define o nosso destino). Infelizmente, muitos fazem escolhas inconscientes e, por isso, acham que não são escolhas, mas são. Se eu o insulto, é provável que você escolha se ofender.

E o carma passado? Como ele influencia você agora? Há três coisas que podem ser feitas em relação a isso. Uma é pagar seus débitos do carma passado. É o que a maioria das pessoas escolhe fazer, embora inconscientemente. Isso também é uma escolha. Às vezes há muito sofrimento envolvido no pagamento desses débitos, mas a **lei do carma** é bem clara: diz que nada do que se deve ao universo fica sem pagar. Há um perfeito sistema de acerto de contas nesse universo, uma constante troca de energia "de" e "para". A segunda coisa que você pode fazer é transmutar, ou transformar, seu carma numa experiência mais agradável.

A terceira maneira de lidar com o carma é transcendê-lo. Ou seja, é entrar em contato com seu íntimo, com a alma, com o espírito. Você transcende os obstáculos de seu carma, entrando e saindo do seu Eu profundo, do seu íntimo. Isso é feito através da prática da meditação. Ao se transformar em um escolhedor consciente, você passa a gerar ações transformadoras para si e para os que estão ao seu redor. E é só isso que precisa fazer.

Comentários Finais

"A cada um será dado segundo suas obras"

A sentença supracitada é de uma clareza tal que se impõe, desde logo, à primeira leitura. Não obstante, passamos por ela despercebidos, sem lhe dar o valor e a importância a que faz jus. É tão forte a verdade contida nessa frase que procuramos, inconscientemente, e em vão, fugir à sua influência. Como podemos observar e refletir a lei de causa e efeito, bem como as demais leis da natureza -leis da atração e afinidade, são tão próximas do *Coaching*, que se aprofundarmos veremos que é a própria essência do *Coaching*, que é: ações para atingir um estado desejado e no prazo mais curto possível. Contribuindo assim, para sermos melhores e para a transformação do Universo.

Baseado nessas leis da natureza, podemos encontrar, conscientemente, respostas para as seguintes questões:

Master Coaches

- Por que estou passando por semelhante conjuntura?
- Que fiz eu para ver-me assim enredado nas teias de tamanha desventura?
- Quais serão as consequências da escolha que estou fazendo?
- Essa escolha trará felicidade a mim e aos outros ao meu redor?
- E o carma passado?
- Como ele influencia você agora?
- O que estou aprendendo com esta experiência?
- Qual é a mensagem que o universo está me transmitindo?
- Faz sentido pra você que o que você esta passando é um efeito de uma ação sua no passado?
- E qual foi essa ação?
- Com base na lei de causa e efeito, conscientemente, que ações em busca de um resultado desejável você tem feito?
- O que você tem feito para evitar as situações negativas?
- Faz sentido pra você que devemos sempre dar o melhor de nós?
- Que limites você se impõe?
- O que você pode refletir sobre esta máxima: "todas as coisas são puras para os puros"?

Sinceramente, verdadeiramente, quanto de 0 a 10, responda as questões abaixo:
- Quanto você se conhece?
- Quanto você é livre? Ou quanto você é apegado?
- Quanto você age com "pureza de coração"?
- Quanto você é justo?
- Quantas vezes você diz: - É difícil... – Não tenho tempo... – Não consigo...
- Você tem procurado dar o melhor de si?
- Quanto você tem agido de forma positiva em sua vida?

Vamos fechar estes comentários, lembrando os dizeres de Vieira: - **Ao nascer somos filhos de nossos pais; mas ao morrer, somos filhos de nossas obras.**

E assim, ao romper da luz que ilumina o espírito, morrem os dogmas!

Referências:
Choppra, Deepak - As Sete Leis Espirituais do Sucesso – 1994
Legrand – Parábolas Eternas - 2004
Camargo – Na Escola do Mestre - 1981

30

Coaching - para ser a melhor pessoa que você pode ser

237

Se você já consegue perceber que algo precisa ser mudado, mas ainda não visualiza bem como fazer essas mudanças, busque no *Coaching* as alternativas para que essas realizações aconteçam. Autoconhecimento, aprendizado, identificação das qualidades, melhora do desempenho pessoal e profissional, identificação de objetivos, meios para alcançar as metas e, o melhor de tudo, para realizá-las, fazem parte do pacote completo que é o *Coaching*

José Roberto Marques

José Roberto Marques

Presidente do Instituto Brasileiro de *Coaching*- IBC. *Master Coach Senior* certificado por renomadas instituições internacionais: *European Coaching Association* (ECA), *Behavioral Coaching Institute* (BCI) *International Association of Coaching Institutes, Global Coaching Community* (GCC) e *Metaforum International*. É o único treinador, no Brasil, autorizado pelo *Behavioral Coaching Institute* (BCI) a ministrar o treinamento - *Advanced Coach* Senior (Pós *Master Coach*). Um dos pioneiros em *Coaching* no Brasil, com mais de 15 anos de experiência e acumula mais de 15 mil horas em atendimentos. Empresário e Psicoterapeuta com mais de 26 anos atuando no desenvolvimento de pessoas. Especializações em Gestão de Pessoas e Empresas. Criador do Programa de Formação e Certificação Internacional *Professional & Self Coaching* – PSC. Já atendeu CEO's, VP's, executivos e grandes personalidades do mundo corporativo. Entre os clientes corporativos que atendeu estão: Leroy Merlin, Petrobras, Grupo Gazin, Grupo Cencosud, entre outros.

José Roberto Marques

Para o filósofo alemão Arthur Schopenhauer "O que temos dentro de nós é o essencial para a felicidade humana". Mas descobrir essa felicidade, eleger caminhos, identificar limitações, descobrir novas habilidades, observar-se a partir de um patamar íntimo e conhecer os próprios sentimentos e potencialidades, nem sempre é assim tão claro para todas as pessoas e não acontece da noite para o dia. É preciso usar os mecanismos certos, e o que é mais importante, saber escolhê-los.

Existem muitas definições do que é *Coaching*. Alguns o defendem como teoria, ciência, metodologia. Eu acredito que vai muito além, pois, para mim, *Coaching* é uma "filosofia de vida", uma vez que em poucas profissões você pode viver integralmente a matéria-prima de seu trabalho, e como *coach* isso é amplamente possível. Um médico não pode operar a si próprio, por exemplo, enquanto que, o profissional *coach*, para apoiar no desenvolvimento do outro, precisa, em primeiro plano, usar o *Coaching* em si mesmo para se tornar o melhor ser humano que pode ser. Isso representa viver plenamente seu autoconhecimento, vencer as crenças limitantes e construir uma relação harmoniosa consigo mesmo.

Ao longo de mais de 15 anos como *coach*, sempre busquei oferecer aos meus *coachees* mais que técnicas e ferramentas, mas processos evolutivos, em formações que primam pela excelência e humanidade. Para isso, experimentei infindáveis formas de convidar o outro para uma viagem inesquecível ao mais maravilhoso e profundo destino que se possa visitar – o seu próprio ser.

No *Coaching*, descobrir os melhores caminhos para evoluir é parte do processo de desenvolvimento pessoal e profissional do ser humano, e saber fazer os questionamentos corretos, um dos fundamentos para chegar ao estado desejado. Todavia, diferente de abordagens como o *Mentoring* ou o *Counseling*, no *Coaching*, o profissional responsável por apoiar o cliente não diz ao cliente o que fazer, e sim dá autonomia para que ele defina seus objetivos, trace seu plano de ações e aja efetivamente para alcançar o que almeja.

Coaching para o Autoconhecimento

O trabalho de um profissional *coach* consiste em auxiliar pessoas, profissionais e empresas a sair de um estado atual e chegar ao estado desejado e, para isso, um dos pontos-chave é o **autoconhecimento**. Imagine o quanto é frustrante ter sonhos e metas e não saber ao certo como proceder para alcançá-las. Nesse sentido, comece perguntando-se: quem eu sou? Do que eu gosto? O que eu desejo para minha vida? O que me faz feliz? O que posso fazer e o que eu

Master Coaches

preciso mudar para alcançar meus objetivos?

Essas perguntas são simples, porém extremamente reveladoras dentro de um processo de *Coaching*. Através delas o *coach* estimula seu cliente/*coachee* a conhecer-se na essência, a entender seu próprio funcionamento, suas crenças e valores, e como suas ações afetam positiva ou negativamente os seus resultados. Portanto, essas informações são fundamentais a qualquer pessoa que deseje direcionar suas ações em prol da realização de seus objetivos de vida, e o que é melhor, com mais rapidez.

Conheça o seu "eu interior"

Ao perguntar-se "quem eu sou?" é possível fazer uma autoanálise de como vejo a mim e o mundo a minha volta e, assim, entender o que realmente faz sentido no meu contexto de vida. Partindo desta compreensão inicial do seu "eu interior" fica mais fácil visualizar o que lhe faz feliz, o que é congruente com os seus desejos, crenças e valores, e, dessa forma, definir com mais objetividade os meios, as ações a fazer, as tarefas a completar e no que você precisa focar para concretizar e alcançar, com êxito, os resultados que anseia para sua vida e carreira.

Coaching para alcançar alta *performance*

Desde a década de 1980, quando começou a ser efetivamente defendido e utilizado no meio corporativo, o *Coaching* vem apoiando os mais diversos profissionais a alcançarem seus resultados. Hoje as empresas descobriram nele uma forma de desenvolver seus colaboradores de forma contínua e sistêmica. Nesse sentido, se destacam três tipos de *Coaching*: o de Projetos, que envolve a gestão estratégica de uma equipe para obtenção de melhores resultados; o Situacional, que focaliza no aprimoramento ou melhora do desempenho dentro de um determinado contexto, e, ainda, o *Coaching* Transicional, destinado a apoiar colaboradores a se prepararem para promoções.

Profissionais que passam por *Coaching* passam também por um processo de autoconhecimento, de identificação de novas habilidades, preparam-se para serem grandes líderes, mais assertivos e efetivos em suas ações. Identificam crises, resolvem conflitos interpessoais e também motivam de maneira adequada para que os liderados desenvolvam todo seu potencial e, dessa forma, atinjam as metas que a empresa projetou.

Estes resultados para as empresas vão ainda muito além, uma vez que o processo instaura nos colaboradores o fortalecimento de suas crenças motivadoras, elimina as crenças limitantes, aumenta a autoestima, fortalece as relações e o respeito entre os liderados e seus superiores e os motiva ao trabalho de forma contínua, em um processo que visa o equilíbrio entre o desenvolvimento das pessoas e as ambições da empresa.

Coaching para Liderança – *Leader Coac*h

Hoje, mais do que serem líderes, os profissionais também buscam ter os diferenciais competitivos que os ajudem a alcançar destaque no mercado de trabalho e, nesse sentido, muitos têm buscado cada vez mais desenvolver práticas de liderança voltadas a um desenvolvimento mais efetivo de suas competências, e a metodologia mais eficaz para isso é o *Coaching*.

O líder que usa as ferramentas e as práticas efetivas dessa metodologia de desenvolvimento humano consegue vencer mais rapidamente as limitações na comunicação, na forma a relacionar-se com seus colaboradores, ter mais autoconfiança para delegar e também para cobrar resultados. Um líder *Coach*, ou seja, aquele que usa as ferramentas do *Coaching* em sua liderança, consegue articular entre seus colaboradores maiores e melhores resultados, pois lidera de forma equilibrada, concisa, dinâmica e inspiradora. Esse tem sido um novo perfil de líder e, hoje, é uma meta das empresas ter em seus quadros esse tipo de liderança.

Esse é o grande diferencial das grandes empresas, o investimento em gestores, líderes e executivos realmente preparados para ir além. Cobrar resultados não é tudo que um líder pode fazer e muito menos tudo que uma empresa precisa. Fundamental é ter a capacidade de liderar estimulando as competências, as habilidades e o aumento da performance de seu grupo de liderados.

Os diferenciais do *Leader Coach*

Hoje, já não basta ser um líder, é preciso ter os diferenciais que realmente signifiquem agregar mais valor ao desenvolvimento dos profissionais e das organizações. Fatores como a forte concorrência de mercado, a alta competitividade e a necessidade de reter os talentos exigem que os profissionais, principalmente os que se encontram em postos de liderança, desenvolvam novas competências para, dessa forma, potencializar os recursos e as habilidades dos profissionais que compõem a empresa.

Um *Leader Coach* não é um líder comum, ele é empreendedor, criativo, ousado e capaz de inspirar seus colaboradores através de seus exemplos, sejam eles profissionais ou pessoais. Tem ampla capacidade de tomar decisões com mais assertividade, por ser mais

Master Coaches

preparado para lidar com situações adversas, pressões e o estresse do dia a dia de uma empresa, conhecendo bem suas capacidades e pontos fortes. Tem plena confiança de suas atribuições, mas também sabe ser flexível, pois conhece as qualidades de seus liderados e por isso, sabe delegar tarefas e dar os *feedbacks* necessários para o crescimento dos colaboradores e da empresa.

Além disso, um *leader coach* sabe construir um ambiente de trabalho que favorece os relacionamentos harmoniosos entre os colaboradores, e estimular autoconhecimento para alcançar o respeito entre as pessoas e as equipes. Esses líderes, além de estimular, delegar, inspirar e supervisionar, são responsáveis pelo desenvolvimento contínuo de seus liderados.

Prova da importância de se investir no capital humano é a pesquisa realizada pela universidade de Harvard, nos Estados Unidos, sobre as principais **ameaças às vantagens competitivas**, que aponta que, para superar empresas que ocupam o primeiro lugar em seu segmento e tem como base o investimento no desenvolvimento de seus profissionais, são necessários, pelo menos, sete anos de tentativas por parte das concorrentes. Ao contrário das organizações que elegem como elementos de competição **preço**, **produto** ou p**ropaganda** e **publicidade**, que segundo a pesquisa, levam menos de um ano para serem superadas.

Características do *Leader Coach*

• Inspirador (seus exemplos e profissionalismo são motivações para os colaboradores).

• Respeitador e flexível (é respeitado por não impor sua liderança, mas pela flexibilidade ao receber as contribuições dos colaboradores).

• Conhece sua equipe (confia em suas capacidades e sabe delegar e dar os *feedbacks* necessários para evolução, aperfeiçoamento e crescimento dos colaboradores).

• Planejador e Estrategista (visionário, focado, planeja as ações, mensura resultados, analisa e direciona as ações para obtenção de novos resultados, sempre mais rápidos melhores e com mais qualidade).

• Empreendedor (sempre traz novas ideias e soluções).

• Motivador (não deixa que os liderados percam o foco, fiquem inseguros e com isso percam a motivação).

• Ousado (acredita que é possível sempre fazer mais e melhor e de formas diferentes).

• Proativo (não apenas delega ou dá ordens, mas também age para que o objetivo seja alcançado).

• Ouve na essência (escuta as opiniões dos colaboradores e as leva

em conta).
- Sabe compartilhar (divide seus conhecimentos e experiências).

Nota-se com todas estas características que um líder que recebeu este aperfeiçoamento através do *coaching* é realmente um líder diferenciado, pois não prioriza apenas os resultados, mas também a qualidade nas relações interpessoais, uma boa comunicação e vê sempre novas possibilidades de evolução para si e para seus liderados.

Self & Life Coaching

Quantas vezes você já se sentiu inoperante e sem o controle da própria vida? Com certeza esse sentimento não é raro. O ser humano, de forma geral, vem através dos tempos buscando sanar essas insatisfações, criando novas vias e inventando novas fórmulas para ser feliz, mas a mesma regra que funciona para um pode não servir para o outro. Dessa forma, em nossa vida pessoal, muitas vezes, vemo-nos cercados de limitações afetivas, dificuldades no relacionamento familiar e interpessoal e isso, dia após dia, causa danos a nossa vida como um todo, tornando-nos menos felizes e mais solitários.

O *Self Coaching* trabalha exatamente no sentido de vencer essas limitações, mobilizar as qualidades do cliente para alcançar suas metas pessoais que, por hora, considera distante. O foco pode estar em ter ou mesmo manter uma relação amorosa e fazê-la bem-sucedida, conseguir estabelecer laços familiares harmoniosos, como também conseguir vencer bloqueios nas relações interpessoais, em fazer amigos. "*Coaching* é um desbloqueio do potencial de uma pessoa para maximizar o seu próprio desempenho. É ajudar a aprender mais do que ensinar", já apontava John Whitmore, um dos pais do *coaching* e precursor do método na Europa.

Tanto no campo profissional quanto pessoal o *Coaching* é um aliado eficaz para que o cliente transponha barreiras e alcance os resultados extraordinários que antes pareciam distantes. Usando como ferramentas as próprias potencialidades do *coachee*, o *coach* o ajuda a descobri-las e usá-las em favor das realizações que ele deseja para sua vida pessoal e carreira. Identificar, focar, agir e realizar são matérias-primas do *coaching*, entretanto, o mais importante nesta filosofia de vida é sempre a evolução do ser humano.

É hora de agir...

Ao longo de nossas vidas passamos por diversas experiências: algumas positivas, outras para ressignificar, mas é certo que existe valor para cada uma delas. Nossas definições quanto a trabalho, família, estudos, relacionamentos nos impõem expectativas quanto ao

Master Coaches

que devemos ser, fazer, aprender, para nos sairmos bem em todos os campos. Mas as respostas só aparecem para quem faz as perguntas certas, do contrário, a vida seguirá sem norte e será levada mais pelo destino, e menos por suas realizações.

Algumas pessoas preferem o caminho mais fácil. Não contestam, não perguntam, não duvidam, não discutem soluções, apenas fazem o que tem que fazer. Limitam-se porque acham que já estão no estágio máximo da evolução humana, enquanto tudo indica que esta evolução deve ser contínua. Todos nós devemos procurar por aperfeiçoamento pessoal, isso reflete na nossa carreira, nas nossas conquistas, na forma com que lidamos e, principalmente, resolvemos nossos problemas. Achar essa ponte, para quem a procura, é meio caminho andado para ter sucesso na vida.

Reflita

Quantas vezes você fez uma lista no final do ano com as coisas que gostaria de realizar, mudar no ano que se inicia? Quantas dessas mudanças você conseguiu alcançar? Aposto que, de forma geral, bem poucas, ao passo que manter-se focado quando não se tem realmente metas definidas é uma missão impossível.

O *Coaching* é esse caminho. Muitas pessoas no mundo todo, em âmbito pessoal ou profissional, têm buscado por esse apoio para alcançar efetivas mudanças, pois vencer as barreiras que vamos construindo ao longo de nossas experiências de vida não é tão simples. Por outro lado, o *Coaching* não é terapia, não atua buscando a cura mental, mas o crescimento mental. Sua prerrogativa é levar a pessoa do ponto onde está para o ponto em que deseja estar e, para funcionar, precisa ser aceito de forma consciente.

Se você já consegue perceber que algo precisa ser mudado, mas ainda não visualiza bem como fazer essas mudanças, busque no *Coaching* as alternativas para que essas realizações aconteçam. Autoconhecimento, aprendizado, identificação das qualidades, melhora do desempenho pessoal e profissional, identificação de objetivos, meios para alcançar as metas e, o melhor de tudo, para realizá-las, fazem parte do pacote completo que é o *Coaching*. Faça dele sua filosofia de vida e seja a melhor pessoa que você pode ser.

31

Metodologia de *Coaching* Aplicado a Treinamentos nada Convencionais

245

Quando aplicado a metodologia do *coaching* a Treinamentos Convencionais temos uma massificação exuberada de resultados positivos extraordinários

Juciléa Nones Schaade

Juciléa Nones Schaade

Master Coach – Formada pelo Instituto Brasileiro de *Coaching*; *International Association* of *Coaching Institutes*; *Global Coaching Community* – Alemanha, *European Coaching Association* e *Metaforum* Internacional; Graduada em Letras – Uniasselvi; Pós-Graduada em Gestão de Pessoas com *Coaching* - IBC/Faculdades Darwing Gestão da Programação Neurolinguística Sistêmica com Qualidade de Vida pela ISAL/Faculdade São Brás e Instituto Educacional "De Bem Com a Vida"; Analista de Perfil Comportamental, IBC/Solides; Pesquisadora e Estudiosa sobre as Potencialidades da Mente Humana; Escritora com três livros publicados; Foi diretora Presidente da SK Treinamentos por 13 anos. É Consultora Empresarial, *Trainer* e Palestrante nas áreas de Vendas, Atendimento com Qualidade, Comunicação, Expressão, Oratória, Liderança e Potencialização de Equipes há mais de 12 anos.

Contatos:
jucilea.coach@gmail.com
(47) 84170436
Facebook: Juciléa Nones Schaade
Twitter: @jucinones

Juciléa Nones Schaade

Resolvi escrever este artigo sobre a aplicação da metodologia de *coaching* a Treinamentos nada Convencionais para apresentar as extraordinárias mudanças que são possíveis na vida das pessoas e no dia a dia das organizações. Isso se dá por meio de ferramentas altamente eficazes que produzem comprometimento através de consciência, ação, foco e melhoria contínua, acelerando o alcance de resultados positivos almejados.

Quando aplicada a metodologia de *coaching* a treinamentos convencionais temos uma massificação exuberada de resultados positivos extraordinários. Ao invés de apenas entrarmos com o conhecimento, tornamos verdadeiramente o aprendizado uma via de mão dupla onde o aluno/*coachee* deve detectar seu ponto de partida, suas necessidades de desenvolvimento e cocriar, junto do *Coach*, ações que o leve até o ponto de chegada.

Treinando e desenvolvendo pessoas há mais de doze anos sempre achei imprescindível primeiramente trabalhar o **EU** de cada indivíduo e, como consequência, desenvolver a sua vida profissional. Após todos esses anos de pesquisas, fundamento, inclusive através da prática, que o profissional competente e completo de qualquer área é o profissional que, junto das demais habilidades necessárias, está de bem com seu **EU**. A pessoa que sabe reconhecer e labutar com suas sombras (defeitos, medos, erros...) da melhor maneira possível reconhece e desfruta da sua luz (qualidades, habilidades, acertos). Então, potencializando e desenvolvendo em treinamentos o âmbito pessoal, principalmente no que diz respeito à automotivação, autoestima, autoconhecimento e autoconfiança, conseguimos atingir os objetivos que as organizações esperam através de pessoas de bem com a vida, que estão comprometidas com seu verdadeiro processo de evolução como ser, onde está inclusa também sua vida profissional.

A ciência está muito avançada com pesquisas em diversas áreas, porém ainda não se cogitou a possibilidade de levarmos para o trabalho somente a parte boa de nossa mente e corpo e deixarmos a parte ruim em casa ou o inverso. Para isso, reafirmo a importância de desenvolver o **EU** do indivíduo para que este se projete e impulsione sua vida profissional.

De alguma forma já utilizava esta filosofia em meus treinamentos. Tinha êxito, mas ainda sentia imensa necessidade de elevar resultados positivos. A partir de minha especialização como *Master Coach* encontrei a grande "mágica" que faria com que todos os meus treinamentos pudessem ser extremamente potencializados e, acima de tudo, que apresentassem aos alunos/*coachees* ferramentas e técnicas que fossem práticas, eficazes, fundamentadas, duradouras para

Master Coaches

a criação conjunta de ações que alavancassem suas vidas levando-os ao sucesso com felicidade.

Um aspecto importante para obter êxito em treinamentos com a metodologia *coaching* é o formato adotado. Com tempo suficiente de intervalo entre uma sessão/aula e outra é possível obter *feedback* das ações poderosas que são responsáveis pela adoção de novos hábitos positivos e ainda sugerir novas alternativas quando for necessário para que o aluno/*coachee* alcance as metas estabelecidas.

Em todos os treinamentos podemos aplicar a metodologia de *coaching*. Vale lembrar que as mudanças que ocorrem com o *coaching* não são mudanças situacionais e sim grandes mudanças comportamentais que, dentro de uma evolução contínua monitorada, podem ser permanentes. Para isso, todo e qualquer processo de *coaching*, até mesmo os processos desenvolvidos dentro de treinamentos que cito logo adiante, devem contar com análise de resultados e intensificação ou mudança de estratégias quando preciso.

Apresento um breve resumo dos Treinamentos que são feitos com a inclusão da metodologia de *coaching* e lhe convido a acreditar que esta Metodologia fantástica, aplicada a Treinamentos Convencionais torna-se uma verdadeira "mágica"(Consciência + Ação + Foco + Análise de Resultados Positivos) de dois " mágicos" (*Coach* + aluno/*coachee*) que lhe transforma em um treinamento NADA convencional.

Metodologia do *Coaching* no Treinamento de Vendedores de Alta Performance

O ponto inicial do treinamento de vendedores de alta performance com a metodologia de *coaching* é com o processo de comprometimento do aluno/*coachee*, detectando aspectos que devam ser desenvolvidos na vida pessoal - mais precisamente em relação a automotivação, autoestima e autoconfiança, que são algumas das características positivas básicas pessoais para o sucesso de um vendedor. Neste momento é de extrema importância também instruir à prática do autoconhecimento, com uma proposta encantadora de descobrimentos funcionais e fundamentais. Esta proposta vai desde conhecer como o cérebro processa as informações (consciente, inconsciente) até a ordenação de sonhos, objetivos e propósito de vida. Sem o desenvolvimento destas características o sucesso de um vendedor torna-se mais difícil pela complexidade mental aparente.

As técnicas de programação neurolinguística e demais técnicas de vendas aplicadas nos treinamentos podem ser desenvolvidas com maior facilidade se o fundamento das características necessárias de um vendedor for trabalhado com determinação, direcionado às metas, para o alcance dos resultados positivos. Quer dizer: fundamentar as técnicas com bases sólidas do aperfeiçoamento do **EU** é o primeiro e maior passo para "construirmos" um vendedor de alta performance e obtermos total sucesso em vendas.

Ensinar técnicas de vendas básicas e avançadas, a meu ver, é fácil, mas desenvolver o aluno/*coachee* para ter mais autoconfiança, a praticar autoconhecimento, aumentar sua autoestima e motivar a si mesmo, dia após dia, é algo que depende de uma extraordinária metodologia como a de *coaching*, que faz com que ele se comprometa com o processo de melhoria contínua, decidindo ser o melhor e único piloto de sua própria vida proporcionando os resultados precisos.

Metodologia do *Coaching* no Treinamento de Comunicação, Expressão e Oratória

Há certo tempo foi confirmado por pesquisas norte-americanas que as pessoas têm mais medo de falar em público do que de morrer. Isso tem sido cada vez mais evidente, apresentando-se de forma constante até mesmo no que diz respeito à comunicação básica, onde não se tem precisamente um grande público, mas até mesmo um "público" de uma pessoa só. Vamos lá! Explico melhor com a reflexão a seguir:

Pense agora em pelo menos três situações que você vivenciou e que foram verdadeiros conflitos de comunicação. Na sua casa, com um amigo ou ainda na organização onde você está inserido. Você verá que alguma força maior que você não consegue explicar exatamente qual é lhe fez falar demais ou falar de menos e que isto lhe trouxe um verdadeiro conflito externo e uma grande confusão interna. A comunicação é a base de tudo. Com uma pessoa, com dez ou com mil pessoas é preciso estar preparado para exercer seu poder de persuasão a qualquer instante.

Ao incluir a metodologia de *coaching* nos treinamentos de comunicação, expressão e oratória é possível analisar que habilidades voltadas à comunicação precisam ser desenvolvidas em cada aluno/*coachee*, começando pela análise da verdadeira essência, para que desta maneira possamos reconstruir os padrões e crenças que causam o tão gigantesco medo de falar diante das pessoas, desnecessário para o crescimento do indivíduo. A dificuldade na comunicação básica e no uso da arte de falar em público – a oratória - quase sempre está relacionada a crenças desenvolvidas desde a concepção do indivíduo e, ao modificarmos estas crenças junto das técnicas fundamentais de comunicação e oratória, obtém-se sucesso no desenvol-

Master Coaches

vimento do aluno/*coachee* em sua comunicação básica fundamental, considerando a comunicação intrapessoal, interpessoal e, inclusive, na oratória. Porém, é válido relembrar que a aparente "mágica" da metodologia de *coaching* é a mágica da ação para resultados almejados, que requer além de tudo a prática constante de novos hábitos e técnicas que fazem estas ações criarem as reações esperadas. Depois da consciência e a ação, praticar constantemente é o que levará o aluno/*coachee* ao auge da comunicação eficaz.

Metodologia do *Coaching* no Treinamento de Equipes para o Atendimento com Qualidade

Geralmente, nestes treinamentos, trabalha-se *In Company* (lojas, hotéis, supermercados, indústrias) desenvolvendo as questões universais de atendimento com qualidade e inclusive outras questões a este respeito que são focadas nos problemas constatados pela administração da empresa ou de seus clientes. Como fundamento de todos os meus treinamentos começo estimulando o comprometimento pessoal de cada aluno/*coachee* que se conscientiza, na primeira parte do treinamento; de seus pontos positivos e seus pontos de melhoria através de poderosas ferramentas de *coaching*, sendo que todo este reconhecimento deve fazer total sentido a cada um, antes de avançarmos para as ações poderosas que modificarão ou aperfeiçoarão o **EU**.

Ao desenvolvermos as características, que já citei acima na apresentação de outros treinamentos como imprescindíveis para o sucesso pessoal e profissional, começamos a projetar no atendimento empatia, dinamismo, comunicação eficiente, ética, entre outros quesitos consideráveis para que a organização tenha excelência total no atendimento. Tendo pessoas motivadas, comprometidas com a organização da qual fazem parte, o efeito colateral com certeza será em grau máximo positivo para o aluno/*coachee* e para os clientes que utilizarão a campanha publicitária de Q.I. (quem indica). Há, pelo menos, mais 10 pessoas no decorrer de um dia falando bem da organização cujos atendentes foram desenvolvidos, assim proporcionando a vinda de novos clientes dentro de um curto período de tempo.

A metodologia de *coaching* dá força maior ao desenvolvimento de cada integrante da equipe para que se tenha uma imagem sistêmica positiva de todo o grupo, refletida no atendimento e, por consequência, em aumento do fluxo de vendas, tendo em vista que o atendimento com qualidade é a grande ponte para o início e fechamento da venda e para fidelização de clientes.

32

A trilogia do poder como ferramenta para a liderança

O desafio para uma liderança de excelência e de alta performance é a conexão entre as várias e diferentes dimensões, integrando a unidade e o todo

Lara Maria

Lara Maria

Mestre em Comunicação (UMESP), *Master Coach Trainer* (IBC), Lato Senso em Comunicação e Cultura (UMESP), Jornalista (UMC). Professora da Universidade Cruzeiro do Sul em cursos de Graduação e Pós-Graduação. Diretora da Empresa: LM_Treinamentos & *Coaching* Empresarial. Desenvolve Treinamentos e *Coaching in Company* e ministra cursos voltados para a otimização da comunicação, criatividade, inteligência emocional, gestão de conflitos, elevação da *performance* etc. Especialista em desenvolvimento estratégico de pessoas com ênfase em comunicação, liderança, motivação, formação e coordenação de equipes. Estudiosa do comportamento e do desenvolvimento do potencial humano.

Contatos:
www.laramariacoaching.com.br
www.lmtreinamentos.com.br
lara@lmtreinamentos.com.br
lara_maria@uol.com.br
(11) 9199-8069

Lara Maria

"A felicidade é um princípio; é para alcançá-la que realizamos todos os outros atos; ela é exatamente o gênio de nossas motivações"
Aristóteles

Neste artigo quero refletir sobre o "poder" no prisma da filosofia grega. Escolhi Aristóteles[1], que nos traz a lume algumas importantes elaborações. A proposta é que, ao caminhar nessa leitura, você já vá se transpondo... Nessa brincadeira filosófica, toda vez que falarmos em Universo Cósmico, pode aqui ser substituído por Empresa, e, assim, vamos colocando os personagens que quisermos nesse jogo.

A essência fundamental do pensamento grego parte da certeza de que o Universo é um grande espaço cósmico ordenado e organizado. Cada coisa tem um lugar próprio, um lugar certo para estar. Nada existe por acaso. Tudo tem sua atividade e uma finalidade a cumprir: o vento "venteia", a maré "mareia" e o sapo "sapeia"![2] Percebemos que tudo no Universo cumpre seu papel, o vento venta e ventando ele cumpre a sua finalidade, ele não tem outro remédio senão viver adequadamente. O vento não pode errar, logo, vive sempre bem e acordado com o todo universal. O mesmo ocorre com a maré, com o sapo e com tudo o que há no Universo. Tudo existe como só poderia existir e cumpre harmoniosamente a sua finalidade, sendo assim, o todo poderá cumprir a sua finalidade também. Logo, podemos entender que as coisas são como são porque são maravilhosamente adequadas para a finalidade específica que é a sua.

A ideia grega do Universo cósmico é a ideia de sistema – um todo constituído por unidades funcionalmente interdependentes com atividades interconectadas; se uma delas não cumprir a sua finalidade, a outra também não poderá fazê-lo. O Universo todo pode ser entendido como um grande quebra-cabeça constituído por várias peças e você, pelo simples fato de existir, tem um lugar nesse quebra-cabeça cósmico. Então, quando você age no Universo, não age só em nome próprio, age em nome de todo o Universo e a sua conduta é muito específica e adequada ao funcionamento do todo. Ora, sendo assim, a ética grega é uma ética de ajustes.

Na perspectiva grega, cada um de nós tem também o seu lugar natural, uma atividade que faz jus à nossa natureza e uma finalidade que, se atingida com excelência, permitirá a todo o Universo que funcione bem. Eu não preciso entender a finalidade de um pedaço de "algo" fora do seu todo. Quando este "algo" está funcionando com seu todo eu entendo sua utilidade. Da mesma forma, eu tenho que viver dentro do funcionamento do Universo.

Diferentemente de todo o resto da natureza, que já está no seu

---

[1] Aristóteles. Ética a Nicômaco – livro 1.

[2] Artigo inspirado nas aulas do professor de Filosofia Clóvis de Barros Filhos da USP e da Casa do Saber onde cursei: "Etica"06/2005; "Grandes Questões da Humanidade" Setembro/2005 e "Retratos do Desejo – A face do consumo" Dezembro/2005. Exemplos usados em aula pelo professor.

Master Coaches

lugar, o homem é o único que tem que encontrar o seu lugar e sua finalidade, para isso ele tem um recurso – **a razão**. A razão é uma espécie de compensação para a nossa fragilidade instintiva, por não estarmos já no nosso lugar, por não termos as respostas, por não estarmos já inscritos nos nossos ofícios na máquina universal, então 'ganhamos' a razão para nos patrocinar. Temos que descobrir o nosso lugar, a nossa atividade, a nossa finalidade, pois, diferentemente de tudo o que existe, para nós o mundo ainda não está pronto.

Na natureza está tudo bem, vivendo do único modo como poderia viver, ou seja, cumprindo o papel para o qual ela foi designada. E eu?! Então, eu só vou viver bem quando cumprir a minha finalidade? Mas, então, qual é a minha finalidade? Sou uma parte diferente da sua e, portanto, o meu papel no funcionamento do todo é diferente do seu. Para Aristóteles, não há uma receita de vida que nivele os funcionamentos da mesma forma para todos. Logo, como é que eu sei o meu lugar? Aristóteles estava convencido de que quem tem que encontrar, descobrir a sua finalidade, é você. Mas, por outro lado, ele te dará duas pistas:

1) Somos singulares: *"A igualdade é um delírio matemático, não existe igualdade no mundo da vida. No mundo da vida só existe singularidade"*. Aristóteles, que muito gostava da observação empírica, continua: *"Não existe nem igualdade e nem diferença. As coisas são singulares. A diferença pressupõe comparação, a singularidade não"*. Logo, nossas finalidades também são singulares. Se tivéssemos a mesma finalidade, seríamos iguais! Ele diz ainda: *"A nossa finalidade é singular na medida da nossa singularidade"*. Em outras palavras, a minha diferença em relação a você está na diferença da minha finalidade. Para Aristóteles, temos um lugar, um talento, uma vocação natural, uma natureza que é do corpo que se adequa ao Universo, não nascemos com finalidades naturais para diversas coisas. A busca é singular, individual e intransferível. É claro que constatamos que a sociedade classifica as pessoas em função dos seus afazeres. Alguns "valem" mais do que outros, mas isso não tem nada a ver com a sua finalidade, que decorre da adequação da natureza do seu corpo com o Universo. Portanto, se você viver atrás de satisfazer padrões sociais correrá o risco de viver uma vida que não é a sua.

2) Somos parecidos: temos um ponto de intersecção entre as nossas finalidades. O ponto incomum entre as nossas singularidades é: a **felicidade!**[3] Em outras palavras, se a maré mareando cumpre a sua finalidade, o homem sendo feliz cumpre a sua finalidade que é: **ser feliz!** Você pode dizer: "Sou triste e é problema meu!". Não para Aristóteles. Porque você, ao ser triste, atrapalha não só a própria vida, mas

---

[3] Aristóteles. Ética a Nicômaco. Os Pensadores. Volume: 2. 4 ed. São Paulo: Nova Cultural, 1991. Livro 1.

a engrenagem universal, obstruindo o funcionamento do Universo.

Aristóteles refletiu sobre a felicidade enquanto finalidade que nos une. Felicidade em grego é **eudaimonia**[5]; ele muito falou de uma vida "eudaimonica", como sendo uma vida soberana, que vale por ela mesma. Um instante de uma vida eudaimonica é aquele que se esgota nele mesmo, que não precisa de mais nada para se justificar, é a razão de ser, é vida boa, é o sentir-se bem, é estar no seu lugar natural fazendo jus à sua natureza, é estar no lugar certo fazendo o que tem que fazer. Todas essas expressões significam o que é viver feliz, segundo o conceito grego. Para ele a **eudaimonia** é constituída de três partes, que juntas formam a excelência:

1. *Dynamis*: é a potência, a energia vital, o joule, a caloria, a disposição orgânica voltada para a atividade, a excitação para existir num determinado instante, *dynamis* é a possibilidade.

2. *Energéia*: é a conduta, a ação, a conversão da *dynamis* em *energéia* para a materialização do poder, tornando-se visível. Aqui, o poder se torna fenomênico, perceptível e digno de reconhecimento. Mas para que a excitação se converta em conduta excelente, precisa-se da:

3. *Hexis*: é a preparação, o treinamento, a repetição, a dedicação, o ensaio.

É do Universo que recebemos a ***dynamis***, para devolver a ele a energia de que ele tanto precisa. Estamos conectados ao Universo pela direita e pela esquerda. De um lado, ele me abastece de potência – talentos naturais, energia solar, alimentar, etc. Preparo-me e aprimoro aquilo que me é natural, que recebi – ***hexis***. Do outro lado, eu devolvo ao Universo a ***energéia*** como resposta a tudo de bom que ele me fornece.

Para Aristóteles, essa entrega só é excelente se estou no meu lugar natural. Se eu não achar meu lugar, não cumprirei a finalidade que é a minha, porque se eu estiver fora do meu lugar me torno impotente, vivo mal e atravanco o funcionamento das coisas. Não só estou no lugar errado como ocupo o lugar de outro que deveria estar ali. Não podemos viver para aquilo que não fomos talhados. Ficamos sem potência e a falta de potência beira a morte! Os gregos diriam: "Morte **por falta** de lugar", "morte por **estar fora** de lugar".

Na perspectiva grega, haveria uma espécie de **logos**[6] **divino**, uma espécie de inteligência cósmica que alinhou sua ***dynamis*** com seu corpo. Então, qualquer fratura nesse alinhamento provocará 'despotencialização', desmobilização, falta de poder, falta de engajamento, desajuste, catástrofe. Portanto, a condição fundamental da vida boa

---

[4]Aristóteles. Os Pensadores. Volume I. São Paulo: Nova Cultural, 1987. Livro 3.1 p.79-83.

[5]A palavra 'eudaimonia' é composta pelo prefixo eu = (bem) e pelo substantivo "daimon" = (espírito), tem-se proposto em alternativa expressões como "viver bem" ou "florescimento". Mas o consenso é que "felicidade" é adequado se o termo for apropriadamente compreendido no contexto filosófico da antiguidade. Fonte: Scott Carson. Universidade de Ohio. http://portal.filosofia.pro.br/o-que--eudaimonia.html

[6] O Logos, no grego, significava inicialmente a palavra escrita ou falada - o verbo. Mas a partir de filósofos gregos como Heráclito, passou a ter um significado mais amplo. Logos passa a ser um conceito filosófico traduzido como razão, tanto como a capacidade de racionalização individual ou como um princípio cósmico da Ordem e da Beleza. Fonte: Wikipédia.

Master Coaches

é essa adequação. Esse é o acordo da vida com o Universo Cósmico.

Um organismo não é excelente quando não cumpre com excelência a sua finalidade. Vale reforçar que só existe poder para Aristóteles numa situação muito precisa: quando estou no lugar certo, fazendo aquilo que eu preciso fazer e perseguindo a finalidade que é a minha, contribuindo para que tudo funcione da melhor maneira possível. A condição do poder está no alinhamento da finalidade cósmica. Seu mundo é ordenado e organizado e tudo funciona com excelência. Assim como deve ser nas empresas.

Uma organização empresarial só pode ser excelente quando todos nela cumprem suas finalidades. Aristóteles diria: "Delibere racionalmente bem sobre a vida e terá como prêmio uma vida saudável". O desafio do universo empresarial é encontrar o compasso entre: seus membros, suas atividades, o seu executar/realizar adequados com as finalidades individuais, como vimos no pensamento grego. Dessa forma, o funcionamento do corpo empresarial será saudável, produtivo e gratificante para todos. E o "todo" funcionará bem!

Os líderes de alta performance têm visão sistêmica. Sabem dirigir as pessoas para o bom funcionamento delas e do todo. Têm flexibilidade e adaptabilidade ao mundo em mudança. Mostram-se capazes de enfrentar a complexidade atual e, assim, estão preparados para os desafios de uma economia que cresce e fica mais complexa. As competições, dentro do universo empresarial, são pesadas. Entre tantas variáveis, esse profissional tem clareza de suas finalidades e de seu alinhamento, porque, de outra forma, não conseguiria ganhar o mercado tão concorrido.

O desafio para uma liderança de excelência e de alta performance é a conexão entre as várias e diferentes dimensões, integrando a unidade e o todo. Podemos dizer que é uma arte mesclar tantos universos, mas, para o líder que está adequado à sua finalidade, até o que parece difícil fluirá naturalmente.

"Lidamos no dia a dia com várias contestações... isso é natural, isso é humano, e, por isso, focamos na formação de profissionais de alta performance. Nosso foco é gerar e produzir profissionais competitivos e muito afinados. Nós buscamos o alinhamento entre os executivos, o grupo e a cultura organizacional da empresa, para que ela seja sustentável a longo prazo", disse Otávio Marques de Azevedo, presidente da Andrade Gutierrez[7]. Ele fala da importância da formação profissional, e, como vimos em Aristóteles, já recebemos do universo cósmico a *dynamis*: a potência, a energia vital, a disposição orgânica voltada para a atividade, a possibilidade. Agora, é só transformar tudo em *energéia*, em conduta, em ação!

---

[7]Entrevista ao "Conta Corrente Especial", programa televisivo veiculado pela Globo News . Fevereiro/2012.

Nesse aspecto, o *coaching* vem possibilitando importantes trabalhos em desenvolvimento humano, no cenário nacional e internacional, tanto no mundo empresarial quanto no individual. Estabelecer parceria entre o líder executivo e o *coach*, dentro de um universo corporativo, estimula e direciona os melhores profissionais para uma formação pessoal e profissional estruturada, sólida e com base numa gestão de qualidade.

São muitas as ferramentas e práticas que o *coaching* e os treinamentos disponibilizam, nesse processo de despertar e multiplicar os recursos existentes - que já recebemos em forma de *dynamis*, só "esperando" o *hexis*, para gerar toda a potência desejada! Fazer conhecer e trazer para a consciência esse poder permite facilmente a transcendência, e, logo, passamos a reconhecer o nosso lugar e finalidade. Tudo isso faz parte da riqueza e da beleza a que a reflexão do clássico pensamento grego nos convida.

Síntese:

Dynamis, Hexis e Energéia: sem um desses três elementos fica amputada a trilogia do poder em Aristóteles. E que grande beleza essa concepção de poder, que é, ao mesmo tempo, individual e universal: **o Universo te abastecendo de um lado e você devolvendo do outro. Esse mecanismo te permite grande entusiasmo**[8] **com a vida. Você fazendo aquilo que melhor sabe fazer e entregando da melhor forma que pode entregar. Isso vem a ser a causa final da sua existência!** Significa que você está alinhado, encaixado e ajustado com o Universo, portanto, tudo o que tiver a ver com esse 'fazer' implicará em **enorme potencialização** da sua existência. E você não experimenta essa excitação em nenhuma outra situação ou atividade.

---

[8]**Entusiasmo** significa: "**Deus vibrando em você**" ou "Deus dentro de nós em ação". Vem do grego, a partir da junção de três palavras: "en", "theos" e "asm": 'Theos' é Deus, 'en' é um prefixo que significa dentro e 'asm' designa ação. Assim, o significado para "entusiasmo" era também o de exaltação ou arrebatamento extraordinário. Hoje é entendido como um estado de grande euforia e alegria, refletindo em uma consequente coragem.

Master Coaches

33

O Processo de *Coaching* sob a Ótica da Comunicação

Aprendemos que comunicação é um processo no qual um emissor envia uma mensagem a um receptor através de um meio ou canal, o qual gerará uma resposta (*feedback*) que realimentará o processo. Muito simples, não fosse pela interferência dos chamados ruídos ou barreiras, que atrapalham ou mesmo interrompem totalmente a mensagem. A confusão começa aqui, uma vez que identificar os ruídos não é tão fácil quanto parece: visões de mundo, formação religiosa e acadêmica são alguns dos motivadores de ruídos que podem impedir que emissor e receptor tenham uma boa comunicação

Lisiane Szeckir

Lisiane Szeckir

Publicitária com Especialização em Comunicação pela ESPM/POA. Analista Comportamental e *Master Coach* formada pelo Instituto Brasileiro de *Coaching*, com reconhecimento internacional pelo ICI (*International Association of Coaching Institutes*), ECA (*European Coaching Association*) e GCC (*Global Coaching Community*). Docente na Escola de Governo do Estado do RS, na ADVB-RS e na Univates – Lajeado. Diretora da Líbera Treinamento e Capacitação, atua há 14 anos na área de desenvolvimento humano, através de programas nas áreas de atendimento, comunicação, equipes, formação de líderes e *coaching*.

Contatos:
www.libera.com.br
lisiane@libera.com.br e lisianeszeckir@terra.com.br

Lisiane Szeckir

O objetivo principal deste artigo é fazer um paralelo entre o processo de *coaching* e os processos de comunicação, de forma que este entendimento seja útil a *coaches* e *coachees*. A comunicação é um processo amplamente estudado e ainda falho para a maioria de nós. Estudamos, aprendemos o conceito, mas, na prática, a comunicação ainda está longe de ser um processo que funcione perfeitamente bem. O grande motivo desta dificuldade é justamente a natureza humana, tão diversa e tão mutável.

Aprendemos que comunicação é um processo no qual um emissor envia uma mensagem a um receptor através de um meio ou canal, o qual gerará uma resposta (*feedback*) que realimentará o processo. Muito simples, não fosse pela interferência dos chamados ruídos ou barreiras, que atrapalham ou mesmo interrompem totalmente a mensagem. A confusão começa aqui, uma vez que identificar os ruídos não é tão fácil quanto parece: visões de mundo, formação religiosa e acadêmica são alguns dos motivadores de ruídos que podem impedir que emissor e receptor tenham uma boa comunicação.

O paralelo com o processo de *coaching* se mostra fundamental a qualquer *coach* ou *coachee*, para minimizar ruídos e principalmente acelerar resultados de forma permanente, que é o objetivo principal dessa ferramenta. Para tanto, convido você a pensar de forma ampla a respeito da comunicação no processo de *coaching* através de alguns questionamentos práticos.

Primeiro passo: estabelecimento de uma conexão

Antes que qualquer tipo de comunicação comece, existe o interesse. A partir dele, a conexão entre emissor e receptor se consolida e permite que ambos possam interagir. No processo de *coaching*, a conexão se mostra ainda mais importante, uma vez que sem interesse e, por consequência, sem conexão, o caminho a ser trilhado pode ser mais difícil do que o previsto. Como *coach*, observo a importância de um bom começo: permitir-se investir tempo em perceber realmente o *coachee*, entender o seu tempo e o que ele busca com o processo de *coaching*. Vale também um bom exercício de *coaching education*, do entendimento de como o processo funciona e quais são seus objetivos, já que para muitos este ainda é um assunto relativamente novo. Sendo *coach* ou *coachee*, permita-se este tempo de entendimento e estabelecimento de uma conexão, que validam todo o processo.

O *coach* que sabe fazer uma boa conexão promove empatia suficiente para compreender pausas, dificuldades de expressar sentimentos, percepções distorcidas (típicas de quem está em busca de um processo de autoconhecimento); sabe também que perguntar é

Master Coaches

fundamental, não só para entender o ponto de vista do *coachee*, mas também para que o próprio *coachee* entenda seu momento. Estudos em neuroaprendizagem dizem que o exercício de falar e o de pensar ocorrem em espaços cerebrais diferentes. Perguntas coerentes e que explicitem o que o *coachee* está sentindo permitirão não só uma boa definição de objetivos, como também um bom entendimento de ambas as partes, facilitando a conexão e o início de um belo processo.

Perguntas do *coach* que podem auxiliar na conexão:
• O que você quer dizer com isso?
• O que faz com que você se sinta desta forma?
• Por que você acredita que isso pode prejudicá-lo?
• Como você acredita que o processo pode ajudá-lo?

Palavra-chave: Empatia!

Atenção aos códigos

Os códigos em comunicação dizem muito, não só sobre você, mas também sobre quem interage – ou não – com você. Assim como os códigos verbais em sua tradução literal viabilizam o entendimento de determinados segmentos, como o código morse, por exemplo, ou mesmo os idiomas, os códigos não-verbais também auxiliam ou prejudicam o entendimento da mensagem. A forma de falar, expressões, gírias, fazem parte de determinados grupos e às vezes podem segregá-los através da linguagem, assim como a forma de vestir e expressar-se também contém códigos bem diferenciados.

No processo de *coaching*, é de suma importância perceber os códigos comuns entre *coach* e *coachee*, pois eles podem ser grandes aliados no momento de conexão e *rapport*. Muitas vezes o ambiente funciona como um grande código, como pano de fundo para a comunicação fluir melhor. Certa vez, atendi um *coachee* para o qual as sessões funcionavam muito melhor ao ar livre, uma vez que ele comentava como era importante poder sair do ambiente corporativo, no qual ele ficava mais de 14 horas por dia. Percebendo este "facilitador", passamos a fazer as sessões em um parque, onde as percepções e avaliações fluíram de forma muito mais ágil e permitiram uma conexão com aspectos importantes para ambos.

O *coach* que presta atenção aos códigos não precisa necessariamente adotá-los para forçar uma técnica de espelhamento, até porque pode funcionar às avessas. Cabe a ele, porém, entender e respeitar os códigos de seu *coachee*, para que a comunicação continue fluindo de maneira satisfatória.

Palavras-chave: Atenção e Respeito.

Ouvir na essência

Muitos estudiosos e mesmo a sabedoria popular dizem que o grande problema da comunicação é o não ouvir. Obviamente, existem outros fatores que interferem no processo, mas realmente o "ouvir na essência", ou seja, compreender o que está sendo dito, sentido, percebido, é para quem está verdadeiramente interessado na mensagem e no emissor. Sabe-se que a comunicação verbal responde apenas por cerca de 7% do entendimento da comunicação; os outros 93% correspondem à linguagem não-verbal, que inclui gestos, tom de voz, expressões, entre outros. Ouvir na essência parece, então, fundamental para este entendimento.

O escritor Umberto Eco diz "O Homem é um ser que navega pelas águas abertas do sentido e não uma máquina que transmite informação". Ouvir na essência parece assemelhar-se a esta percepção, o olhar além do que as palavras dizem, o que está sendo transmitido através dos sentidos e, assim, poder identificar o que realmente diz a mensagem.

Palavra-chave: Interesse.

Ruídos = caminhos de solução

Há uma quantidade de informações em uma comunicação qualquer que não são percebidas, onde perdemos boas chances de entender profundamente o que o outro quer dizer. Nossos filtros pessoais, nossa bagagem cultural, educacional, familiar, permitem que vejamos com mais facilidade o que é confortável ao nosso contexto. Nesta análise, cabe observarmos o poder dos ruídos, não só no sentido de interferir, atrapalhar, mas como caminhos de solução no processo de comunicação, como também no processo de *coaching*.

Em comunicação, os ruídos são traduzidos por tudo o que possa interferir ou mesmo interromper a mensagem: ruídos literais, como interrupções que envolvam som ou tirem a atenção de emissor e receptor, ou ruídos indiretos, como percepções, formação religiosa, familiar, acadêmica, entre outros. Um exemplo simples de ruído indireto é quando em um grupo alguém conta uma piada, mas só metade do grupo ri, sendo que a outra metade ficou ofendida por algum aspecto, mesmo que não fosse a intenção do emissor da mensagem (que, neste caso, contou a piada).

Quando falamos dos ruídos de comunicação em um processo de *coaching*, pode parecer mais complexo do que parece. Um ótimo exemplo são as crenças pessoais de *coaches* e *coachees*. Sendo o *coaching* um processo de cocriação e parceria, é natural que não só os ruídos que vem do *coachee*, como também os que vêm do *coach*,

Master Coaches

possam interferir no mesmo. Certa vez acompanhei um *coachee* que amava muito seu trabalho, mas queria desenvolver seu próprio negócio em outro segmento. A crença de gostar muito do que fazia, verbalizada em frases do tipo "não me vejo fazendo outra coisa" poderia estar limitando as iniciativas de formar um negócio em outro segmento. A forma como pensamos e verbalizamos o que sentimos tem uma força maior do que possamos supor, e cabe ao *coach* perceber estas pequenas "armadilhas", que na verdade são caminhos apontando para a transformação. Da mesma forma, um *coach* que, por exemplo, tem em suas crenças que suas sessões serão sempre em um determinado local, poderá ter dificuldade em entregar-se ao processo caso ele seja feito em outro local, ou em outro horário, como por exemplo, aos finais de semana, o que, aliás, é muito comum em atendimentos de *coaching*. Todos estes aspectos do entendimento dos ruídos de comunicação no processo de *coaching* fazem com que o *coach* tenha uma percepção e, por consequência, um sucesso acima do esperado. Cabe ressaltar também que o não julgamento é ferramenta importantíssima para o entendimento e aproveitamento destes ruídos como potencializadores de resultados.

O poeta Fernando Pessoa diz que cada um tem uma ideia de mundo só sua, e quando mudamos nossa visão de mundo, o mundo muda para nós. Enxergar o outro pela sua ótica, através dos seus "óculos" pode ser um excelente caminho para amenizar o efeito dos ruídos da comunicação no processo de *coaching*, além de beneficiar a ambas as partes no exercício do autoconhecimento.

Palavra-chave: não julgamento.

Plano de ação, plano de sucesso

Em comunicação dizemos que a mesma só acontece quando há o *feedback*. Sem ele, não podemos saber se a mensagem foi ou não entendida, se existem ajustes a fazer. O *feedback* atua então como um indicador de sucesso do envio da mensagem. No processo de *coaching*, o principal *feedback* é a transformação do *coachee* rumo aos seus objetivos. Assim, podemos observar no plano de ação e na conclusão das tarefas semanais grandes indicadores de interesse, resultado e mudança. Da mesma forma que em um processo de comunicação, quando um *feedback* não traz o retorno esperado, o *coach* deve acompanhar cuidadosamente o desenvolvimento das tarefas propostas semanalmente, o interesse em colocá-las em prática, bem como atuar com patrocínio positivo e ações motivadoras para que juntos possam alcançar os objetivos traçados.

O plano de ação do processo de *coaching* não é um fim, e sim um meio. Construí-lo corretamente é, com certeza, um facilitador de resultados, mas entre a intenção e a prática há a distância da vontade; e é neste ponto em que o *coach* trabalha e deve estar atento, para que o plano de ação torne-se um plano de sucesso!

Palavra-chave: acompanhamento.

Coaching = comunicação

O processo de *coaching* usa da comunicação para existir. A interação de códigos comuns, a escuta cuidadosa e o princípio do não-julgamento são ferramentas fundamentais para que este se configure como um plano de sucesso. Muitas vezes não é um caminho fácil: entramos em contato não só com as limitações do outro, como as nossas também. Desenrolar alguns "nós" exige habilidade, paciência e entrega. O que poderia, porém, fazer deste um empecilho, é na verdade um grande facilitador no processo de autoconhecimento e desenvolvimento de todos os profissionais envolvidos.

Quando há entrega e desenvolvimento, a vivência do processo de *coaching* permite um resgate de essência e identidade. São vários os caminhos, e o exercício de conhecer-se pode ser uma grande viagem. Acredite você também na redescoberta de nós mesmos através da consciência e permita-se ser a melhor pessoa que você pode ser.

Master Coaches

34

Coaching de Relacionamento

O *Coaching* de Relacionamento é um grande aporte na construção de relações humanas conscientes. Através de perguntas, ajuda o *coachee* a relacionar-se melhor consigo mesmo, com o outro e com seu entorno. Em muitas equipes e organizações, a cobrança por resultados é frequente e intensa. Entretanto, as falhas nas relações são parte das principais causas da baixa produtividade. O investimento nas relações é vital para quem quer atingir a alta *performance*

Luiz Cláudio Riantash

Luiz Cláudio Riantash

Diretor da Humanni Assessoria e Treinamento Pessoal, atuou como Professor de Graduação e Pós-Graduação da Fundação Getúlio Vargas, formado em administração pela Universidade FUMEC, MBA em Gestão de Pessoas na Fundação Getúlio Vargas, *Master Coach* formado pelo *Coaching Express* CB, Membro da Equipe Internacional de Instrutores de *Coaching Express Condor Blanco*, Atuou como Instrutor na Formação *Master Coaching Condor Blanco*, módulos 3 e 4, no Chile. Instrutor do Seminário Internacional Lider *Coaching*, Especialista em *Coaching* para Vendas, *Coaching* de Equipes e *Coaching* Criativo, Consultor de empresas e Palestrante nas áreas de Comunicação, Vendas e Relações Humanas. Treinou em seus seminários e processos de *Coaching* funcionários de empresas como Vale, Petrobras, Gerdau, Teksid, Cemig, Unimed, Fiat, Banco Itaú, Novartis, Embratel, MRV, dentre outras.

Contatos:
www.humanni.com.br
www.coachingcb.com
www.riantash.com.br
riantash@humanni.com

Luiz Cláudio Riantash

Nós podemos viver sem as pessoas? Nós podemos morrer sem as pessoas? Qual é o maior valor que nós temos? Nossa casa? Nosso carro? Não, nada disso. Nosso maior valor são as pessoas. Pare por dez segundos e imagine-se tendo tudo o que você sempre sonhou e imaginou. Agora veja todo esse sonho sem pessoas. O que você sente? Como seria o mundo com você apenas? Qual será o verdadeiro legado que você deixará para o mundo? A forma como você tratou, ajudou e transformou as pessoas é que vai definir o que vão sentir e dizer sobre você quando não estiver mais aqui. Veja o exemplo de mestres iluminados como Jesus, Buda e Sócrates. O que eles fizeram pela humanidade os tornou imortais. Você quer ser lembrado por quantos anos?

Relações x Resultados

Quando o foco principal são os resultados e os recursos humanos ficam de lado, graves consequências podem ser causadas. Em curto prazo, é possível que funcione o método de exercer pressão sobre os empregados para obter produtividade. Contudo, em longo prazo, este sistema traz frustração, desmotivação e rebeldia.

O ser humano é emocional e tem uma gama de necessidades. Se a necessidade de reconhecimento e estima não for satisfeita, ele não conseguirá ter grandes desempenhos. O vazio emocional criará barreiras internas e impedirá seu grande avanço. Por isso, o foco deve ser direcionado às pessoas. Apenas através delas obtemos os resultados. Com as relações saudáveis, cria-se o terreno ideal para a **alta** *performance*.

A importância do líder

Quantas vezes você já entrou numa empresa e sentiu o clima pesado do ambiente? Procure investigar como está a produtividade dessa organização e você provavelmente descobrirá problemas de relacionamento. O líder deve ser o exemplo das relações, pois a equipe é o seu reflexo. Líderes carrancudos, que não sorriem e que não são apaixonados por pessoas, também possuem limites que precisam ser expandidos. Tudo depende dele, ou o líder motiva ou o líder desmotiva. Segundo pesquisas, de cada três pedidos de demissão, dois são causados por problemas com a liderança.

Segundo o autor Suryavan Solar, no Livro Manual para Líderes, "o Líder deve destinar parte do seu tempo a cultivar Relações. Isto é, aprender a escutar e conhecer as necessidades, prioridades, fortalezas, debilidades e os projetos de vida dos membros de sua Equipe." Um líder integral precisa ser apaixonado pelas pessoas e também

Master Coaches

pela produtividade.

Alguns desafios nas relações e a solução

• **Excesso de críticas** – A crítica deixa a pessoa na defensiva, gera traumas, faz o criticado criar desculpas e justificativas que só pioram a situação. A crítica é perigosa, porque fere o orgulho de cada um e gera ressentimentos.

Solução: usar um grande segredo: enxergar o que há de melhor no outro. Quando se deparar na frente de alguém, preferencialmente numa situação desafiante, pergunte-se: o que eu admiro nessa pessoa? O que vejo nele que me deixa empolgado? Por que devo gostar dessa pessoa? Verbalize essa admiração através do elogio.

John Dewey, um dos mais profundos filósofos da América, disse que "a mais profunda das solicitações na natureza humana é o desejo de ser importante". Quando alguém é apreciado, é como se fosse satisfeita uma grande necessidade e, com isso, nasce a satisfação. Quando isso ocorre, os departamentos e as organizações trabalham com muito menos pressão e com grande leveza.

• **Falta de reconhecimento** – Trata-se da causa principal de desmotivação e frustração, afetando as relações e o desempenho. A falha ocorre, quando não se retribui de maneira justa o esforço de cada um, principalmente quando se alcançam grandes resultados.

Solução: agradecer e elogiar o esforço de cada um. Identificar qual pode ser a melhor retribuição. O reconhecimento motiva as relações e faz com que o outro se entusiasme com a sua presença. Pode ser feito em público, de maneira privada, verbal ou por escrito.

• **Falta de comunicação assertiva** – Esse é um desafio frequente na maioria das organizações e um grande vilão na geração de conflitos. Quando não há assertividade, cria-se espaço para dúvidas, interpretações e histórias. O prejuízo nas relações é quase certo.

• **Solução:** planejar a comunicação e adaptar à pessoa. Não levar as coisas para o lado pessoal e não fazer suposições. Cheque com a pessoa o que você compreendeu e confirme suas percepções. A nossa palavra é nosso poder e ela pode construir ou destruir, de acordo com a forma como é utilizada.

• **Falta de "escutatória"** – Muitos investem na oratória, mas a "escutatória" anda escassa nas organizações. Com a chegada dos smartphones e dos tablets, estamos cada vez mais investindo a direção dos nossos olhares para telas de LCD e cada vez menos para os olhos das pessoas. Muitos se preocupam mais com o que vão dizer do que com o que o outro está dizendo. A falta de serem ouvidas faz as pessoas procurarem, cada vez mais, profissionais que as escutem com atenção, como terapeutas, *coaches*, consultores e profissionais especializados em atendimento individual.

• **Solução:** pSraticar a escuta ativa, ou seja, estar totalmente presente no diálogo. Foco total no outro. Faça perguntas que o outro sinta prazer em responder. Estimule-o a falar sobre si mesmo e seus assuntos preferidos.

• **Falta de interesse sincero** – Quando estamos direcionados somente aos nossos objetivos e metas, corremos o risco de ignorar o outro e consequentemente também somos ignorados. As pessoas só se interessam por quem se interessa por elas.

Solução: você pode fazer muito mais amigos em dois meses se interessando verdadeiramente pelas pessoas do que em dois anos, tentando fazer com que se interessem por você. Seja interessado e será considerado interessante por todos.

Certa vez, fui a um órgão público Estadual. A gerente do setor me contou como o superintendente era querido por todos. Tratava-se de um jovem que cresceu rápido na carreira. O segredo dele: fazer questão de cumprimentar a todos quando chega. Se for um homem, ele dá um aperto de mão e um sorriso. Se for uma mulher, dá um abraço ou um toque gentil nas costas. As coisas mais simples são as que trazem os melhores resultados.

O papel do *coach* de relacionamento

O papel do *Coach*, é identificar os principais desafios no relacionamento das pessoas, das equipes e conduzir para a solução. O *Coach* pode fazer uso de dinâmicas, perguntas poderosas, vídeos, etc. É importante que as relações tenham uma base sólida, ou seja, que os membros conquistem a sintonia entre si. A partir daí o *Coach* conseguirá extrair muito mais resultados do seu trabalho e poderá apoiar a equipe e utilizar todo o seu potencial.

A lei do espelho nas relações

Entregue amor aos outros através da gentileza, do encorajamento, do apoio, da gratidão ou de qualquer outro bom sentimento. Ele voltará para você multiplicado em todas as outras áreas da sua vida, como a da saúde, do dinheiro, da felicidade e da carreira.

Quando há no trabalho a crítica, a fofoca, a raiva, a impaciência ou qualquer outro mau sentimento, com toda certeza essa negatividade voltará e circulará livre pelo ambiente. As relações são um espelho de cada um. O que você dá aos outros é o que recebe. Cabe ao *coach* identificar isso e através do *Coaching* de Relacionamento reverter esse quadro.

A questão não é o outro

Muitos pensam que um relacionamento é bom ou ruim por causa da outra pessoa, mas não é bem assim que a vida funciona. Segundo Rhonda Byrne, no livro "O Poder", "Não se pode receber nada na vida a menos que seja o primeiro a dar. O que quer que você dê, receberá de volta." Portanto, a questão não é absolutamente o outro: é você! A questão é o que está entregando e o que está sentindo.

O autor Og Mandino disse: "Estenda cada pessoa, por mais superficial que seja o seu contato com ela, todo cuidado, delicadeza, compreensão e amor que puder, e faça isso sem nenhum ideia de recompensa. A sua vida nunca mais será a mesma".

A Importância dos Acordos

Os acordos são recursos e atitudes que servem para criar e ter boas relações. Segundo Suryavan Solar, "devem ser claros, apresentados por escrito e serem notificados à Equipe, para que através do consenso de todos se estabeleça o compromisso legítimo dos integrantes." Os acordos podem ser de responsabilidade, de respeito, de comunicação, de apoio, de confiança, dentre outros.

O acordo de confiança se torna imprescindível, uma vez que a confiança é a base das boas relações. Uma equipe sem confiança não vai muito longe. O *Coach* pode apoiar na elaboração de acordos entre os colaboradores, deixando tudo registrado e ao alcance de todos.

Feedback – A ferramenta indispensável

O *feedback* é um processo de comunicação e melhoramento a nível pessoal e grupal.

Percebo que nos processos de *Coaching* de equipes que promovo, um dos momentos que a maioria se identifica são com as práticas de *feedback*.

Quando existe a liberdade entre os colegas para se expressarem, os problemas na relações não se acumulam, evitando estresse e a raiva.

Para ser bem-sucedido é importante que um *feedback* cumpra os seguintes requisitos:

• Seja honesto.

- Tenha uma intenção positiva, de crescimento para a outra parte.
- Tenha uma comunicação clara, baseada em fatos concretos.
- Seja livre de interpretações e julgamentos.
- Não se estender por mais de 3 minutos.
- Seja na primeira pessoa (eu).

Pode ser que seja necessária a presença de um moderador, que pode ser o *coach* ou um líder interno.

É importante também que haja o contato visual e uma postura adequada de ambas, com uma linguagem corporal aberta e receptiva.

Gosto do *feedback* "sanduíche", onde você começa ressaltando um ponto positivo, em seguida posiciona o aspecto a melhorar e encerra com um mais um ponto positivo.

O resultado dessa abordagem é um aumento na predisposição do outro em redesenhar seus pontos falhos.

O *feedback* quando frequente, fortalece e ilumina as relações, despertando o melhor de cada um e gerando confiança.

Case de *Coaching*

Certa vez, fui contratado para realizar um processo de *Coaching* de equipes com um grupo de quatro sócios de uma empresa que trabalha com produtos para o bem-estar. A ideia deles era quadruplicar o faturamento num prazo de um ano. A Meta era alcançável pelo potencial do negócio. A empresa havia sido inaugurada há apenas 12 meses. No entanto, havia um grande entrave: eles se relacionavam muito mal.

Na primeira reunião isso ficou bem claro. Pedi para cada um escrever numa folha separada seus objetivos para a organização e aonde queriam chegar dentro do período de um ano. Pedi para colocarem também os desafios que enfrentavam naquele momento. A surpresa foi que cada um tinha um objetivo bem diferente, ou seja, não existia um propósito único para todos. Um dos sócios reclamou da incompetência dos demais e os outros três reclamaram da arrogância e prepotência deste sócio. Com esse diagnóstico, percebi que antes de trabalharmos as metas, precisávamos trabalhar as relações, que estavam muito comprometidas.

Sem expor ninguém e através de perguntas, propus a eles direcionarmos as primeiras sessões para a melhoria do relacionamento interpessoal. Todos reconheceram essa debilidade e toparam sem resistência. Fizemos o trabalho e percebemos com o passar das sessões uma grande melhora no clima organizacional. Nas primeiras sessões, eles chegavam a fazer cerca de 20 a 30 críticas e xingamentos entre eles, número que foi praticamente zerado na sexta sessão de *Coa-*

Master Coaches

ching de equipes. O problema de relações era realmente agudo e num determinado momento, quase romperam a sociedade. Graças a abertura a mudanças desses quatro sócios, eles se entregaram nas dinâmicas e conseguiram reverter essa situação.

Hoje, pode-se considerar que, além de sócios, são amigos. Os resultados da empresa vão de vento em polpa. Vejo que se focássemos primeiro nas metas e tapássemos os olhos para o conflito que estava diante de todos, provavelmente essa empresa hoje estaria na lista das várias que se fecharam com menos de dois anos de existência. Um diagnóstico pode indicar a presença de entraves nos relacionamentos e o *Coach* com isso, pode recorrer ao *Coaching* de relacionamento.

Algumas ferramentas e dinâmicas utilizadas com essa empresa:

• Conscientização através de uso e disseminação de princípios universais de relações humanas.
• Dinâmicas de *feedbacks*.
• Dinâmicas de reconhecimento e elogios em duplas e em público.
• Perguntas poderosas com foco nas fortalezas e potencialidades de cada um.
• Tarefas de confraternização entre eles.
• Recomendação de leitura de livros sobre relações humanas.
• Filmes e trechos de vídeo sobre interação e união da equipe.

"Relacionar-se é conseguir a habilidade de nos amar e amar, de crescer e fazer crescer aos demais, expandindo-nos produtivamente para poder expandir esse amor, tocando corações e despertando consciências."
Suryavan Solar - *Master Coach* e criador do *Coaching Express Condor Blanco*

35

Sherpa Coach

275

Você já ouviu falar em *Sherpa*? E no Monte Everest? E o que isso tem a ver com *Coaching*? Prepare sua mochila, seu equipamento de escalada e venha descobrir.

Marco Barroso

Marco Barroso

Advanced Coach Senior e *Certified Master Coach* pelo *Behavioral Coaching Institute* – BCI. Mestrando em Recursos Humanos (Universidad Miguel de Cervantes), Psicopedagogo, Cientista de Computação (PUC-Rio), MBA Executivo em Gestão (Ibmec), MBA em Logística, Especialista em Pedagogia Empresarial e em Docência do Ensino Superior. Formação de Professores-Tutores para EAD pela FGV. Formação em Criatividade pela *State University of New York* e em Gerenciamento de Conflitos pelo Colégio Interamericano de Defesa (Washington – D.C). Oficial do Exército (na reserva), Professor Universitário, *Trainer* Comportamental e Professor de Judô. Atualmente é Diretor-Presidente do Instituto Superior de Pesquisa e Desenvolvimento em Educação – IPED, *Master Coach Senior* e Facilitador do Instituto Brasileiro de *Coaching*, Consultor de Treinamento na Dinsmore *Associates* e Professor do SENAC Rio.

Contatos:
www.marcobarroso.com.br
mister.treinamento@gmail.com
(21) 8816-8880
facebook.com/mister.treinamento

Marco Barroso

"SHERPA". Você sabe que tipo de atividade um *Sherpa* desempenha? Sabe qual o seu local de trabalho? Quais são suas atribuições? Qual a relação entre o *Sherpa* e o *Coaching*? Para responder a essas questões convido você a se imaginar na base do Monte Everest, o topo do mundo, situado na fronteira entre o Nepal e o Tibete. Você, nesse momento, conseguiria empreender uma escalada até uma altitude de 8.840 metros, sozinho? Provavelmente não!

Sherpas são os nativos da região do Himalaia que ajudam os escaladores durante sua jornada. Algumas características marcantes desse profissional que estão relacionadas ao *Coaching*:

• *Sherpas* estão acostumados a grandes altitudes; *Coaches* são profissionais experimentados na arte de conduzir pessoas na direção desejada;

• *Sherpas* podem prever mau tempo, o que pode tornar a escalada perigosa ou até mesmo inviável; *Coaches* podem pressentir "perigos" na vida profissional ou pessoal do *Coachee*;

• *Sherpas* traçam as melhores rotas, pois conhecem como ninguém o terreno; *Coaches* podem traçar, cocriando com o *Coachee*, o melhor caminho para que este atinja seus objetivos;

• *Sherpas* propõem ideias e oferecem sugestões que facilitem o processo de escalada; *Coaches* possuem sua "Caixa de Ferramentas" para serem utilizadas junto ao *Coachee* durante o processo de *Coaching*.

• *Sherpas* só falam quando tem um pensamento ou ideia específica para compartilhar; *Coaches* conduzem o processo sem intervir diretamente, de modo que o *Coachee* ache as respostas de que precisa, por sim mesmo.

Agora que você já conhece o que faz um Sherpa, passemos às 10 características de um bom *Sherpa Coach*:

1. Bom Ouvinte
2. Inquisitivo
3. Observador Objetivo
4. Centrado, no Controle do Diálogo
5. Direto e Honesto
6. Flexível
7. Intuitivo
8. Boa Memória
9. Credibilidade
10. Confiabilidade

Master Coaches

Passemos, então, a detalhar tais características:

1. Bom Ouvinte. Todos os *Coaches* se beneficiam ao terem boa habilidade de ouvir. Se você gosta de falar muito, contar histórias e ser o centro das atenções, procure guardar essas características para outro momento que não seja o de uma sessão de *Coaching*. Caso você fique cansado facilmente em ouvir histórias de pessoas, provavelmente terá um trabalho extra para ser um *Sherpa*. *Coaches* são grandes ouvintes antes de tudo. Isso significa escutar e entender. O dicionário Aurélio nos traz a definição de ouvir como sendo o "o esforço consciente de escutar". Bons *Coaches* podem ouvir uma história e então definir o tipo de personalidade do *Coachee* e suas relações durante a sessão. Essa qualidade é a principal de todas e não por acaso vem no primeiro lugar de nossa lista.

2. Faz Boas Perguntas. Questões permitem que o *Coachee* trabalhe no foco para resolver seus problemas. *Sherpas* usam questões do tipo: **"O que você quer dizer com isso?", "Você pode explicar com mais detalhes?"**, **"O que você poderia ter feito de diferente?"**, entre outras. Essa natureza inquisitiva do processo, realmente aprofundando o debate, cria um verdadeiro ambiente de aprendizagem para o *Coachee*. Ele, ao perceber isso, faz toda a diferença no relacionamento *Coach-Coachee*. O *Sherpa* trabalha com o *Coachee* no tema até que este obtenha por conta própria a resposta. Às vezes o *Coach* não precisa fazer mais do que uma pergunta para que surja a resposta no *Coachee*. Se a verdade soa difícil para o cliente, não será o *Sherpa* que irá dizê-la. Ao dar respostas prontas, o *Sherpa* não desafia, no bom sentido, o *Coachee* a buscar em seu interior a solução. Isso pode ser bastante frustrante para o *Coachee*, bem como para o processo de *Coaching*. O *Sherpa* deve ser, ao mesmo tempo, desafiador e encorajador, carinhosamente honesto. Para isso que o *Sherpa* é pago.

3. Observador Objetivo. Menos de 30% da comunicação vem das palavras que uma pessoa diz. Um bom *Sherpa* percebe a linguagem corporal, inflexão da voz e os maneirismos do *Coachee*. Você deve analisar a maneira como o seu cliente escolhe as palavras e também o contraste entre o que ele fala e sente. Preste muita atenção nas mensagens que o *Coachee* está emitindo. Ele, às vezes, pode não se dar conta da extensão e das ramificações da situação que ele está lhe descrevendo. Com a sua ajuda, ele vai perceber novos detalhes e tirar conclusões que não conseguiria por conta própria. Repare no Diário

Marco Barroso

de Bordo do *Coachee*, como ele o preenche. Como ele reage aos seus questionamentos? Como ele realiza as tarefas? Ele deixa alguma coisa pendente? O que ele quer falar e o que ele precisa falar? O silêncio de um *Sherpa* é uma ferramenta poderosa que o ajuda a descobrir o que realmente está acontecendo com o *Coachee*.

4. Centrado, no Controle do Diálogo. Certifique-se de que você entende plenamente o processo de *Sherpa Coaching*. Em seguida deixe o processo seguir seu curso. A proposta do *Sherpa Coaching* é baseada em 12 encontros de 1 hora cada. Pode acontecer facilmente do *Sherpa* se deixar levar por uma semana ruim do *Coachee* e fazer muito pouco progresso em uma determinada sessão. Também pode ocorrer do *Sherpa* cair na chamada "armadilha da Terapia" e perguntar sobre o passado, por exemplo: "Porque seu pai agiu dessa forma?". O papel do *Sherpa* é impedir que a sessão se perca dessa forma. Embora flexibilidade seja importante, é necessário manter a espinha dorsal da sessão intacta. O processo é fundamental, acredite nele! Se o diálogo começar a "sair pela tangente", o *Sherpa* pode agir da seguinte forma para que a sessão volte para o seu eixo:

"Fulano, parece que esse fato envolveu um forte componente emocional. Como você pode relacioná-lo com a nossa discussão sobre valores?"

"O que realmente importa, quando você fala em relação ao processo que estamos fazendo?"

O *Sherpa* conduz o que diz. Ele também controla todo o ambiente no qual o cliente está inserido.

5. Direto e Honesto. Pare ou redirecione a conversa se ela estiver indo na direção errada. O trabalho do *Sherpa* é permanecer focado no objetivo do processo e no sucesso do cliente. Na posição de *Coach*, você tem controle e autoridade. Ocasionalmente, o *Coachee* pode se tornar emotivo com coisas triviais. Nesse caso o sentimento é real, mas improdutivo. Você pode "cortar" a conversa sem criar conflito e sem julgar da seguinte forma: "Nosso objetivo hoje é...". Ser direto não significa necessariamente forçar nada ou ser negativo. Eventualmente o *Coachee* pode compartilhar uma estória cheia de desdobramentos e que parece não ter fim. Interrompa-o delicadamente, fazendo uma recapitulação do que foi dito até ali e em seguida pergunte: "O que isso significa para você?". Esse tipo de ação pode parecer abrupta, mas o cliente perceberá o efeito e vai saber

Master Coaches

apreciar sua atitude.

6. Flexibilidade. É a mais importante habilidade que um *Sherpa* pode desenvolver. Entenda as necessidades e desejos do *Coachee*, suas prioridades, porém siga sempre o processo. Pode ser necessário que você saia da sua zona de conforto, mude o roteiro da sessão e siga com o cliente às vezes. Você pode ter escolhido um tema para a sessão e os fatos que aconteceram com o *Coachee* durante a semana podem mudar completamente o foco inicial. Talvez a necessidade do cliente exceda o ambiente do seu local de atendimento. Eventualmente, pode ser que seja preciso uma visita ao trabalho do *Coachee*. É crucial que o cliente perceba que você está verdadeiramente interessado no progresso dele. O *Sherpa* deve ser flexível o suficiente para chegar à raiz do problema, ver as coisas por ângulos diferentes. A flexibilidade do *Coach* deve ser tamanha de modo a entregar resultados além das expectativas do *Coachee*.

7. Intuitivo. O bom *Sherpa* deve ser capaz de antecipar a reação do cliente praticamente em qualquer situação. O *Coach* intuitivo acredita na capacidade de fazer as perguntas certas e provocar a resposta adequada. Através da intuição, o *Sherpa* sabe quando levar o cliente para fora de sua zona de conforto e quando não fazer isso. Intuição pode ser aprendida, desenvolvida e melhorada. Seja cada vez mais intuitivo.

8. Boa Memória. O bom *Sherpa* se lembra de todas as questões em relação a todos os clientes e jamais perde o foco. Você deve ser capaz de se recordar das situações compartilhadas pelos clientes, atuando como um Observador Objetivo. O cliente deve ter a percepção de que ele é o centro do seu universo durante a sessão. Quanto mais clientes você tiver, mais fatos, situações e histórias você terá simultaneamente. Algumas pessoas são boas em guardar informações na cabeça. Sua melhor opção é manter um arquivo com os registros de cada sessão para cada cliente. Você deve, antes de cada sessão, consultar suas anotações do encontro anterior: qual tarefa foi definida, e-mails trocados durante a semana, enfim, tudo o que possa servir de subsídio para você e o cliente, e leve consigo para a sessão. Registros são parte da jornada do *Sherpa*. Registros são fundamentais para demonstrar o progresso do *Coachee* e sua caminhada do Estado Atual para o Estado Desejado.

9. Credibilidade. Existe uma expressão popular que diz assim:

Marco Barroso

"Você não terá uma segunda chance de causar uma primeira impressão.". A credibilidade é construída desde a primeira sessão com o cliente. Você deve se apresentar e fazer o *Coaching Education*, explicando detalhadamente o que vai acontecer durante o processo. Seja você mesmo. Sua confiança e seu nível de conforto consigo próprio dizem muito ao cliente. Ser um *Sherpa* é uma responsabilidade enorme! Demonstre confiança baseado na sua experiência. Comunique suas expectativas e as regras do jogo de forma clara. O cliente pode, num primeiro momento, sentir-se constrangido em "baixar a guarda" e compartilhar sua história com você. Seja verdadeiro e diga que ele está em um local seguro e nada do que ele disser irá sair dali. Credibilidade é resultado de: ser direto, competência consciente e incompetência consciente, agindo para procurar saber aquilo que você deve conhecer.

10. Confiabilidade. Os alpinistas do Himalaia confiam aos *Sherpas*, literalmente, suas próprias vidas. Os *Coachees*, da mesma forma, confiam ao *Sherpa* seus objetivos e expectativas. Confiança não é fácil de ser conquistada. Entretanto, é uma habilidade que pode ser aprendida, requerendo determinadas ações e atitudes do *Coach*. *Sherpas* ensinam aos *Coachees* que qualquer objetivo pode ser atingido. Tendo isso em mente, não se sinta desencorajado em nenhum momento.

Todo *Sherpa* pode melhorar suas habilidades e agora que você já conhece as principais características de um bom *Sherpa Coach*, pode desenvolvê-las, e ajudar as pessoas a atingir o seu próprio Everest. **Boa escalada!**

Master Coaches

36

O *coaching* desvendando a mente e impulsionando para a realização de conquistas

Muitas pessoas vivem mergulhadas em uma realidade de vida limitante, quanto a sentimentos de merecimento em qualquer que seja a área da vida, com pensamentos negativos ou de impossibilidade. Muitas vezes usando um vocabulário poderosamente destruidor em relação à vida que se tem ou como as coisas podem acontecer. Até na nossa própria vida, por vezes, caímos nessas armadilhas

Marcos Tito

Marcos Tito

Diretor da MT *Consulting*, Administrador e Consultor empresarial desde 2001. *Practitioner* em PNL, Formação Internacional em *Master Coach* pela Febracis, com certificação Florida *Christian University* (Orlando). Auditor Líder (*Lead Assessor*) pela ATSG do RS, especialista em implantação de Sistemas de Gestão da Qualidade, ISO 9001, *Balanced Score Card* e outras ferramentas de gestão organizacionais. Treinador e palestrante com foco em desempenho profissional e pessoal. Realização de mais de 2.000 horas de *Coaching* individual. Consultorias prestadas a mais de 150 empresas. Palestras e seminários ministrados a mais de 2.500 pessoas.

Contatos:
www.mtconsultores.com.br
tito@mtconsultores.com.br
(85) 32649593 / (85) 91313129
facebook.com/marcostito.paivacastelo

Marcos Tito

té onde nós somos capazes de chegar? O que podemos realizar profissionalmente? O que podemos construir financeiramente, em patrimônio? Que padrão de qualidade de vida podemos usufruir em relação à saúde ou lazer? O que podemos construir nessa vida? Que legado realmente queremos deixar? O que podemos contribuir com a sociedade, comunidades e pessoas em geral, em conhecimento, palavras, orientações, amor e outros valores?

Muitas vezes as pessoas se veem imersas em uma vida com expectativa mediana ou abaixo da média, vivendo "um dia após o outro" ou até "deixando a vida levar". Ditos populares que, assim como outros, produzem padrões mentais que refletem em resultados bem aquém do que realmente se gostaria de desfrutar. Muitas pessoas vivem mergulhadas em uma zona de conforto. Assistindo qualquer coisa que passa na televisão, entretenimento de baixo nível e até nenhum valor agregado, consumindo o que vier pela frente. Sendo influenciado negativamente e contagiado pelas informações que chegam sem filtro ou opção de escolha. Às vezes, sem nem mesmo saber o que se quer buscar, consumir, vivenciar. A questão é exatamente essa: muitas pessoas nem mesmo sabem o que querem, por isso não conquistam. E se, por sorte ou sem querer, alcançam algo, logo tratam de perder. Ou seja: nenhum interesse em construir algo grandioso, valioso, agregador. O problema está aí: não existe um foco, um sonho, nem mesmo um desejo.

E é verdade também que muitos dos nossos destinos, anseios, medos ou até mesmo desejos, vêm de dentro de nós desde a infância, incutidos pelos nossos pais e quase sempre apoiados nas nossas maiores fraquezas, como desejo de amor e aceitação, valorização e reconhecimento. Muitas vezes crescemos assumindo papéis que não são nossos, sonhos que não são nossos, ou para agradar os pais em busca de receber amor, aceitação e valorização em troca. Ou para mostrar semelhanças em comportamentos, hábitos, objetivos profissionais, resultados e estilo de vida.

Muitas vezes chegamos à idade adulta e percebemos que estamos vivendo sonhos que não são nossos. Objetivos e vidas que não foram escolhidas por nós. Tendo resultados de vida que no fundo não eram os que desejávamos. E o que faz com que isso aconteça? São roteiros da nossa vida. Roteiros esses que estão gravados na nossa mente, como programas de computador e começaram a ser escritos desde o momento do nosso nascimento.

O que vivemos em nossa vida e iremos vivenciar são resultados das nossas programações mentais. E o que são essas programações mentais? Desde o nosso nascimento, na nossa infância, até os 7 ou

Master Coaches

8 anos, vivenciamos experiências emocionais de vida, que marcam nossa mente e ficam gravadas consciente e inconscientemente no nosso cérebro. Experiências que geram aprendizados, carregadas de significado e emoção. Todas direta ou indiretamente ligadas aos pais.

Através dessas experiências nós vamos desenvolvendo um senso sobre as coisas, opiniões e até convicções sobre como é a vida. Com o passar do tempo, essas convicções se tornam crenças. Não que sejam verdadeiras ou falsas, mas são reflexos de todas as experiências da primeira infância. Ou seja: é traçado aí o mapa mental de como é a vida para a pessoa. E esse mapa desenhado direciona os caminhos na vida da pessoa quer ela perceba isso ou não. Quer ela concorde ou não. Quer seja o melhor pra ela ou não.

Muitas pessoas vivem mergulhadas em uma realidade de vida limitante, quanto a sentimentos de merecimento em qualquer que seja a área da vida, com pensamentos negativos ou de impossibilidade. Muitas vezes usando um vocabulário poderosamente destruidor em relação à vida que se tem ou como as coisas podem acontecer. Até na nossa própria vida, por vezes, caímos nessas armadilhas. Quantas vezes nos pegamos dizendo coisas como: "quanto mais eu corro atrás do dinheiro mais ele corre de mim", "eu vivo diariamente cheio de problemas no trabalho", "eu durmo muito mal", "eu estou querendo gripar", "eu não sei nem se semana que vem eu vou estar vivo!". São afirmações limitadoras com as quais o indivíduo sabota a si mesmo e incute na sua mente poderosas mensagens que fortalecem as sinapses neurais relacionadas a essas informações que, por sua vez, emitem milhões de informações para todo o corpo, gerando um processo neuro-hormonal que adequa todo o contexto celular daquela pessoa para que ela aja com o intuito de realizar aquela crença, proveniente daquela comunicação.

Sabemos que todos os resultados em nossa vida (financeiros, profissionais, de relacionamentos, etc) são gerados por nossas ações (atitudes, escolhas, decisões, comportamentos e hábitos). No entanto, tais ações são provenientes das nossas crenças. Crenças estas que são produtos dos nossos sentimentos (a química neuro-hormonal produzida pelo nosso cérebro, a partir das sinapses neurais). Sinapses neurais que, contudo, são geradas pelos pensamentos que temos sobre determinada coisa, seja esse pensamento consciente ou inconsciente. Às vezes esses pensamentos chegam e nem percebemos. Chegam fortes e se instalam na nossa mente pela comunicação que vivenciamos através de leituras, novelas, notícias, filmes, conversas, palavras e expressões que produzimos, ouvimos e que, de alguma forma, usamos na nossa comunicação. Porém, muitas vezes em nada

Marcos Tito

agregam nas nossas vidas. Ou pior: agregam negativamente.

Como podemos identificar nossas crenças? Aí vão algumas perguntas que podem lhe ajudar a fazer esse diagnóstico:

1. Sua vida financeira

1.1) Que resultados financeiros você tem alcançado em sua vida até hoje?

1.2) O que você tem feito ou deixado de fazer para ter esses resultados financeiros em sua vida? Qual a sua iniciativa ou que tipo de atitudes você geralmente tem diante de situações ou oportunidades que possam lhe alavancar ótimas oportunidades financeiras?

1.3) Qual o sentimento ou sensação que você tem em relação à sua vida financeira? Sinceramente, qual a sua relação com o dinheiro: de amor ou de ódio? Talvez o dinheiro se multiplique facilmente na sua mão, ou você ganha bem, mas quando percebe já acabou. Você se angustia com um sentimento de escassez financeira ou produz sempre dentro de si um sentimento de fortalecimento em relação à sua saúde financeira, com a sensação de que irá crescer cada vez mais?

1.4) Que pensamentos você tem sobre a sua vida financeira? No que você mais pensa? Em realizar conquistas financeiras e se ver usufruindo delas ou nas contas que estão para chegar e como você fará para pagá-las? Ou até mesmo como sua vida financeira é "apertada"?

1.5) O que sai da sua boca em relação a dinheiro? Que é difícil, escasso ou é fácil e se multiplica na sua mão? Que você só tem contas pra pagar e nunca sobra nada? Ou que as oportunidades financeiras "brotam" de forma abundante na sua vida e você terá uma bela vida econômica e financeira?

Quando você para e analisa toda a sua comunicação verbal, não verbal, comunicação interna (diálogo interno), pensamentos, sentimentos, atitudes e resultados na sua vida, em relação a uma determinada coisa, muitas informações você poderá colher. Elas lhe servirão de base para identificar suas crenças. Se essas crenças forem boas, alavancando-o para resultados maravilhosos, fazendo-o construir padrões em sua vida que realmente são os mais almejados por você, então mantenha essas crenças. Mas, se essas crenças o conduzem a resultados medíocres, sensações ruins e o levarem ao fracasso em determinadas áreas, puxando-o para baixo em sua vida, essas, então, são crenças limitantes.

Identificando as suas crenças, você vai saber exatamente que pro-

Master Coaches

gramação mental você tem. Isto é autoconsciência. Ponto de partida para a mudança em busca do melhor. Início do entendimento de que a vida que você vive hoje, talvez em algumas áreas, não seja o que você sempre sonhou. Agora saiba o seguinte: essa programação mental pode ser mudada, caso você realmente queira. E quando você a transforma, os resultados em sua vida também se transformam. O seu padrão de vida muda, suas conquistam mudam e você passa a realizar seus sonhos de verdade.

O primeiro passo é saber que coisas você quer conquistar na sua vida. Pegue um papel e uma caneta e escreva: o que você quer ser? Como quer se sentir emocionalmente? Que lugares gostaria de conhecer? Que atividades físicas gostaria de fazer e com que frequência? Que empresa você quer ter? Quanto quer ganhar? Que patrimônio quer construir? Que nível de relação com seus filhos você gostaria ter? Que tipo de relação gostaria de ter com seus pais? Quais esportes você quer praticar?

Depois disso, devem ser descritos objetivos detalhados e claros para tudo que você quer alcançar em si mesmo. Todos com prazo para que seu cérebro aja, preparando-o para todas as situações e oportunidades que aparecerão, deixando-o alerta, com atitude, disposição e foco em relação à realização do objetivo no prazo estipulado.

"Querer" é algo realmente muito forte no sentido de impulsionar a pessoa para seu objetivo. Mas quando ela decide por alguma coisa, ou seja, quando faz a escolha por ter determinada coisa ou conquistar algo, ou até mesmo agir de determinada forma, aí sim não tem mais volta. É uma decisão, uma escolha. O foco realmente fica totalmente voltado para o que se quer atingir. Neurologicamente, é como se todo um caminho se abrisse para que a pessoa realizasse todo aquele percurso até atingir seu objetivo, e toda aquela sujeira mental que embaçava a visão da pessoa, de repente, fosse retirada, deixando tudo claro. O próprio corpo produz toda a química necessária para que a pessoa sinta a disposição de ir convicta rumo ao desejado. Até quanticamente falando, todos os recursos ligados ao objetivo desejado se movimentam eletromagneticamente, conduzidos por toda a energia da pessoa, para o que se quer alcançar.

Nunca aconteceu de você falar de alguém, de alguma coisa ou mesmo de alguma situação e, no dia seguinte, ou até mesmo nos minutos seguintes, aquilo se concretiza na sua frente? O ser humano é composto de um trilhão de células. As células são compostas de moléculas e as moléculas são compostas de átomos. Os átomos são pura energia, ou seja, nós somos pura energia. Existem coisas que não podemos ver a olho nu, assim como milhares de coisas que

Marcos Tito

fazem parte do universo estão do nosso lado, mas o olho humano não pode enxergar. Cada pessoa tem uma carga eletromagnética em volta de si, essa é a corrente de energia dela. Essa corrente age em concordância com os sentimentos da pessoa. Se o sentimento é de fracasso, derrotas vão acontecer. Se o sentimento é de vitória, todo o caminho para o sucesso vai se desenhar. Sua visão fica aguçada para variáveis relacionadas às etapas ou aos passos que levam à realização daquele objetivo. Uma coisa vai levando a outra, como os degraus de uma escada para o topo. Por isso, ao estabelecer objetivos, não se preocupe inicialmente em como você vai realizá-los. Apenas escolha! Que vida você quer ter, que tipo de amizades gostaria de ter, que trabalho gostaria de realizar, quantas pessoas gostaria de conhecer. Apenas defina e acredite.

Já aconteceu de você comprar algum objeto, como um carro, um relógio ou algo assim e, logo em seguida, começar a ver isso diariamente em todos os lugares, como nunca havia visto antes? Isso acontece, por que sua visão está focada em identificar o que você quer identificar, mesmo que seja para reforçar uma ideia de decisão sua. Então, quando você foca seu esforço em um objetivo, até a sua articulação reticular o levará a identificar sempre oportunidades, pessoas, lugares e situações que irão levá-lo a esse objetivo.

Agora analise cada objetivo. Pegue um por um e descreva que motivos você tem para conquistá-lo? Por que você realmente quer conquistá-lo? Se você realizá-lo, que consequências boas ele trará para sua vida ou quais os ganhos que você terá ao conquistá-lo? E que consequências negativas terá se conquistar esse objetivo (família, social, saúde etc.)?

Depois dessa análise você saberá se o objetivo realmente é agregador e valoroso em sua vida. Agora imagine que um anjo chegou para você e disse que você iria alcançar esse objetivo, independente de qualquer coisa. Então escreva em três linhas como você irá se sentir, sabendo que você alcançará esse objetivo. Escreva que coisas você irá fazer, como será seu humor, sua disposição e sua vibração, ciente de que tudo dará certo em relação a esse objetivo desta data até o momento em que você realizá-lo.

E as coisas que o desviam desse foco devem ser todas tiradas do seu caminho.

Risque todas as limitações que você listou nesse papel. Em seguida, rasgue o papel em minúsculos pedaços e descarte tudo no lixo. Agora faça dez perguntas poderosas para você mesmo sobre os caminhos que o levarão a seu objetivo. Digamos que seu objetivo em questão seja assumir a diretoria da empresa que você trabalha atual-

Master Coaches

mente. Darei aqui cinco exemplos de perguntas:

1. Como devo me vestir diariamente para conquistar o cargo de Diretor da empresa?

2. Que livros devo ler diariamente para conquistar o cargo de Diretor da empresa?

3. Que postura corporal devo ter para conquistar o cargo de Diretor da empresa?

4. Que cursos devo fazer para conquistar o cargo de Diretor da empresa?

5. Em quem devo me espelhar para conquistar o cargo de Diretor da empresa?

Depois de escrever as dez perguntas, responda a cada uma delas com riqueza de detalhes. Agora você já pode fazer um plano de ação detalhado, descrevendo todas as ações que irá executar para alcançar esse objetivo. Escreva também como fará para alcançá-lo, ou seja, que procedimentos deve realizar. Lembre-se que a data você já havia estipulado anteriormente. Defina quem serão as pessoas envolvidas em cada ação do seu plano de ações para a realização desse objetivo. Escreva também qual será o valor ou os recursos investidos para que você execute cada ação. O porquê de cada uma você já colocou nos motivos anteriormente.

Resumidamente, o plano de ação deve ter, pelo menos, "O que? Como? Quem? Quando? Quanto? Onde? Por que?". Se você fizer todo esse roteiro para cada um dos objetivos em questão, acredite: a vida abrirá portas para você, como nunca aconteceu antes. Na vida, para tudo, o que vale é a forma como você está posicionado diante dela. Quanto mais você estiver posicionado, preparado, focado e alinhado com seus objetivos, mais você desfrutará de uma vida plena de abundância, seja no contexto de realizações profissionais e financeiras, seja na vida pessoal, familiar e até mesmo espiritual.

Desejo a todos que se voltem para seus sonhos e caminhem para alcançar a vida extraordinária tão desejada. Pois, a graça chega quando estamos devidamente posicionados para recebê-la.

Referências:
ROBBINS, Anthony. *Desperte seu Gigante Interior.* 20ª Ed. – Rio de Janeiro. Editora Best Seller. 2011
GOLEMAN, Daniel. *Inteligência Emocional.* Editora Objetiva. 1996
VIEIRA, Paulo. *O poder Verdadeiro.* 1ª Ed. – Fortaleza. Editora Premius. 2010

37

Paralelos entre os Processos da Psicologia Junguiana e de *Coaching*

Os processos da psicologia junguiana e do *coaching* – o tradicional e o moderno – podem ser uma somatória de forças extraordinárias, agregando excepcional qualidade ao trabalho dos profissionais que auxiliam as pessoas a se tornarem seres humanos melhores e a viverem uma vida pessoal e profissional mais satisfatórias e gratificantes

Mariah Bressani

Mariah Bressani

Formação em psicologia pela Universidade São Marcos, atuando como psicoterapeuta desde 1992. Especialista em Psicoterapia Junguiana, pela SBPJ, seguindo esta linha teórica de entendimento da psique humana em trabalho clínico. Desde 1992, como autodidata, mergulhando nos estudos e pesquisas sobre mitologia grega, símbolos, diversas religiões, filosofia grega, meditação e visualização, utilizando-os como instrumentos no trabalho psicoterapêutico e de *coaching*. Ao longo destes últimos 20 anos, ministrando diversas palestras e cursos, tendo como temas os assuntos estudados e pesquisados, supracitados. MBA em Recursos Humanos e Especialização em Gestão Empresarial, pela Universidade UNINOVE. Formação em *Professional & Self Coaching*, *Coaching* Ericksoniano, *Business* and Executive *Coaching*, *Coaching Assessment*, *Master Coaching* e *Trainer Training*, pelo IBC, Instituto Brasileiro de *Coaching*. Formação em *Advanced Coach Senior* - ACS, treinada pessoalmente por Dr. Shayny Tracy, do *Behavioral Coaching Institute*, pelo IBC, Instituto Brasileiro de *Coaching*.

Contatos:
mariahbressani.blogspot.com
mariahbressani@gmail.com
(11) 8361.4531

Mariah Bressani

Desde os primórdios, o ser humano vem se desenvolvendo em todos os níveis – intelectual, emocional, técnico e psicológico –, afetando suas relações e sua produção e tornando-as cada vez mais complexas.

A cada passo que o ser humano dá em seu desenvolvimento, são necessários novos aparatos que lhes dê suporte e permitam continuar. Novas ferramentas e tecnologias foram sendo produzidas ao longo de sua história, sustentando seu aperfeiçoamento técnico. Como também nasceram os pensamentos míticos e seus deuses, depois surgiram, ainda na antiguidade, a criação da filosofia e, há pouco mais de um século, da psicologia, e, atualmente, o *coaching* coloca-se, num crescente, como força propulsora para auxiliar as pessoas nos crescimentos e aperfeiçoamentos individuais e humanos.

Ao examinar alguns conceitos básicos das técnicas da psicologia junguiana e do *coaching*, fazendo um levantamento de alguns de seus aspectos relevantes e um paralelo entre seus processos, é possível detectar alguns pontos em comum e outros, diametralmente opostos. A questão a ser discutida neste artigo é a possibilidade de articulá-las e harmonizá-las satisfatoriamente e trazer excelentes e melhores resultados para pacientes da psicologia e clientes de *coaching*.

Jung trouxe-nos vários e novos conceitos e percepções inovadores com relação ao aparelho psíquico humano, num caminho aberto corajosamente por Freud, tornando-se, tradicionalmente, uma técnica para o desenvolvimento da autoconsciência do ser humano.

Segundo ele, tendo como base a compreensão do funcionamento e dinâmica das instâncias do aparelho psíquico do ser humano, o psicoterapeuta deve receber seu paciente, tendo como objetivo principal ajudá-lo na resolução dos conflitos psicológicos que o trazem à psicoterapia, promovendo recuperação e cura de sua saúde psíquica.

Seguindo sua orientação, o foco do processo da psicoterapia deve ser na reeducação e transformação da pessoa. A partir da reorganização de sua psique ocorre maior conscientização, ou seja, amplia sua consciência sobre si mesma e, como consequência, há desenvolvimento de atitudes mais sadias e aptas para viver sua vida e, assim, ela pode colocar-se em harmonia na sociedade e, principalmente, consigo mesma.

O *coaching*, como a psicoterapia junguiana, é um processo, porém, moderno, que também pretende reeducar e transformar a pessoa, trazendo-lhe maior conscientização de seu *modus operandi*, para que também possa desenvolver atitudes mais sadias, assertivas, aptas e adaptativas para viver sua vida e, consequentemente, atingir seu ob-

Master Coaches

jetivo proposto.

É observando onde se está e onde se quer chegar, em determinado aspecto de sua vida, que o cliente estabelece seu objetivo e, passo a passo, auxiliado pelo profissional, segue em sua direção. Assim, o cenário do processo de *coaching* é o presente do cliente, voltando-se e direcionando-se para o seu futuro, para o seu objetivo pretendido.

A diferença – essencial e significativa – no ponto de partida dos dois processos é o foco. Enquanto a psicoterapia junguiana focaliza na resolução de conflitos psicológicos do paciente, o *coaching* foca no atingimento do estado desejado do cliente.

Segundo o psicólogo, no processo de psicoterapia, para ter acesso à parte inconsciente de sua psique e conseguir a resolução do conflito psicológico, o psicoterapeuta deve estimular o paciente à introspecção, de modo a conhecer às suas qualidades psíquicas ali retidas, bem como, à sua dinâmica e interação; isto é, como tais elementos psíquicos estão interligados no recesso da inconsciência do paciente, gerando seus padrões comportamentais inadequados.

Como também se faz necessário no processo de *coaching* o exercício de reflexão, para que o cliente reavalie seus padrões de crenças, de valores e de comportamentos com foco na realização de seu objetivo almejado.

Para Jung, a psicoterapia é um mergulho profundo e subjetivo, onde devem ser trabalhadas as diversas nuances (camadas) de um conflito psíquico; sendo, assim, um trabalho árduo e gradativo, que demanda tempo indeterminado para se alcançar a resolução do conflito psicológico e, consequentemente, a cura.

O *coaching*, ao contrário, é um processo pragmático, pois foca no que é objetivamente dado pela realidade concreta e trabalha as questões dos níveis neurológicos – ambiente, comportamento, capacidades e habilidades, crenças e valores, identidade, afiliação e legado – que envolvem as ações do cliente, para que ele possa atingir o seu estado desejado; e, assim, divergindo e não considerando necessário o mergulho psicológico profundo, proposto por Jung. Para o *coaching*, o trabalho e o resultado do seu processo devem trazer satisfação e segurança pessoais suficientes para mudar aqueles padrões, que anteriormente eram inadequados e ineficazes.

Diferentemente da psicoterapia junguiana, no processo de *coaching* é necessário que se estabeleça um prazo, com previsão de uma data específica, para que o cliente alcance seu objetivo. Igualmente à psicoterapia junguiana, o desenrolar do processo de *coaching* também deve ocorrer com encontros periódicos e sistemáticos entre profissional e cliente. Entretanto, na primeira, a proposta é dar assis-

Mariah Bressani

tência à evolução da resolução e cura do conflito psíquico, enquanto que no segundo, a proposta é acompanhar e auxiliar o cliente no avanço gradual em direção ao atingimento de seu objetivo.

Jung considera que a fantasia também é fator fundamental para a resolução do conflito psíquico instalado, pois ele acredita que ela está ligada aos instintos humanos e, consequentemente, presente nas camadas mais profundas da inconsciência e que sua utilização pode ser um excelente recurso psicoterapêutico para acessar conteúdos reprimidos no inconsciente, tornando-os mais lúdicos e criativos para a consciência. Ele cita como exemplos de fantasia, os sonhos, sendo uma forma de o inconsciente se manifestar e se comunicar espontaneamente com a consciência e a imaginação ativa que é, segundo ele, uma técnica de indução de "sonhar acordado".

Trabalhar com fantasia é também uma ferramenta interessante para o processo de *coaching*. O profissional pode ajudar o cliente com exercícios de visualizações como prática para imprimir em sua mente a imagem do estado desejado e orientá-la em sua direção, bem como, durante este exercício, pode impregnar seus sentidos físicos com as sensações possíveis por alcançar seu objetivo. Esta é uma ferramenta ideal para auxiliar o cliente a fazer uma ponte ao futuro, ou seja, reportar-se ao futuro idealizado e vivenciá-lo, antecipadamente, na imaginação, como se já estivesse acontecendo.

Outro aspecto que Jung entende como relevante no processo psicoterapêutico é a relação entre o profissional e o paciente para a cura dos conflitos psíquicos deste último.

Ele deixa bem claro quatro condições importantes, que devem ser a base desta relação, a partir da iniciativa do psicoterapeuta, que seriam: *rapport*, compreensão humanista, isenção de julgamento e tratamento ético.

Esclarece sobre a necessidade de o psicoterapeuta estabelecer *rapport*, pois, segundo ele, somente uma relação de confiança entre ambos pode promover a segurança necessária no paciente, para que este atinja sua cura psíquica. Ele fala também em *rapport* psicológico, que é o interesse genuíno, numa postura de solicitude por parte do psicoterapeuta, buscando compreender o sofrimento psíquico do paciente, para que, assim, possa ser feito efetivamente um trabalho psicoterapêutico profundo.

Ter compreensão humanista, é uma forma de entender que cada pessoa – inclusive o próprio psicoterapeuta – tem sua maneira genuína de ser, seu ritmo próprio, seus conflitos específicos a resolver e que as individualidades são relativas na psique humana, pois o que predomina em cada pessoa é sua humanidade.

Master Coaches

Ele defende a isenção de julgamento do psicoterapeuta em relação ao seu paciente e seus conflitos, justificando que seus pressupostos – frutos de sua formação e de sua própria vivência – são, na verdade, apenas pressupostos orientadores pessoais; pois, ao estar diante de uma pessoa, no caso, o paciente, o que valem realmente são suas realidades genuínas – interna e externa.

Prestar tratamento ético ao paciente, para ele, entre outras coisas, significa abster-se de querer influenciá-lo; abrindo mão conscientemente de certo senso de autoridade, daquela postura de "dono do saber" e, consequentemente, de toda e qualquer vontade de querer direcionar e determinar seus valores e crenças pessoais. Segundo ele, no momento que psicoterapeuta e paciente encontram-se no *setting* psicoterapêutico para uma consulta, ali se estão, na realidade, duas psiques interagindo, influenciando-se e afetando-se mutuamente.

Para Jung, é nesta base relacional entre psicoterapeuta e paciente, que se estabelece o processo psicoterapêutico propício para a interpretação dos conteúdos inconscientes do paciente e seus *insights*, e que, antes de tudo, deve fazer sentido para este último para a resolução de seus conflitos psíquicos e, consequentemente, alcançar a cura.

É possível observar muitos pontos em comum entre a proposta de relação entre psicoterapeuta e paciente no processo da psicoterapia junguiana e a proposta de relação entre profissional e cliente no processo de *coaching*.

Assim, comparando os dois processos, no processo de *coaching*, também é importante para a sua realização que, desde o primeiro encontro, o profissional procure estabelecer aliança com o cliente para que de fato este alcance seu objetivo. Para que esta aliança se configure na relação, é fundamental que o profissional inicie o *rapport* com o cliente.

Como também, para que o processo de *coaching* aconteça efetivamente, o profissional precisa manter alguns princípios do *coaching* sempre claros ao realizar seu trabalho, a saber: senso de humanidade, foco no estado desejado pelo cliente, ação, *feedback*, desenvolvimento do poder pessoal e ética.

O senso de humanidade do profissional de *coaching* em seu ofício deve estar sempre presente em sua atuação, com a suspensão de todo e qualquer tipo de julgamento. Compreendendo que cada pessoa tem seu modelo de mundo e traz consigo sua história de vida, que devem ser respeitados e valorizados.

Manter o foco no estado desejado pelo cliente, é de fundamental importância para direcionar o trabalho de *coaching*. O estado deseja-

Mariah Bressani

do deve ser para o cliente algo significativo, algo que realmente seja estimulante e desafiante, o suficiente, para que ele se comprometa com o seu atingimento.

A base do *coaching* é a ação, por isto as tarefas são tão importantes na realização do processo de *coaching*. É a ação que permite que o seu processo seja realmente eficaz. E o que está na base da ação voltada para o estado desejado é a capacidade de se comprometer, assumir maiores responsabilidades, aceitar riscos calculados e aprender com os próprios erros.

A cada encontro, acompanhando tudo o que acontece com o cliente – suas conquistas e frustrações – deve ser tratado pelo profissional, dando e recebendo *feedback* e promovendo o desenvolvimento do poder pessoal do seu cliente.

Neste sentido, o profissional está no processo para apoiar, incentivar e estimular seu cliente no gerenciamento de algumas mudanças de atitudes, como por exemplo, ser mais proativo, mais assertivo, mais flexível e suportar melhor as frustrações em diversas situações; bem como, deve encorajá-lo a seguir em frente e a superar barreiras, além de evidenciar seus recursos, internos e externos, para que possa alcançar seu objetivo pretendido; como também, comemorar junto com ele suas conquistas.

A ética também deve reger o trabalho do processo de *coaching*, preservando seu cliente de qualquer tipo de exposição desnecessária ou de algum tipo de orientação que não o fortaleça, pois verdade, sigilo e respeito pela dignidade de sua pessoa e seus sonhos devem ser a base desta relação.

Voltando à Jung: para ele, a psicoterapia é um processo de autoconhecimento, com foco na conscientização de sua dinâmica psíquica através da tomada de conhecimento, assimilação e integração dos elementos inconscientes pela consciência, que se refletem em seus padrões comportamentais e servem a um fim último, que é o paciente alcançar a Individuação. Por Individuação, Jung compreende ter o paciente poder de tornar-se aquilo que de fato ele é em essência.

Neste sentido, a Individuação é uma experiência vital e profundamente transformadora de vivenciar a si mesmo, naquilo que a pessoa tem de essencial. O paradoxo desta experiência, de estabelecer profunda conexão – sensível e sutil – consigo mesmo, é que a pessoa pode alcançar maior senso de sua própria individualidade e humanidade e, ao mesmo tempo, conseguir estabelecer ampla e intensa conexão com a raça humana, sentindo-se absolutamente incluído nela.

Quanto ao *coaching*, é um processo e uma moderna ferramenta de gestão de competências pessoais e técnicas para o alcance do

Master Coaches

estado desejado pelo cliente de forma rápida e eficaz, baseado, principalmente, em ações pragmáticas. Tem como foco atingir um resultado específico e mensurável e que deve ocorrer num determinado momento no tempo.

Assim, no *coaching*, ao final de um período pré determinado de seu processo, o cliente deve ter conseguido alcançar seu objetivo. Juntamente com mais esta conquista em sua vida, é benéfico e proveitoso que tenha ocorrido também uma mudança em sua percepção de forma geral, devido à reformulação de paradigmas, crenças e valores e, como consequência, promovendo melhoria da autoestima e maior senso de autoconfiança e de poder pessoal.

Portanto, neste artigo, ao fazer paralelos entre aspectos significativos da psicologia junguiana e do *coaching*, foi possível constatar o quanto pode ser interessante juntar o tradicional com o que há de mais moderno como técnica para auxiliar as pessoas para que elas possam se desenvolver e aos seus potenciais; como também, pode ser extraordinariamente útil, para atender às suas necessidades de crescimento e reconhecimento social de suas habilidades e competências.

Se a psicologia junguiana permite ter uma poderosa compreensão, ampla e profunda, sobre o ser humano, o *coaching* fornece ferramentas maravilhosas para colocar o cliente em ação. Assim, a junção dessas duas técnicas pode trazer à tona, de forma rápida e eficaz, o que cada pessoa, enquanto indivíduo e ser humano, tem de melhor, a partir da real ampliação sua autoconsciência e conexão com a raça humana, gerar recuperação de recursos internos e habilidades inatas do cliente ou paciente e, consequentemente, acelerar os processos de atingimento de resultados. Portanto, é possível somar a profunda compreensão junguiana da psique humana com técnicas modernas de *coaching* e obter ganhos notadamente extraordinários na prática profissional.

Referências

ARAUJO, A., *Coach* – Um Parceiro para o seu Sucesso. Rio de Janeiro: Elisevier Ed., 2011;

DOWNEY, M., *Coaching* Eficaz. São Paulo: Cengage Learning;

FLAHERTY, J., *Coaching* – Desenvolvendo Excelência Pessoal e Profissional. Rio de Janeiro: Qualitymark Ed., 2010;

JUNG, C. G., Obras Completas. Petrópolis: Ed. Vozes, 1986;

LAGES, A., O'CONNOR, J., *Coaching* com PNL. Rio de Janeiro: Qualitymark Ed., 2012.

38

Coaching com líderes e equipes: redescobrindo o ser através do corpo, da conexão e do 'agora'

O *coaching* de equipe é mais do que o *coaching* individual com um grupo. Requer habilidades de facilitação, estabelecimento de conexão e um conhecimento de várias ferramentas, além da parte prática e da adequação da dinâmica de grupo

Maricelia Moura

Maricelia Moura

Master Coach Senior e *Trainer* certificada nacionalmente pelo IBC - Instituto Brasileiro de *Coaching* e internacionalmente pelo BCI - *Behavioral Coaching Institute* (USA), *Master Coach* Executiva pelo Instituto Brasileiro de *Coaching* e *Master Coach* pelo BCI - *Behavioral Coaching Institute* (EUA), pela ECA - *European Coaching Association* (Alemanha/Suíça), pelo Metaforum *International* e pelo GCC - *Global Coaching Community* (Alemanha/Suíça). Psicóloga clínica e organizacional, administradora de empresas, professora universitária, com MBA em Gestão Administrativa e *Marketing*, licenciatura em Psicologia e especialização em Administração de Recursos Humanos e em Gestão de Pessoas com *Coaching*. Com experiência de 25 anos na área de Gestão de Pessoas, vem atuando como *coach* executiva, consultora e palestrante no Brasil inteiro e como Executiva de Soluções, Parceira e Treinadora no IBC. Fundadora e diretora executiva da RH *Insight* Consultoria, onde tem como especialidade o desenvolvimento de programas nas áreas de mudança comportamental e organizacional, formação de líderes e construção de equipes de alta performance.

Contatos:
www.rh-insight.com.br
contato@rh-insight.com.br
mariceliamoura@uol.com.br

Maricelia Moura

O *coaching*, como uma metodologia de mudança acelerada e sem ser um processo psicoterapêutico, torna possível o aporte de outras disciplinas e técnicas, permitindo a condição de integrar outros conhecimentos ontológicos. Tais conhecimentos visam expandir as diversas possibilidades de ação que irão provocar mudanças eficazes, fazendo com que os indivíduos obtenham maior autoconhecimento, ao mesmo tempo em que recriam sua própria realidade. Com este objetivo, fui inserindo na minha prática profissional os exercícios corporais de Bioenergética, dança, psicodrama, contos, relaxamento, visualizações criativas, metáforas, jogos, atividades projetivas, conhecimentos de psicodiagnóstico, análises sistêmicas e outras técnicas. Utilizo estas ferramentas tendo o cuidado de adequar o contexto e a situação e venho obtendo excelentes resultados no *coaching* individual ou em grupo nas organizações.

Meu objetivo neste texto é discorrer em reflexões e possibilidades de como os assuntos, a linguagem do corpo, o 'agora' e a forma com que as pessoas num grupo estabelecem a conexão podem ser adaptados para o *coaching*.

O processo de redescobrir o ser é semelhante à retirada do véu da ilusão, numa alusão à caverna de Platão, onde havia o encantamento e o fruir do jogo de sombras da caverna que habitava; nós, *coaches*, fazemos o convite ao nosso cliente, o *coachee*, para que ele veja sua condição, retorne ao lar e saia para a luz, tornando-se a melhor pessoa ou profissional que possa ser.

Nas organizações, com a prática de trabalhar com líderes, percebemos que suas ações pessoais estão diretamente relacionadas com sua prática empresarial, e como o trabalho de *coaching* traz a conscientização de sua prática e de seu discurso, vemos que muitas vezes ocorrem sérias distorções, a começar pelo que eles falam e o que fazem, o que chamamos de dissonância cognitiva. Então, fazer com que haja a consonância dos líderes, em primeiro lugar, é imprescindível para a obtenção dos resultados extraordinários para si, para a equipe, para a organização e também para criar a cultura com foco em resultados. É essencial ao *coach* ter a habilidade e, mesmo que perceba a dissonância do seu cliente, não a aponte, mas realize perguntas que gerem a reflexão de um novo caminho onde o cliente deseje transformar e recriar a sua própria realidade.

Sabemos que o comprometimento de todos numa empresa é algo muito desejado, contudo não é alcançado se exigido a todo custo, pois, antes de tudo, deve ser conquistado. Não podemos fazer mudanças externas, melhorar a organização ou o meio sem primeiro nos modificarmos. Neste sentido, o líder deve inspirar, pois ele serve

Master Coaches

como referência, e se ele se permitir ir além e tiver a abertura para se trabalhar, mudanças se concretizarão em sua vida e o farão alcançar suas metas, tornando-o capaz de integrar sua equipe e obter aquilo que é tão esperado pelas organizações, ou seja, resultados.

Um dos maiores entraves encontrados nas empresas é a comunicação precária, o que leva a problemas de relacionamento, competição e conflitos internos. Geralmente essas dificuldades têm em sua origem fatores emocionais, havendo uma tendência a esconder, camuflar ou não se dizer o que se sente, retendo emoções como raiva, medo, tristeza, frustração e angústia, gerando doenças. Reich aponta que, para compreendermos a bioenergia das emoções, temos que atentar para a linguagem não-verbal, ou seja, não apenas ao conteúdo do que o cliente comunica, mas também à forma como ele comunica. Nunca é demais ouvir na essência e observar o todo.

Para Alexander Lowen, a tese fundamental da Bioenergética é que corpo e mente são funcionalmente idênticos, isto é, o que ocorre na mente reflete o que está ocorrendo no corpo, e vice-versa. O *coach* deve reconhecer a pessoa como um universo constituído pelo ser corporal, emocional, energético e espiritual. Aliado a isto, se ele tiver o conhecimento, a capacidade de observação, investigação e a habilidade da leitura corporal, colherá informações essenciais do que necessita para um trabalho integrado. Este fator enriquecerá fortemente a prática do *coach* e acelerará os resultados do processo. Ressaltamos, contudo, que é imprescindível para lidar com estes aspectos que o *coach* também promova uma constante autoavaliação e se trabalhe psicologicamente em suas questões, possuindo um razoável autoconhecimento a fim de suportar os prováveis desafios que advirão ao atuar num grupo. É importante que haja a condução de atividades e seus *debriefings*, isto é, o ato de fazer a leitura e trazer à luz, através de perguntas, a reflexão do material psicológico levantado e trazido, o que requer aprofundamento, contínuo aprimoramento e autoconhecimento para que se possa trabalhar também com grupos da forma mais adequada.

Quando o *coach* e o cliente estabelecem uma relação positiva visando extrair o melhor de cada um, cria-se uma conexão de harmonia e cooperação que se expande para os outros aspectos da vida. O benefício dessa conexão fará o cliente acessar, de forma natural, a sabedoria do universo, do corpo e a voz interior no tempo presente. Então, o *coach* atuará como facilitador, entrando na expressão visível do interior do seu cliente e fazendo com que ele tome a consciência de qual emoção, pensamento ou crença promove os seus impedimentos. Ao fazê-lo acessar o que sente e abrir as possibilidades do

Maricelia Moura

que poderia ser, facilita a ressignificação, que é o método utilizado em neurolinguística para fazer com que a pessoa possa atribuir novo significado a acontecimentos da sua vida por meio da mudança de sua visão de mundo. O passo seguinte é ajudá-lo a fortalecer o "mapa do mundo" dentro de uma interpretação positiva de sua própria história, criando uma nova forma de pensar, fazendo-o mobilizar-se para a ação e propiciando a descoberta da intenção positiva por trás de cada comportamento, o que promoverá, por exemplo, a cura, o perdão, a liberdade e mais saúde. Finalmente, acompanhá-lo se faz necessário, com o objetivo de garantir a manutenção das transformações alcançadas.

O trabalho corporal é apenas mais uma poderosa ferramenta para o *coach*, mas no processo há o apoio de várias ciências, a exemplo da psicologia, PNL, neurociência, aprendizagem accelerativa e outras práticas. No trabalho com equipes utilizo a metodologia vivencial, fazendo com que o nosso cliente venha para o tempo presente, o momento 'agora' e veja, descubra, sinta, viva e queira praticar ações para efetivar a mudança.

Buda já dizia que a maior liberdade do homem constitui-se em libertar-se da mente, porém, fazê-lo tirar o foco da mente, dos julgamentos, "do pensar", e fazê-lo "sentir", muitas vezes não é tarefa tão fácil como se imagina. Conseguir desvencilhar-se do barulho da mente, trazer a consciência corporal, trabalhar as emoções e o que sente, a energia e a atenção para o agora, tem auxiliado muitos executivos, líderes e grupos como uma excelente alternativa e forma de acesso à sua voz, sua fonte e sabedoria interior.

Para Ribeiro, gestaltista, "a relação da pessoa com o aqui e o agora é limitada pela relação da pessoa com o mundo. A experiência presente só é explicável na base de suas relações com o estado presente do campo fisiológico. O campo fisiológico não é apenas o corpo, mas também a realidade ou o *locus* onde o corpo se encontra e age. Viver o aqui e o agora é um experienciar a realidade interna e externa, como ela acontece, tenha ou não antecedentes que a expliquem ou justifiquem". Sobre isso, no ambiente corporativo, faz-se necessário inicialmente entender a visão sistêmica do contexto e o ambiente organizacional, saber a missão, visão e valores da empresa, quais são as suas práticas, qual é o tipo, como é o processo de liderança vigente e como ele é exercido, características dos principais executivos etc. Em seguida, vamos evoluindo nos níveis neurológicos e indo à essência das pessoas, através do comportamento, das capacidades, crenças e valores, da identidade e da afiliação e do legado. É possível, a partir do espaço de problemas que normalmente é trazi-

Master Coaches

do, gerar um espaço de soluções com foco em ações, de forma que cada um perceba quais são as suas atitudes e comportamentos que provocam tais barreiras ou falta de comprometimento e quais são as suas responsabilidades no sistema como um todo.

Um dos objetivos nessa instância, no *coaching*, é fazer com que cada um tenha a consciência de focar em suas forças e saber quais são os seus comportamentos que reforçam as dificuldades que ora vivenciam, para que, assim, aconteça a mudança interior, o que impactará em seus modelos mentais, crenças, atitudes e em ganhos efetivos na sua forma de agir, pensar, sentir e se comportar.

A importância da conexão do *coach* com o seu cliente

Para efetivar a conexão na aplicação do *coaching* individual ou de grupo existem três condições: criar um vínculo com seu interlocutor, calibrar (ou adequar) o seu estilo ao dele e reconhecer qual estilo de comunicação da PNL tem o seu cliente. Geralmente você encontra num grupo os quatro estilos de sistemas representacionais: visual, auditivo, cinestésico ou digital. E você precisa recolher informações dessas pessoas para descobrir as necessidades delas e/ou questões que elas querem abordar.

No *coaching* de equipes identificamos a situação individual e depois o contexto do grupo no presente, a fim de definirmos quais são as melhores estratégias de ações que poderão levar aquela equipe ao estado almejado. É ainda na primeira sessão que o *coach* estabelece as regras do compromisso, analisa os processos e há o estabelecimento das metas/ações individuais e grupais e as necessidades de aprendizagem, encorajando a equipe a ser autofacilitadora com responsabilidade por aprender e mudar o comportamento pertencente aos membros da equipe.

Uma das melhores formas de melhorar a qualidade da sua conexão com as pessoas é tornar-se bom calibrador, o que corresponde a considerar como arte prestar atenção nelas, avaliar rapidamente uma situação e dar uma resposta a essa percepção, de modo que o vínculo se estabeleça e seja mantido.

Considero que há um oráculo muito bem informado que mora dentro de nós, mas muitas vezes não o acessamos. Então, durante o processo de lidar com as pessoas, devemos ficar atentos a elas e ter flexibilidade, evitando se apegar demasiadamente a técnicas que nos afastam do aqui e do agora. O *coach* deverá estar atento para não colocar os métodos e as ferramentas acima das pessoas, sob o risco de perder o foco e o momento presente. Ressalto, com isso, que

Maricelia Moura

ferramentas e estratégias aprendidas servem para o meio e não para os fins, sendo preferível no *coaching* estar com o estado de atenção focado nas pessoas e ver, viver e sentir o que está acontecendo e o que é necessário do que se desconectar do grupo e estar preocupado com a técnica a se aplicar, perdendo o 'agora'.

O *coaching* de equipe é mais do que o *coaching* individual com um grupo. Requer habilidades de facilitação, estabelecimento de conexão e um conhecimento de várias ferramentas, além da parte prática de dinâmica de grupo. Utilizar, no processo de *coaching*, várias técnicas que estimulam cada estilo de comunicação dos participantes será sempre bem-vindo para enriquecer seu repertório. Os clientes com estilo digital adoram perguntas que os façam pensar, usar folhas de exercício, fazer *assessments*, classificar novos conteúdos, compilar e analisar dados e estatísticas. O cliente do estilo visual adora tomar notas, receber rodas de escala, responder às perguntas em voz alta, exercícios com lacunas, slides vistosos, gráficos e cores. Utilizo recursos projetivos, como por exemplo, sucatas, desenhos ou mandalas como forma de trazer mais foco, centramento ou *self, insights*, resgate do aqui e do agora (o momento presente), podendo em alguma destas atividades sugerir, se for conveniente e se ele se sentir confortável, que desenhe a situação almejada. Esse desenho, por exemplo, também permitirá expansão e pode servir como âncora para a meta desejada (visão de futuro). Geralmente nestas atividades os clientes do estilo visual recuperam a atenção ao que se faz, podendo ser aplicado este recurso em um momento que você perceber que eles estão com dificuldades de se centrar ou de verbalizar o que sentem. Os contos, metáforas, dinâmicas de grupo, música ou instrumentos e debates têm efeitos rápidos nos auditivos. Já os cinestésicos apreciam experiências que envolvam o tato, meditações, reflexões, hipnose ericksoniana, origamis, constelações sistêmicas, cinesiologias, psicodrama, danças e alguns exercícios corporais, se divertir e trabalhar com um colega.

Se isto fizer sentido para você, depois de muito se preparar, se trabalhar, se aprimorar constantemente, planejar o seu trabalho, ter feito vários *coaching*s individuais, conhecer pessoas e organizações, não espere saber de tudo do *coaching* para começar a trabalhar com grupos. Você já está pronto "o suficiente" e sempre que estiver pronto, a vida também estará. Então, dê o primeiro passo e comece já! O que está esperando?

Master Coaches

Referências:

KETS DE VRIES, M. Experiências e técnicas de *coaching*: a formação de líderes na prática. Porto Alegre: Bookman, 2009.

LOSIER, M. A Lei da Conexão. Rio de Janeiro: Ediouro, 2010.

LOWEN, A. Bioenergética. São Paulo: Summus, 1982.

MARQUES, J.R. Manual *Professional* e *Self Coaching*. São Paulo: IBC, 2011.

MAXWELL, J. Todos se comunicam, poucos se conectam: desenvolva a comunicação eficaz e potencialize sua carreira na era da conectividade. Rio de Janeiro: Thomas Nelson Brasil, 2010.

RIBEIRO, J. P. Gestalt-terapia: refazendo um caminho. São Paulo: Sumus, 1985.

TOLLE, E. O Poder do Agora. Rio de Janeiro : Sextante, 2002.

UNDERFHILL, B. O. *Coaching* Executivo para resultados: guia definitivo para o desenvolvimento de líderes organizacionais. Osasco, SP: Novo Século Editora, 2010.

WOLK, L. Coaching: a arte de soprar brasas. Rio de Janeiro: Qualitymark, 2008.

39

Desvendando o Poder da Abundância

É de suma importância você informar ao seu cérebro os detalhes relacionados às suas metas. Em qual o ponto adiante você quer chegar? Para isso você deve dividir sua meta em tarefas. Lembre-se, o cumprimento de cada tarefa o leva mais próximo de sua meta

Morgana Mendes

Morgana Mendes

Fonoaudióloga. Graduada pela UNIVALI. Especialista em Audiologia pelo CFFa. Proprietária da empresa M. M. Serviços Fonoaudiológicos e Consultoria Ltda alia seus conhecimentos em Comunicação com o *Coaching*. Possui o título de *Master Coach* pelo Instituto Brasileiro de *Coaching*, sendo certificada internacionalmente pela European *Coaching Association* (ECA), *Global Coaching Community* (GCC), *International Association of Coaching Institutes*, *Metafórum Internacional, Interntcional Coaching Council* (ICC), *International Association of Coaching* (IAC), *Behavioral Coaching Institute* (BCI). É *practitioner* em Programação Neurolinguística pela Metaprocessos Avançados e *Head Trainer* pelo Instituto de Formação de Treinadores (IFT).

Contatos:
morgana.mastercoach@gmail.com
linkedin: Morgana Mendes

A Roda da Abundância pode ser considerada umas das mais poderosas ferramentas do *Coaching*. Quando entendemos o misterioso funcionamento dela, fazemos com que ela gire mais rapidamente. O seu giro é fundamental para que tenhamos o poder e a abundância em nossas vidas. No seu giro rápido alcançamos todas as nossas metas. Façamos um parêntese lembrando que a meta é um sonho com uma data específica. Um sonho que tem por trás um intenso desejo de conquista e vitória.

O combustível essencial para a Roda da Abundância é o pensamento. Pensar permite aos seres modelar o mundo e com isso lidar com ele de uma forma efetiva e de acordo com metas, planos e desejos. Você pensa, visualiza e materializa.

Nesse capítulo detalharemos essa ferramenta, apresentada abaixo.

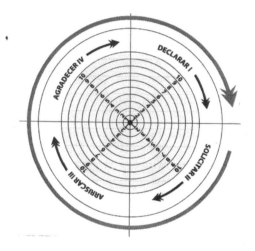

A roda da abundância inicia-se com a conjugação do verbo DECLARAR. Quais são as declarações que você faz todos os dias? Quem você é de verdade? O que você pensa de você? E mais, o que você fala de você?

Algumas pessoas, ao saírem de casa, afirmam: "tenho certeza que encontrarei uma vaga para o meu carro em frente ao estabelecimento que eu vou". Outras são ainda mais poderosas e afirmam: "estou indo de carro porque sempre encontro vaga em frente ao estabelecimento". Porém há o time que diz: "já sei que não encontrarei a vaga que eu quero". Ou ainda, com mais poder negativo: "eu nunca encontro a vaga que eu quero". Em qual dos dois grupos você se encontra hoje? Quais são as poderosas declarações que você se permite fazer? O quanto acredita em você e declara isso aos quatros ventos?

Master Coaches

Tudo o que declaramos sobre nós mesmos tem relação com o nosso senso de identidade. Com o que pensamos de nós. Com a imagem mental que temos de nós mesmos. Com tudo o que foi declarado por você e por sua família durante a sua infância.

Neste momento podemos resgatar Carl Jung com o seu ensinamento sobre a Sombra. A sombra é a parte oculta que existe em nossa psique, nossos sentimentos represados, medos, desejos. Ela pode ser um aliado ou o destruidor de nossas vidas. O senso de identidade está ligado à nossa sombra, aquilo que não temos desejo de ser. A sombra atua em nosso dia a dia, em nossa vida. Ela pode trazer prejuízos quando é ignorada e desconhecida e um grande número de portas pode se abrir quando é aceita e compreendida. O ser humano é um ser *dual*. Lidamos diariamente com nossa luz e com nossa sombra. Com o certo e com o errado. Com o positivo e com o negativo. Com o ruído e com o silêncio.

Hermes, com a lei da polaridade, declara que "Tudo é duplo, tudo tem dois polos; tudo tem seu oposto; o semelhante e o dessemelhante são uma só coisa; os opostos são idênticos em natureza, mas diferentes em graus; os extremos se tocam, todas as verdades são meias-verdades; todos os paradoxos podem ser reconciliados" (O Caibalion).

Diariamente, sentimentos duais nos habitam: alegria e tristeza, conquista e fracasso, coragem e medo, amor e ódio. Todos esses sentimentos vêm ao encontro dos nossos pensamentos e das nossas declarações. T. Harv Eker no livro "O Segredo da Mente Milionária" relata que pensamentos conduzem a sentimentos, sentimentos conduzem a ações e ações conduzem a resultados. Quando você faz uma declaração poderosa e em voz alta, a energia que ela libera vibra por todas as células do seu corpo. Ela envia mensagens específicas não apenas para o Universo como também para o seu subconsciente. E lembre-se: só declara alguma coisa quem tem autoridade (autoconfiança) para isso. Quando uma declaração é feita por quem tem autoridade, ela define uma realidade.

Convido você a refletir sobre o quanto faz declarações positivas e que o conduzem ao seu crescimento. Em uma escala qual valor receberiam os seus pensamentos e declarações? Girando a roda da abundância temos o verbo SOLICITAR. Pedir é fundamental quando se quer algo. Se não pedimos, como esperamos receber alguma coisa? Isso é verdadeiro em relação a tudo na vida.

Corriqueiramente estamos fazendo pedidos. Imagine que você está saindo do trabalho e seu carro não voltou da revisão da concessionária a tempo do término do seu expediente. Você fica olhando para o seu colega de trabalho até que ele vai embora. E no outro dia você reclama que ele não lhe deu carona. Ele deveria imaginar que você queria uma carona visto que você tem seu próprio carro?

A simplicidade do exemplo não reduz o alcance da verdade exemplificada. Assim acontece com o universo quando você não pede o que você deseja, com os devidos detalhes, não adianta reclamar de não ter recebido como você gostaria. Essa porção da roda é diretamente ligada aos nossos sonhos. Àqueles desejos que nos motivam a viver, Fernando Pessoa diz: "tenho em mim todos os sonhos do mundo." E que tenhamos esses sonhos claramente dentro de nós, para que saibamos pedi-los. Mais fundamental que sonhar é saber pedir. Saber como pedir e o que pedir. Solicitação gera poder!

Os nossos sonhos estão intimamente ligados a crença que temos em nós. Ela é uma condição psicológica que se define pela sensação de veracidade. Você precisa acreditar em você para fazer o seu sonho acontecer, para gerar energia suficiente no universo com o seu pedido e também planejar. Um planejamento para o seu sonho é infinitamente interessante.

No livro Alice no País das Maravilhas, da literatura infantil, encontra-se um célebre pensamento: "para quem não sabe aonde quer ir, qualquer caminho serve". Faça um planejamento para a sua vida. Coloque no papel tudo o que você deseja. Não tenha pressa, faça com calma, em silêncio, sozinho, e consciente o que você almeja. Suas metas devem ser específicas e claras. Elas precisam ser mensuráveis, isto é, você deve estabelecer critérios concretos para medir o progresso em direção à realização de cada meta que você definiu. Quando você mede o seu progresso, você permanece no caminho certo.

É de suma importância você informar ao seu cérebro os detalhes relacionados às suas metas. Em qual o ponto adiante você quer chegar? Para isso você deve dividir sua meta em tarefas. Lembre-se, o cumprimento de cada tarefa o leva mais próximo de sua meta. A sua meta deve ser grande, mas alcançável. E deve ser positiva. Pense sempre no que ela lhe trará de bom. Quais os benefícios e sentimentos ela lhe trará? Concentre-se sempre no que você quer e não no que você não quer. E estabeleça prioridades. O planejamento de vida está diretamente ligado ao verbo solicitar. É através do planejamento que você terá claro o que deseja pedir. E saiba, é fundamental que você tenha a certeza de que é merecedor dessa solicitação. Lembre-se de que sonhos sem riscos produzem conquistas sem méritos (Augusto Cury).

Assim chegamos ao terceiro verbo que compõe a roda – ARRISCAR. O quanto você está disposto a arriscar para conquistar o seu sonho? Arriscar é vencer o medo. Arriscar é ousar. É ter a confiança necessária e suficiente em você e no universo. Quando você se arris-

ca, age e confia, o Universo aplaude e retribui.
Observe a cena abaixo.

Indiscutivelmente a criança confiou no outro para poder se jogar. Mas só confiou no outro? Não. Também confiou em si mesma. E teve a coragem suficiente para dar o primeiro passo. A sua atitude determina a sua altitude. São nesses momentos em que precisamos nos arriscar, que crescemos e renovamos os votos de confiança e coragem.

Vale ressaltar que todo risco tem um ganho. Obviamente ninguém se arrisca sem necessidade e sem ter algo a ganhar. Os riscos dependem sempre do que você tem a ganhar e isso é relativo. Imagine agora que você confiou em você mesmo, se arriscou e saiu vitorioso. Qual sentimento você acredita que o permeia nesse momento? Talvez seja autoconfiança.

A autoconfiança cresce dentro de cada um de nós na medida em que vencemos os obstáculos. Ousamos e ganhamos. Esse sentimento da vitória passa a ser perseguido. Todos querem ganhar. Ninguém entra num jogo para perder. Mas para ganhar precisa se arriscar.

E chegamos ao quarto verbo que compõe a roda – AGRADECER. Agradecer é uma grande virtude e um sentimento nobre. Esse não é mais o momento de receber e sim de dar. É retribuir ao universo tudo que você recebeu. É realimentar novas solicitações e assim continuar recebendo o que o deixa feliz. Agradeça as suas conquistas diárias. Agradeça o ter e o ser. Este ato tem um resultado extremamente positivo.

Agora, a roda da abundância está girando a seu favor, sem que você tenha que fazer tanto esforço. Impulsione-a declarando, solicitando, arriscando e agradecendo! E esse movimento tornar-se-á natural.

40

Coaching – O caminho para desenvolver e potencializar competências e obter resultados extraordinários

O *Coaching* é o caminho para desenvolver, potencializar competências e atingir resultados de forma surpreendente e acelerada. Se buscarmos na linha do tempo, a.C, os filósofos, para desenvolver seus discípulos, usavam perguntas. Hoje, entre outras técnicas, também é através de perguntas que acontece o processo de *Coaching*. O *Coaching* possibilita o autoconhecimento, reconhecimento do potencial e desenvolvimento de pontos de melhorias. Nos últimos onze anos, o *Coaching* vem evoluindo bastante no Brasil, impulsionado pelo sucesso alcançado nos EUA e na Europa

Nadir Paes

Nadir Paes

Master Coach Senior e *Trainer* certificada pelo BCI *Behavioral Coaching Institute* (USA) e pela ECA *European Coaching Association* e GCC *Global Coaching Community* (Alemanha/Suíça). *Behavioral Analyst* pelo IBC Instituto Brasileiro de *Coaching*, UFMG e GCC *Global Coaching Community*, Analista Quântico e Eneagrama Profissional e Pessoal pelo Instituto Eneagrama de São Paulo. Psicóloga e especialista em Administração de Recursos Humanos e em Gestão de Pessoas com *Coaching*. Acumula uma experiência de mais de 25 anos em Gestão de Recursos Humanos, Avaliação de Potencial, *Assessment*, R&S, Treinamento e Desenvolvimento em grandes organizações nacionais e multinacionais como: Porto Seguro, Natura, Itaú Unibanco, Alcoa, Santos Brasil, Tinken, Boehringer Ingelheim, Danone, Nextel, O Boticário, Eaton. Atua como *Coach* e Consultora na IPS Consultoria de RH e como Executiva de Soluções, Parceira e Treinadora no IBC. Facilitadora de *Coaching* e *Mentoring* no MBA de Gestão em RH na Unimonte – Santos - SP

Contatos:
www.nadirpaescoach.com
nadirpaes@nadirpaescoach.com
nadirpaes@ibccoaching.com.br
nadir.paes@ipsconsultoria.com.br
(13) 9248-7260
Facebook: Nadir Paes
Twitter:@nadirpaes_RH

Nadir Paes

O *Coaching* é um processo de aprendizagem e desenvolvimento de competências comportamentais, psicológicas e emocionais, direcionado à conquista de objetivos e resultados planejados. É um processo dinâmico, interativo, que pode ser conduzido individualmente ou em grupo. Propicia um ambiente de reflexão, construção, evolução e transformação a partir do autoconhecimento para a tomada de consciência de um estado atual, elaboração de metas congruentes com valores e motivações, com foco no objetivo a ser atingido, o estado desejado.

O *Coach* é o profissional especializado para realizar o processo de *Coaching*. É o parceiro de confiança que ajuda o cliente a refletir e a olhar sua vida de maneira muito mais objetiva e prática e juntos constroem um plano de ação efetivo em busca do objetivo a ser alcançado.

O *Coachee* é o cliente, aquele que solicita e contrata os serviços do *Coach*. Nas organizações, normalmente o processo de *Coaching* é contratado pelos profissionais da área de Recursos Humanos.

Hoje, muitas multinacionais estão fazendo do *Coaching* externo uma alta prioridade em suas estratégias de desenvolvimento de líderes.

História e evolução do *Coaching* no mundo

Em 1830, na Universidade de Oxford, EUA, o *Coach* conduzia os estudantes a se prepararem para os exames. Nesta mesma época, usou-se a palavra *Coach* para treinador pela primeira vez no âmbito dos esportes.

Em 1950, o *Coaching* foi introduzido na literatura de negócios como uma habilidade de gerenciamento de pessoas.

Em 1960, na cidade de Nova York, a modalidade *Life Coaching* foi introduzida em um Programa Educacional. E, no Canadá, o *Coaching* foi incluído nos processos de resolução de problemas.

Em 1974, Timothy Gallwey escreveu um livro com conceitos de *Coaching* aplicado ao tênis. Este evento foi um marco no *Coaching* como disciplina e profissão.

Em 1980, surgem os primeiros Programas de Liderança com o conceito de *Coaching* Executivo. E, assim, o mundo dos negócios começa a dar importância ao tema.

Em 1988, é lançado o livro *Coaching* para *Performance* de John Whitmore. Em 1991, Thomas Leonard funda a *Coaching University*. E em 1992, ocorre nos EUA o estabelecimento do *Coach* como profissão e a fundação do *Coaching Institute*.

Em 1993 e 1994 surgem duas grandes associações certificadoras internacionais de *Coaching* no mundo, a ICF - *International Coach Fe-*

Master Coaches

deration e a ECA - *European Coaching Association*.

Em 2000, o *Coaching* chega ao Brasil e nos últimos cinco anos se torna mais conhecido nas organizações e entre as pessoas. O *Coaching* tem sido cada vez mais tema de teses de mestrado e doutorado. Também vem aumentando a publicação de artigos sobre o assunto.

Em 2004, nos EUA, grandes empresas patrocinaram vários estudos de pesquisas abrangentes a fim de entender melhor essa metodologia tão extraordinária e promissora.

Em 2008, Viki G. Brook, em sua Tese de doutorado "Teoria Básica das Raízes e do Surgimento do *Coaching*", possibilita-nos ver o *Coaching* dentro de uma linha do tempo, sua evolução e maturidade. Para Viki Brook, a maturidade do *Coaching* foi impulsionada por três grandes forças: experiência acumulada, crescente ingresso de profissionais vindos de uma ampla gama de experiências profissionais e pela crescente sofisticação da gestão e dos profissionais da área de Recursos Humanos.

O papel do *Coach* no processo de *Coaching*

O *Coach* é o aliado do *Coachee* no processo de *Coaching* e seu principal papel é criar um ambiente de reflexão e análise da satisfação em relação à vida pessoal ou profissional do *Coachee*. Definir, junto com ele, metas claras, entender o que é preciso ser feito para identificar e mudar as crenças limitantes. Despertar o potencial infinito, qualidades possivelmente desconhecidas sempre com o olhar no futuro. O *Coach* precisa se alinhar aos objetivos que o *Coachee* quer atingir, colaborando para que esse se responsabilize em realizar suas metas de ação durante a jornada que o levará a realizar seu objetivo. Ele conduz o *Coachee* na expansão de suas habilidades, de sua identidade, de seus recursos internos, através de um processo estruturado e de ferramentas testadas e aprovadas cientificamente. Dentro do processo é criado um ambiente transformacional, e o *Coach* conduz a cocriação da realidade do *Coachee*.

O processo de *Coaching* possibilita ao *Coachee* olhar para seu interior e encontrar suas próprias respostas e recursos, estabelecer metas e se manter focado até realizá-las, aumentar sua capacidade de se responsabilizar pela própria vida e carreira, recebendo *feedback*, acompanhamento e apoio constante do *Coach*. O desenvolvimento pessoal e profissional, através do conhecimento dos recursos internos e da quebra de crenças limitantes, amplia as competências individuais que passam a ser um grande diferencial competitivo, tanto para a carreira do profissional como para as empresas.

Os encontros no processo de *Coaching* podem ser semanais, quin-

Nadir Paes

zenais ou mensais. Cada sessão tem duração variável de uma a duas horas e os contratos realizados variam de 10 a 20 sessões. As empresas normalmente contratam *Coaches* para desenvolver as competências e a liderança de seus executivos. Também para acelerar o desenvolvimento de carreira, reter colaboradores de alto potencial, gerenciar transições de liderança e corrigir performance.

Resultados que o *Coaching* proporciona

Estudo publicado no *Public Personnel Management Journal* concluiu que os executivos que participaram de um treinamento gerencial aumentaram em 22,4% sua produtividade. E aqueles que tiveram *Coaching*, após esse treinamento, aumentaram sua produtividade em 88%. Estudos também apontam alto ROI – Retorno de Investimento em *Coaching*. A média do retorno de investimento em trabalhos de *Executive Coaching* é de 5.7.

Uma recente pesquisa da PUC Campinas, realizada com 10 executivos que passaram pelo processo de *Coaching*, aponta que 100% aperfeiçoaram a capacidade de ouvir, 80% melhoraram a flexibilidade, 80% aprenderam a aceitar melhor as mudanças e 70% evoluíram a capacidade de se relacionar. Fonte: Revista Você S/A

Efetividade do *Coaching* e diferenças de outras abordagens

Estudos feitos por empresas apontaram que os resultados de treinamentos de elevada qualidade podem se perder e ficar comprometidos na ausência de um programa de *Coaching* para acompanhamento prático e sustentação das habilidades aprendidas em salas de treinamentos. No campo empresarial, o *Coaching* é usado para desenvolver e aumentar as competências do executivo ou empresário, visando desenvolvê-lo e torná-lo um líder mais efetivo, para que possa inserir em seu estilo a Liderança *Coaching* e aplicá-la na gestão de seus colaboradores.

No âmbito pessoal, o *Coaching* contribui para o desenvolvimento na medida em que ajuda o *Coachee* a reavaliar e equilibrar todas as áreas de sua vida. O *Coaching*, como caminho de desenvolvimento e potencialização das competências, possibilita ao *Coachee* desfazer suas crenças limitadoras e reforçar suas potencialidades e recursos internos, levando-o a cocriar sua realidade e a se transformar na melhor pessoa e melhor profissional que deseja ser.

O *Coach* ajuda o *Coachee* a reconhecer seus próprios recursos, a desenvolver competências comportamentais e a se manter focado na realização de suas metas.

O Consultor aponta os processos não eficientes na organização e

Master Coaches

sugere soluções e mudanças.

O Mentor é alguém muito experiente na empresa ou na profissão, que estabelece um processo de parceria com o seu mentorado, dando conselhos e servindo como modelo. O mentor é um conselheiro sábio e confiável que tem grande interesse no desenvolvimento e progresso de uma pessoa menos experiente.

O Psicoterapeuta trabalha com um cliente que procura alívio para sintomas físicos e psicológicos. O cliente quer a cura emocional e o alívio do sofrimento mental.

Metodologia de *Coaching*

O *Coaching* iniciou nos Estados Unidos e na Europa, sendo natural ter surgido duas metodologias. O *Coaching* europeu tem visão humanística e evolutiva, focando o desenvolvimento de competências comportamentais e emocionais. Devido à atuação de mais psicólogos e profissionais da área de ciências humanas, é permitido o alcance terapêutico na conquista de objetivos. Já o *Coaching* americano acontece dentro de uma visão comportamental não permitindo o alcance terapêutico. Identifico-me com a visão humanista e evolutiva e adoto profissionalmente a integração das duas metodologias.

Nichos, modalidades e benefícios do *Coaching*

Life Coaching e o *Executive* and *Business Coaching* são os maiores nichos. O *Coaching* Vida é direcionado para o desenvolvimento das competências e recursos em vários aspectos da vida. É para quem deseja rever suas atuais estratégias de vida. Nesse processo, o *Coachee* é levado a refletir sobre as principais áreas de sua existência e como melhorar significativamente seu nível de satisfação. É uma proposta de reorientação da vida, visando trazer à tona o melhor da pessoa. É adequado para momentos de indecisão, paralisação, momentos em que o estado atual não é satisfatório. Existem momentos em que sabemos que precisamos subir um nível e olhar novos horizontes. O *Coaching* Vida tem esta proposta, a possibilidade de maior entendimento e gestão das várias áreas da vida para encontrar novos caminhos, novas perspectivas. Alguns benefícios: autoconhecimento, ampliação do mapa mental, superação de obstáculos, identificação e quebra de crenças limitadoras, maximização dos recursos internos, novas competências, maior autoestima, conquista de objetivos e metas.

O *Coaching* Executivo e de Negócios é direcionado a profissionais, executivos, gestores, líderes, empreendedores e empresários. Têm o objetivo de desenvolver competências de liderança, habilidades para produzir resultados e gerenciar pessoas. O *Coaching* Executivo amplia a consciência, libera o potencial, maximiza a escolha e leva à mudança. Conduz e apóia o profissional para que ele se desenvolva também como pessoa, ajudando-o a obter melhor desempenho profissional e pessoal. Ao aderir a um ambiente de reflexão e autoconhecimento, é possível uma significativa melhora na performance, na visão estratégica, na tomada de decisão e na gestão de pessoas. Alguns benefícios: melhor administração do tempo, maior equilíbrio em todas as áreas de vida, clareza de objetivos e valores, melhor panorama a curto, médio e longo prazo, melhoria na tomada de decisão, maior comprometimento com a empresa em desenvolver pessoas, maior confiança, assertividade e autoeficácia, maior autoconhecimento, flexibilidade, arrojo e criatividade.

Coaching como filosofia de vida e estilo de liderança

Mais que uma metodologia e um processo estruturado, o *Coaching* deve ser visto e praticado como uma filosofia de vida, uma nova forma de pensar e agir no dia a dia. À medida que o *Coaching* passa a ser visto e sentido como um estilo de vida e liderança, esse passa a fazer parte da vida diária e, assim, essa nova visão passa a ser manifestada nas atitudes e conduta de forma sistêmica.

Adotar e cultivar o *Coaching* como uma filosofia de vida e estilo de liderança é ter uma visão ampla e profunda do mundo em que vivemos. É ver o mundo por outra perspectiva, ciente do impacto que podemos causar no ambiente e nas pessoas. É ter uma visão evolutiva e contínua, uma percepção mais produtiva e coerente dos acontecimentos externos. É ousar, ir além todos os dias, transformando dificuldades em aprendizado. É usar instrumentos comprovados cientificamente para alcançar resultados extraordinários na nossa própria vida e poder oferecer isso a todos que participam dos nossos relacionamentos. É viver com o propósito de ser a cada dia uma melhor pessoa e melhor profissional.

Considerações Finais

Parte da entrevista de Erich Schmidt, CEO da Google: "John Door, disse: 'você precisa de um *Coach*'. E eu disse: 'Bem, eu não preciso de um *Coach*, tem algo de errado?' Ele disse: 'Não, não, você precisa de um *Coach*, todo mundo precisa de um *coach*.' Então o Bill Campbell se tornou o meu *Coach*. Um *Coach* realmente ajuda." O *Coach* assume um lugar importante na vida das pessoas, porque não conseguimos, muitas vezes, observar com precisão nossas próprias ações sem a ajuda de outro olhar. É com os olhos dos outros que nós enxergamos melhor e vemos os resultados que de fato produzimos, nós precisamos dos

Master Coaches

outros até mesmo quando somos competentes. Temos a necessidade de sermos ouvidos na essência, reconhecidos e estimulados, apesar de sermos os principais responsáveis por nossa motivação e resultados. Despertar e apoiar o profissional a desenvolver e transformar seu potencial em sua força pessoal é parte fundamental do processo de *Coaching*.

Outro importante executivo, Jack Welch, eleito o CEO mais admirado e o executivo do século. Como CEO da GE, conseguiu tirar a empresa do prejuízo de vinte bilhões de dólares e, em vinte anos, deixou a empresa para o seu sucessor com vinte bilhões de lucro. Ele recebeu os holofotes, no entanto, por trás dele estava Ram Charam, seu *Coach*. Segundo Welch, "no futuro todos os líderes serão *Coaches*". Os maiores líderes serão os profissionais que desenvolverem as competências de um Líder *Coach*. O Líder *Coach* tem visão do todo e o foco no que realmente importa. Tem alto nível de autoconhecimento, clareza e direcionamento de suas ações e capacidade para inspirar, energizar e desenvolver pessoas.

Depois de quatro décadas de *Coaching* nos EUA e na Europa, ele chega ao Brasil com maturidade, impulsionado pelo sucesso já conquistado. Ao olhar para o futuro do *Coaching* no Brasil é possível visualizar um vasto campo de atuação profissional nas áreas de *Executive and Business Coaching* e *Life Coaching*.

As grandes organizações são cada vez mais pressionadas a reforçarem seus "times" e, nos últimos anos, atrair, desenvolver e reter talentos se tornou um desafio crescente. É por isto que o desenvolvimento humano através do *Coaching* terá importância crucial devido à agilidade e eficácia dos seus resultados. Pesquisas indicam que 85% dos executivos americanos e europeus já receberam o processo de *Coaching* e que no Brasil apenas 5% dos executivos passaram por esse processo.

No livro *Coaching* Executivo para Resultados, de Brian O. Hunderhill temos informações de várias organizações pesquisadas nos EUA, onde apenas 2% planejam reduzir seu uso de *Coaching* nos próximos cinco anos. Isso significa que 98% esperam manter ou aumentar seu nível de utilização de *Coaching*. E que mais de 92% dos líderes que receberam *Coaching* afirmam que contratariam o processo novamente em outra oportunidade.

Diante da competitividade e necessidade de acelerar resultados, o *Coaching* veio para se estabelecer cada vez mais no Brasil e a projeção é de crescimento nos próximos anos. Ele se torna, a cada dia, a ferramenta e a metodologia mais utilizada no desenvolvimento de pessoas e empresas e sua prática será, com toda certeza, um grande diferencial competitivo, tanto para a carreira do profissional quanto para o crescimento das organizações.

Nelson Vieira

Abordar o *coaching* evolutivo nos remete a pensar em termos de:

Identidade, levando-nos a refletir sobre a nossa existência, história e desenvolvimento a fim de promovermos um encontro com a nossa essência e nossos valores;

Afiliação, que nos leva a aglutinar forças em cada um dos locais onde estamos inseridos, contribuindo de alguma forma para agregar valor aos mesmos;

Legado, que tem uma relação direta com o nosso propósito e missão neste mundo. Estes três níveis constituem o topo da pirâmide dos níveis neurológicos de aprendizagem e mudanças desenvolvidos pelo Robert Dilts, um dos estudiosos que estruturou a Programação Neurolinguística, que tem em sua base o nível do ambiente, passando pelo comportamento, evoluindo posteriormente para as capacidades, habilidades e, finalmente, para as crenças e valores antes de atingir o topo. Neste sentido, vamos procurar compreender o impacto do *coaching* evolutivo para fortalecer a integridade e favorecer os relacionamentos, bem como, o seu reflexo na sociedade atribuindo, desse modo, um caráter humanitário ao *coaching*.

Sobre a Inteligência Relacional:

Após os estudos de Howard Gardner sobre as múltiplas inteligências (intrapessoal, interpessoal, corporal, espacial, matemática, musical e linguística), passando pelo *bestseller* "Inteligência Emocional" de Daniel Goleman, a inteligência tem sido foco de estudos e pesquisas para identificação de talentos, potencialidades e mesmo para o autoconhecimento. Esse é um estudo amplo, que desafia a comunidade científica, mas nenhum talvez seja tão complexo e desafiante quanto o estudo dos relacionamentos humanos. Neste sentido, poderíamos definir a inteligência relacional como a capacidade de lidar bem consigo mesmo e com os outros, reconhecendo suas potencialidades e limitações, aceitando-as e respeitando-as de modo incondicional.

É muito fácil relacionar-se com outros indivíduos que compartilham do mesmo ponto de vista, do mesmo padrão de comportamento e pactuam dos mesmos gostos pessoais. Estas pessoas normalmente se reúnem por afinidades e não têm um objetivo específico, o que as leva a apoiarem-se mutuamente, estabelecendo uma zona de conforto que gera uma pseudossegurança. O desafio começa a ficar evidente quando essas pessoas se veem obrigadas a compartilhar um ambiente onde prevaleçam as diferenças. Porém, nunca é demais compreender que este ambiente é necessário uma vez que propicia

Master Coaches

a evolução contínua do indivíduo, levando-o a entrar em contato cada vez mais consigo mesmo, de modo a rever ideias, conceitos e comportamentos, por vezes enraizados desde a sua tenra infância.

Aprendi, certa vez, que é a diversidade que enriquece a individualidade, e as empresas, de um modo geral, são propícias para esse desenvolvimento. Afinal, você é desafiado a estabelecer conexão com as diferenças o tempo inteiro. São conhecimentos, habilidades, atitudes e histórias peculiares integrados para resultar em um nível de desempenho para o alcance de um objetivo comum.

Neste cenário, aprendemos com o outro, dada a troca de conhecimentos e experiências. E nele, permitimo-nos dar e receber afeição, aceitação e sentimento de importância, favorecendo o nosso desenvolvimento tanto em nível pessoal quanto profissional, já que aprendemos a definir prioridades, a ajustar metas e nos abrir para um intenso processo de mudança.

Relacionamento Intrapessoal X Interpessoal:

Em uma referência à Deepak Chopra em sua obra "O efeito sombra", eu diria que este processo só é possível porque nos leva a confrontar dentro de nós mesmos a nossa luz e as nossas trevas, já que nos remete a uma conexão com a nossa própria sombra, que dificilmente enxergamos, mas facilmente identificamos no outro. Porém, ela está lá, pronta para dar o bote no momento oportuno, sabotando os nossos projetos, nossas oportunidades, a nossa própria felicidade. Esta sombra manifesta-se através da nossa preguiça, acomodação, mentiras que contamos para nós mesmos, nossa hipocrisia e outros potenciais sabotadores como: a autossuficiência, a arrogância, a prepotência e a tirania. E todos nós temos a nossa sombra, mas, por incrível que pareça, como diria Marianne Williamson, não é ela o que mais tememos, é a nossa luz.

O paradoxo deste embate é que quanto mais fundo nós mergulhamos em nossas sombras, mais próximos da nossa luz nos encontramos, pois ao reconhecer as nossas imperfeições e tudo aquilo que nos atrapalha, temos a dimensão exata de quem somos e quem queremos nos tornar. Talvez aí esteja o poder da transformação pessoal: o exercício de reconhecer as nossas sombras e transformá-las em significado, legado e essência despertando uma individualidade muito maior e muito mais poderosa, capaz de reconhecer, compreender e aceitar o outro também em sua essência, livre de julgamentos e conflitos de valores. Mas, o que realmente torna os relacionamentos difíceis, segundo Bernt Isert, são basicamente três fatores:

1- Eu não recebo o que desejo;
2- Eu não posso dar o que o outro precisa;
3- Alguém me faz lembrar um relacionamento difícil.

Tais fatores dificultam uma sintonia maior com as outras pessoas simplesmente pela dificuldade de reconhecê-los em nós mesmos. Daí, podemos extrair uma bela lição de relacionamento: quanto mais nos respeitamos, mais as pessoas nos respeitarão. Porém, se nós não nos amamos e esperamos que o mundo nos ame, inevitavelmente iremos nos frustrar. Desse modo, é essencial para o bom relacionamento com outras pessoas reconhecer as suas necessidades. De um modo geral, as pessoas anseiam por três necessidades psicológicas, são elas: pessoas querem ser ouvidas; querem ser notadas, reconhecidas; e, querem ter o direito de errar e serem perdoadas.

Aliás, sobre o perdão: as pessoas normalmente cometem um erro vital que é o de perdoar os outros e esperar que o perdoem na mesma medida e, quando isso não acontece, ficam decepcionadas e aprisionadas a um sentimento de menos-valia, prejudicando um critério para cultivar bons relacionamentos: a autoestima.

Refletindo sobre o Amor e o Perdão:
O perdão está relacionado à libertação, ou seja, quando você perdoa o outro, mesmo que "da boca pra fora", você está o libertando. Mas se o exercício do perdão não é praticado em sua essência, a começar por si mesmo, você fica aprisionado, remoendo mágoas, rancor e, em alguns casos, alimentando sentimentos como raiva, tristeza e ódio pelo mal que possam ter lhe causado. Portanto, o perdão também deve começar por nós mesmos para que possamos ter uma boa relação com os demais.

O reconhecimento destes três elementos (ouvir, reconhecer e perdoar) facilita um fundamento essencial para o cultivo de bons relacionamentos: a capacidade de comunicação. Aliás, este processo vai muito além do simples falar e ouvir, é conectar-se com algo muito maior, é estabelecer a mesma frequência de pensamento, fluidez e compreensão. É um exercício de amor. E é interessante que, segundo Dr. Gary Chapman, autor do livro "As 5 linguagens do amor", cada ser humano nasce com a capacidade de identificar e receber o amor através de:

1 - **Palavras de afirmação:** deixar as pessoas sempre com palavras positivas, proferindo-as, inclusive, para si mesmo, buscando sempre a intenção positiva, o aprendizado e a ressignificação que

Master Coaches

acompanham todo gesto e acontecimento;

2 - **Qualidade de tempo:** difere da quantidade, é estar com o outro em sua essência, doando-se incondicionalmente, aproveitando 100% o momento presente, afinal, nunca é demais lembrar: "Onde tu estiveres, lá tu estarás".

Neste sentido:

• Quantas vezes você esteve fisicamente em um lugar, mas seu pensamento e espírito estavam distantes?

• Qual o impacto disto nos seus relacionamentos?

• Como você se sentiria se percebesse que a pessoa que você mais ama simplesmente estivesse ali, de corpo presente, porém, alheia a você e ao momento?

3 - **Presentes:** lembranças, cartinhas, e-mails e torpedos, em suma, ações simples, mas significativas para manifestar amor. Pense um pouco: qual foi a última vez que surpreendeu a pessoa amada (esposa, filhos, pai, mãe, clientes, colaboradores e outros) com uma manifestação simples de carinho?

4 - **Gestos de serviço:** gentileza, procurar ser útil, fazendo coisas simples e significativas que agreguem valor a quem as recebe. Esses gestos o levam, por sua vez, a aglutinar forças nos diversos locais onde você esteja inserido, seja em casa, no trabalho, na igreja, na academia, associações de classe, enfim, dê sempre o melhor de si, crie surpresas agradáveis e procure despertar o melhor que há em você mesmo. Só assim você encontrará o melhor nos outros.

5 - **Toque físico:** fazer algo de forma intensa, pura e verdadeira, como um abraço, por exemplo. Muito embora esta não seja a única forma, uma vez que o seu objetivo maior é o de atingir o coração do outro. Sendo assim, você pode tocá-lo com um simples gesto, um sorriso amigável e acolhedor, um olhar sincero e complacente, um súbito desejo de querer contribuir com o sucesso e a felicidade do outro.

Inteligência Relacional e Legado:

Assim, Inteligência Relacional pode ser traduzida como o exercício constante da capacidade de amar o outro como se ele nunca tivesse sido amado em qualquer outro momento de sua vida, mas, para que isto seja possível, é necessário amarmos nós mesmos primeiramente, como se jamais tivéssemos sido feridos, não importando com quem nos relacionemos. Este é um recurso para que possamos nos valorizar, respeitando-nos, amando-nos e compreendendonos sem exigir nada disso das outras pessoas, pois isso é o mínimo que devemos fazer por nós mesmos.

Então, cada vez que nos depararmos com alguém que não nos entenda ou que não nos respeite como gostaríamos, devemos reconhecê-lo como um verdadeiro mestre que nos ensina, talvez da maneira mais dura, a maior de todas as lições: a de **nos respeitarmos** e **nos compreendermos** em essência, possibilitando assim, a nossa evolução contínua para que sejamos, verdadeiramente, a melhor pessoa que podemos ser.

Desse modo, ao promovermos o encontro com o "nosso melhor eu", podemos refletir sobre o nosso legado para a humanidade. Neste sentido, convido-o a pensar em termos de sustentabilidade, que vai muito além de pensar tão somente em termos de meio ambiente ou da preservação da biodiversidade, mas em como nossas ações impactam na sociedade:

1- Quem mais está com você neste processo?

2- Quais as consequências de suas ações para com as pessoas que estão mais próximas de você e a quem você mais ama neste universo?

3- De 0 a 10, o quanto você se preocupa efetivamente em promover relações sustentáveis? Em contribuir com as outras pessoas com as quais se relaciona?

4- Como as pessoas se lembrarão de você após a sua morte?

5- O que você pretende deixar como contribuição para as próximas gerações? Que mundo você quer que seus filhos, netos, bisnetos desfrutem?

6- Qual o seu propósito maior e de que forma ele fundamenta a sua missão de vida e a sua visão de mundo?

7- Qual será o seu epitáfio?

8- Quais são as suas maiores sombras? De que forma elas contribuem para a sua evolução?

Vivendo com Integridade:

Aliás, reconhecer as nossas sombras é o maior exercício para viver com integridade, pois todos nós somos dotados de luz e sombras, virtudes e vícios, potencialidades e limitações. Reconhecê-las nos leva a integrar o melhor e o pior que existe em cada um de nós para que possamos constantemente nos superar. Só assim nos libertamos de nossas fraquezas e nos aproximamos cada vez mais de nosso ser maior. É impossível pensar em evolução contínua sem reconhecer a pior parte que habita em cada um de nós, assim como é um risco acreditar que somos perfeitos e soberanos, acima do bem

Master Coaches

e do mal, é como viver num vale de escuridão, lá não há sombras, então fica aqui um convite para a reflexão: qual a intenção positiva que você acredita estar por detrás da pior parte que habita em você?

Integridade, portanto, consiste em estabelecer congruência entre a nossa forma de ser, de pensar, de sentir e de agir no mundo, integrando todas as nossas partes para viver de maneira intensa e harmônica, buscando alcançar nossos melhores resultados, não a qualquer custo, mas valorizando a ética, o respeito e a humanidade. Contribuindo, então, de alguma forma, para o desenvolvimento da sociedade em que vivemos. Consiste em perseguir resultados que nos tragam satisfação e integração em todas as áreas de nossa vida pessoal, profissional, relacionamentos e qualidade de vida para que encontremos plenitude e felicidade, sem perder de vista a flexibilidade necessária para aceitar as adversidades como desafios. Para aprender com os erros e com os fracassos, compreender que o nosso melhor é o suficiente e que isso não tem nada a ver com um pacto de mediocridade ou ficar na zona de conforto, mas em procurarmos superação a cada dia, construindo o nosso "eu" cada vez melhor, pois só assim encontraremos e desenvolveremos a excelência, que tanto procuramos externamente, dentro de nós.

Para finalizar, não devemos jamais esquecer que quando nossa vida é centrada em valores que nos são caros, como: ética, comprometimento, respeito, responsabilidade, excelência, alegria, humor, paixão, contribuição e espírito de equipe, vivemos com integridade.

Referências:

CHAPMAN, Gary. As 5 linguagens do amor: como expressar um compromisso de amor a seu cônjuge, Editora Mundo Cristão, 1997.

CHOPRA, D., FORD, D. e WILLIAMSON, M. O efeito sombra: encontre o poder escondido na sua verdade. Tradução: Alice Klesck. Editora Lua de Papel, 2010.

DILTS, Robert. PNL e *coaching* com "C" maiúsculo. In: LAGES, Andréa; CONNOR Joseph O' Como o *Coaching* funciona: O guia essencial para a história e prática do *coaching* eficaz. Rio de Janeiro, Qualitymark, 2010.

GARDNER, Howard. Estruturas da mente: a Teoria das Múltiplas Inteligências. Porto Alegre: Artes Médicas,1994. Publicado originalmente em inglês com o título: The frams of the mind: the Theory of Multiple Intelligences, em 1983.

GOLEMAN, Daniel, PhD. Inteligência emocional: a teoria revolucionária que redefine o que é ser inteligente. Rio de Janeiro: Objetiva, 1995.

ISERT, Bernd. A linguagem da mudança. Rio de Janeiro: Qualitymark, 2004.

42

Coaching Integrativo Sistêmico

329

O objetivo deste artigo é entender a essência do *Coaching* Integrativo Sistêmico, suas diferenças em relação ao processo convencional de *Coaching*, suas relações com outras ciências comportamentais e o impacto causado por esta metodologia no ambiente imediato do indivíduo

Plínio de Souza

Plínio de Souza

Coach pessoal e executivo com diversas certificações internacionais e mais de 9.000 horas de prática, *Master practitioner* em PNL e *Trainer* em PNL - certificado pela *International Association of NLP* (Alemanha) e pela *Society of NLP* (EUA). *Trainer em Coaching* licenciado pela *Corporate Coach U*, certificado internacionalmente em Constelações Sistêmicas, treinado por Bert Hellinger, certificado em Hipnose Ericksoniana e em TLT. Bacharel em Psicologia. Sócio Diretor da Ápice Desenvolvimento Humano e da Sociedade Euro Americana de *Coaching*.

Contatos:
www.apicedesenvolve.com.br
www.seacoaching.com.br
plinio@apicedesenvolve.com.br
plinio@seacoaching.com.br
(11) 3284-2651

Plínio de Souza

Comecemos pelo significado de "integrativo". Tradicionalmente o *Coaching* tem a função de levar o *coachee* de um estado real presente a um estado futuro desejado. No entanto, é muito comum observarmos, durante o processo de *Coaching*, que o cliente traz consigo limitações que se constituem em fator impeditivo para o desenvolvimento de capacidades fundamentais para que os objetivos possam ser plenamente alcançados. Estas limitações, se não são adequadamente removidas, atrasarão ou mesmo impedirão o pleno desenvolvimento do processo do cliente. Em função disso, se quer resultados efetivos, é necessário que o *Coach* lance mão de outras técnicas e metodologias, integrando-as ao seu próprio processo, abrindo um parênteses, por assim dizer, e dirimindo os problemas para que os objetivos possam ser plenamente atingidos.

As barreiras podem ser de diversas naturezas, como aquelas de origem emocional, as que de alguma forma prejudicam a comunicação do cliente, ou ainda outras, de diversas origens, que se não devidamente removidas podem vir a constituir um entrave na conquista dos objetivos determinados conjuntamente pelo *Coachee* e pelo *Coach*. Sendo assim, quanto mais vasta a formação e quanto mais expandidas as capacidades do *Coach*, mais ferramentas ele terá à sua disposição para efetivamente levar seus clientes aos objetivos almejados.

As técnicas coadjuvantes mais utilizadas dentro do processo do *Coaching* Integrativo Sistêmico são Psicologia Comportamental, Gestalt, PNL, Hipnose Ericksoniana, Cinesiologia, Constelação Familiar, EFT, e Psicologia Positiva. Sempre utilizadas para remoção de barreiras de forma pontual, garantindo que a dinâmica do processo se mantenha baseada em perguntas, mantendo o cliente empoderado, responsável e direcionado ao futuro. Para ilustrar melhor a utilização de técnicas coadjuvantes vou narrar um típico caso que atendi em que a utilização de Técnicas de PNL foi essencial para que o cliente pudesse atingir os objetivos determinados dentro do processo de *Coaching*. Naturalmente detalhes como nomes e locais foram alterados para preservar a privacidade do cliente.

Antônio era um homem inteligente de aproximadamente 40 anos, que recentemente conseguira um cargo como gerente de segurança do trabalho em uma empresa. Não obstante sua qualificação para o exercício das funções, após um mês de atividade ele já tinha o seu emprego ameaçado. A causa era clara. Faltava a Antônio o exercício saudável da autoridade. Ele simplesmente não conseguia chamar a atenção das pessoas quando necessário e ser suficientemente firme em suas determinações, de forma que corria o risco de perder o cargo simplesmente porque não conseguia controlar as equipes e

Master Coaches

garantir o cumprimento dos procedimentos de segurança.

Ele carregava consigo o padrão de ser sempre uma pessoa "legal", uma pessoa querida, e, naturalmente, este padrão constituía-se em um fator impeditivo para o exercício da autoridade com firmeza quando o momento exigia. Antônio não sabia como exercer a autoridade, no fundo receava magoar as pessoas. Pensava que, como consequência, seria rejeitado por elas. E para agravar o caso, nem mesmo possuía referências de autoridade, pois não se lembrava de ter convivido com expressão de autoridade de seus pais, que segundo relata, também eram "legais" e não gostavam de magoar as pessoas. O caminho idealizado para que o processo pudesse avançar foi buscar alguma situação ou contexto da vida em que este cliente efetivamente conseguia exercer a autoridade, para que depois, através de técnicas de modelagem, fosse possível que ele viesse a exercer a mesma estratégia no ambiente de trabalho.

Utilizando perguntas de investigação, descobrimos que, felizmente, havia uma situação em que Antônio exercia sim a autoridade. Isso acontecia ao lidar com seu filho de quatro anos de idade, quando precisava corrigi-lo. O procedimento chamado de automodelagem, oriundo da PNL, consiste em fazer com que a pessoa reviva um momento, mesmo que em contexto totalmente diferente, no qual a pessoa exerceu naturalmente a competência a ser modelada. Ao reviver o passo a passo, a pessoa é orientada a identificar conscientemente a sequência de pensamentos, sentimentos e comportamentos usados naturalmente em tal contexto. A partir desta identificação, ensaia mentalmente usar a mesma estratégia mental emocional e comportamental passo a passo, no contexto problemático. O resultado é a mente assimilar e acomodar uma nova estratégia para determinado tipo de situação que antes não estava disponível no repertório comportamental da pessoa.

Em tal processo, Antônio reviveu um momento em que expressava firmeza e autoridade com seu filho. Mais do que isso, buscamos o que ele pensava neste momento, quais eram as crenças e os sentimentos que forneciam suporte para essa atitude. O passo seguinte foi buscar as situações em que ele precisava corrigir com energia sua equipe, e então trouxemos este complexo psíquico de crenças sentimentos e comportamentos para esta situação. Assim, Antônio, pela primeira vez, vivenciou integralmente uma estratégia de expressão de autoridade no seu ambiente de trabalho. Com isso assumiu o poder que lhe era conferido pelo cargo e começou a sentir-se o responsável pela segurança das pessoas assim como era responsável pela segurança de seu filho. A partir daí passou a garantir com autoridade

Plínio de Souza

e firmeza que as normas e procedimentos de segurança fossem cumpridos pelas equipes. Após esta breve intervenção, que não levou mais do que uma sessão, a carreira de Antônio literalmente decolou.

Um outro exemplo: Luis (nome fictício) era um executivo graduado em uma importante empresa de tecnologia. No entanto, um dos aspectos mais relevantes de sua personalidade era a excessiva irritabilidade, que acabava se manifestando em verdadeiros rompantes de cólera com a sua equipe. Traçando objetivos para que Luis pudesse ascender profissionalmente, detectamos que seu progresso profissional encontrava-se travado por conta de seu mau relacionamento com aqueles com os quais trabalhava.

A irritabilidade descontrolada fazia com que ele fosse incapaz de dar *feedbacks* construtivos e essa característica fazia também com que seus superiores o vissem como alguém de limitada inteligência emocional, inapto para lidar com pessoas, competência fundamental para que pudesse ascender a postos mais altos dentro da organização. Neste caso, utilizamos uma técnica oriunda do EFT (Emotional Freedom Techniques) que combina a psicologia com a acupuntura e proporciona a liberação de fortes cargas emocionais em poucos minutos de intervenção.

Através deste método, que consiste em seguir um roteiro, percutindo durante alguns segundos com as pontas dos dedos em determinados pontos do corpo enquanto revive mentalmente situações que disparam respostas emocionais desequilibradas, Luis pôde livrar-se de cargas emocionais acumuladas, associadas a memórias de eventos do passado onde precisou reprimir sua raiva, tanto na fase adulta como na fase infantil. Com uma única sessão de intervenção e mais uma lição de casa de autoaplicação da técnica, foi possível dissipar significativamente as cargas acumuladas de raiva que estavam sempre para transbordar diante de qualquer situação pequena.

O resultado foi a surpresa posterior de Luis ao ver-se tendo reações emocionais amenas e respostas comportamentais equilibradas diante de eventos que antes o transtornavam. A partir daí, metade do processo de *Coaching* já estava concluído. Bastou então a retomada de uma metodologia funcional de *feedback*, que Luis já conhecia mas que só agora tinha condições emocionais para utilizar com eficiência. No entanto, se a metodologia de *Coaching* aqui descrita possui seu lado integrativo pelas razões que acabamos de enumerar, é preciso também que se compreenda que ela tem seu lado sistêmico, e que é exatamente da integração de outros processos e da abordagem sistêmica realizadas conjuntamente que vem a sua alta eficiência.

O *Coaching* Sistêmico não percebe e não aborda o indivíduo

Master Coaches

como um ser isolado. Ele o entende como parte integrante de seus sistemas (familiar, corporativo, social etc.), compostos por outras pessoas com as quais se relaciona, e admite, para todos os efeitos, que a natureza destas relações e a maneira como são levadas adiante são fatores determinantes em sua vida. Ao iniciarmos o processo de *Coaching* com um cliente é notadamente sabido que se desenvolverão capacidades e que estas podem modificar significativamente a maneira como ele age e se comporta. Assim, o *Coaching* Sistêmico utilizará ferramentas que podem prever o impacto que mudanças de comportamento ou metas conquistadas pelo indivíduo terão nos sistemas aos quais ele pertence, e de que maneira, como em um processo de refluxo, estes sistemas o impactarão de volta. Diante desta realidade buscamos alcançar, da maneira mais precisa possível, uma mudança que sistemicamente flua na direção daquilo que o *coachee* deseja alcançar.

Exemplificando: Roberto (nome fictício) é um jovem executivo que deseja melhorar seu posicionamento na empresa em que trabalha e que durante o processo de *coaching* decide cursar um MBA, estratégia esta que lhe dará muitos créditos para alcançar uma significativa promoção. Porém, meses depois de Roberto ter iniciado o curso, seu filho, a quem é muito apegado, passa a ter um desempenho aquém do esperado na escola, reflexo possível da falta que vem expressando sentir do convívio mais íntimo com o pai. Como consequência sua esposa também começa a sentir-se incomodada, preocupada com os sentimentos da criança e com os problemas que podem resultar com a queda de seu rendimento escolar. Em resumo, percebe-se que a busca de uma capacitação, que a princípio poderia ser extremamente benéfica para todos, acaba por gerar um desequilíbrio no sistema.

O *Coach*, que levou seu cliente a traçar objetivos e descobrir meios através dos quais estes poderiam ser alcançados - no caso o MBA, que seria um passo significativo em direção a uma almejada promoção - não pode ficar alheio ao impacto que o processo causou no ambiente imediato de seu *Coachee*. Daí a necessidade da intervenção sistêmica, ou seja, procurar ações e resoluções que possam trazer este sistema de novo ao equilíbrio sem que, no entanto, o indivíduo desista de seus objetivos.

Na metodologia sistêmica, aliás, essas alterações sociais possíveis já teriam sido previstas e detectadas com o auxílio de técnicas específicas, ou pelo menos colocadas como hipóteses prováveis. O *Coach* poderia ter solucionado a questão preventivamente, antes mesmo que esta pudesse ocorrer, como por exemplo, traçando um

Plínio de Souza

plano, em que seu cliente, ao mesmo tempo em que começasse o MBA, iniciasse também um programa que pudesse compensar a necessidade de relacionamento com a criança, por exemplo, trocando com a esposa a tarefa de levá-la à escola, criando assim um ambiente diário de intimidade e diversão com o filho, para que sua ausência à noite não fosse tão sentida pela criança. O relacionamento do casal também poderia ser estreitado através de alguma estratégia já pré-elaborada pelo cliente, de forma que o impacto causado pela mudança não tivesse um efeito tão devastador no sistema de relações do indivíduo.

Outro caso que ilustra muito bem essa situação é o de Maria (nome fictício), que quando emagrece torna-se mais bonita e sensual e como consequência seu marido passa a tratá-la de forma diferente, forma esta que pode se manifestar em agressividade, indiferença ou controle excessivo. Então Maria, percebendo a mudança do esposo e associando esta mudança ao seu emagrecimento, mais uma vez, de forma consciente ou não, volta a engordar. Sem entendermos o impacto do processo de emagrecimento (objetivo do cliente) em seu sistema será muito difícil fazer com que esta mulher possa conservar por muito tempo seu novo peso.

Durante o levantamento das informações, descobre-se que a mudança no comportamento de seu marido se dá porque, ao perceber a esposa mais magra e mais atraente para outros homens, ele se sente inseguro e como consequência passa a relacionar-se com ela com maior agressividade e controle. Essa atitude, por sua vez, gera ainda consequências na própria esposa, que "decide" engordar novamente, ainda que inconscientemente para recuperar a paz na relação com o esposo. Ao utilizarmos uma técnica de investigação sistêmica (constelação familiar) descobre-se que em função de problemas históricos em relação ao seu pai e à relação deste com sua mãe, a cliente não se encontra plenamente disponível para seu marido, não é afetuosa e nem próxima em sua relação com ele. Como consequência, tem um marido intranquilo, inseguro quanto à profundidade do amor de sua esposa e que batalha pela manutenção do vínculo com ela mantendo-a obesa e, portanto, menos atraente aos outros homens.

Uma cliente como esta que estivesse passando por um processo convencional de *Coaching* de Vida ou *Coaching* de Emagrecimento, provavelmente teria sido um caso sem sucesso, fracassado por resistências e pelo famoso efeito sanfona que a faz emagrecer e engordar continuamente. Neste caso, em uma única e decisiva intervenção com técnicas sistêmicas, a cliente vivencia uma profunda mudança em relação ao seu pai em seu coração, reorganizando-se emocionalmente

Master Coaches

e assumindo, finalmente, sua posição enquanto filha afetiva. Como consequência, Maria pôde então deixar de, inconscientemente, ver seu pai no companheiro e pode se entregar plena e afetivamente a ele, o que lhe trouxe segurança e tranquilidade. Ele finalmente sentiu-se seguro quanto ao amor de sua esposa e à consistência de seu relacionamento. Com isso, finalmente Maria sentiu-se liberada para emagrecer e se manter magra.

Em casos como estes, apenas através da intervenção sistêmica será possível revelar rapidamente as causas fundamentais e intervir de maneira pontual e precisa sem transformar o processo de *coaching* em um processo de terapia, obtendo-se assim resultados imediatos direcionados para metas e objetivos futuros. O mais importante é entendermos que o *Coaching* Integrativo Sistêmico extrapola, de certa forma, os limites do *Coaching* convencional, integrando a si técnicas que podem ser coadjuvantes na remoção de entraves que impedem que o *Coachee* chegue ao seu objetivo.

Mais importante ainda é entendermos que as duas características deste tipo de *Coaching* – tanto a que diz respeito à integração, como a que diz respeito ao sistêmico – devem ser usadas simultaneamente pelo profissional, de forma a garantir resultados perenes e seguros, bem como para acelerar o desenvolvimento de competências chaves e alcance de metas pelo *coachee*, que, assim, se beneficiará obviamente da rapidez característica de um processo de *coaching* bem feito.

43

Os quatro princípios do *Coaching* na evolução da vida e da carreira

Neste capítulo abordarei os quatro princípios do *Coaching*, como aplicá-los no desenvolvimento da carreira e evolução da vida. Algo que parece simples envolve vários outros conceitos e aplicações trazendo resultados extraordinários quando aplicados eficazmente

Rosamaria Nogueira

Rosamaria Nogueira

Master Coach formada pelo IBC - Instituto Brasileiro de Coaching, com reconhecimento internacional pelo ECA – European Coaching Association, CGC – Global Coaching Community e ICI – International Association of Coaching Insitute. Analista Comportamental – Coaching assessment – Certificações pelo IBC, CCG, UFMG, FINEP. Formação em Hipnose Eriksoniana pelo INAP – Instituto de Neurolinguística Aplicada. Pratictioner em Programação Neurolinguística. – OZS Consultoria. Pós-Graduada em Gestão Avançada de Recursos Humanos – UCDB – Universidade Católica Dom Bosco. Graduada em Administração de Empresas pela UNIGRAN – Centro Universitário da Grande Dourados. Graduanda em Psicologia pela UNIGRAN – Centro Universitário da Grande Dourados. Tendo já atuado no ramo empresarial, educacional e com dinâmicas.

Contato:
rosanogueira@yahoo.com.br

Rosamaria Nogueira

O *coaching* pode ser muito mais que um processo para aceleração de resultados. E os benefícios do processo de *coaching* nas diversas áreas da vida são indiscutíveis. O *coaching* de carreira pode, com certeza, alavancar a caminhada daqueles que estão nos mais diversos contextos e situações de trabalho, assim como dos que estão à disposição do mercado de trabalho ou na iminência de entrar nele (recém-formados).

Nesse momento, o *coaching* de carreira será tratado sob uma visão mais global, que envolve a pessoa como um todo, enfatizando os quatro princípios do *coaching*, na vida e na carreira. Quando o *coaching* é usado como uma filosofia de vida, o *coachee* (cliente) com certeza terá vários outros ganhos. Ao usar a metodologia, é possível obter um autoconhecimento muito grande e esse fato por si já carrega vários benefícios. Afinal como você pode querer evoluir, seja pessoal ou profissionalmente, sem saber responder alguns questionamentos como, por exemplo, quem é você realmente, quais são seus valores, sua missão, ou seja, por que você vive, onde está e onde pretende chegar?

A busca por alcançar objetivos faz parte de uma constante evolução. Essa ascensão é feita através de um processo de equilíbrio e desequilíbrio. Se você estivesse sempre em perfeito equilíbrio, estabilidade, que motivação teria para buscar algo mais? A vida proporciona certa dose de instabilidade para que se possa querer ir além. E quando o novo equilíbrio é alcançado naquele patamar que queríamos, voltamos a procurar algo mais, e assim sucessivamente.

Com tudo isso, você pode se perguntar: "Mas como os princípios do *Coaching* se relacionam com a minha vida ou a minha carreira?" Inicialmente, é preciso esclarecer quais são os quatro princípios absolutos do *coaching*:
- Suspender todo tipo de julgamento
- O processo de *coaching* acontece no tempo presente com foco no futuro
- Ação
- Ética e confidencialidade

Então, vamos falar de cada um deles separadamente.

SUSPENDA TODO TIPO DE JULGAMENTO

Para exercitar esse princípio, nada melhor que pensar e agir com altruísmo, ou seja, exercer a capacidade do ser humano de se colocar no lugar de outra pessoa. Quando alguém se coloca verdadeiramente no lugar de outro, com a intenção de entendê-lo, consegue enxergar melhor a sua realidade e suas razões para determinados

Master Coaches

comportamentos, pensamentos, sentimentos ou necessidades. Pode-se dizer que o altruísmo é o reflexo da humanidade das pessoas. Essa capacidade faz com que os seres humanos se solidarizem com quem falha.

Outra área do conhecimento que também discorre, da sua maneira, sobre a suspensão de julgamentos é a programação neurolinguística. Um de seus pressupostos é que o mapa não é o território. Quer dizer, quando se olha um mapa, imagina-se como seria o percurso, o que não é a mesma coisa que percorrer o território correspondente.

A suspensão de julgamentos não quer dizer que você tenha que abrir mão de seus valores e princípios e pensar como o outro. Simplesmente pede para que você SUSPENDA seus julgamentos. Talvez seja interessante que, no contato com o outro, você se coloque no lugar dele temporariamente.

O PROCESSO DE COACHING ACONTECE NO TEMPO PRESENTE COM FOCO NO FUTURO

Sonhe, planeje, realize. Se não der certo agora, refaça o caminho, tente novamente, persista nos seus sonhos e faça a vida valer a pena. Não deixe que ela se torne uma mera rotina sem maior sentido. Aja agora pensando no amanhã. A vida fica mais fácil ao pensar assim. Ficar preso ao passado vale a pena? É evidente que as experiências vividas, sejam boas ou não, são importantes, pois foi através delas que você se formou assim como é no presente. E como você se vê hoje? Está satisfeito com você mesmo e com sua vida? Se ainda pode melhorar, o que é importante que você faça agora para tornar melhor o resultado no futuro? Assim funciona o coaching.

Novamente, tanto a vida pessoal como profissional é construída baseada em relacionamentos com outros e consigo mesmo. Sendo assim, é importante pensar como criar no presente, situações e comportamentos eficazes para construir o futuro que se almeja. O que você faz hoje que te leva ao futuro que você quer?

Na sua carreira, você consegue imaginar aonde quer chegar? Imagine aquela pergunta que se faz para crianças: "O que você vai ser quando crescer?" Faça-se essa pergunta e com certeza descobrirá que você ainda tem muito para crescer, só é necessário saber até onde quer ir. Lembre-se sempre que seu limite é você que impõe. Já dizia Henry Ford: "Se você pensa que pode ou se você pensa que não pode, em ambos você está certo." Então, pense sempre que você pode e assim encontrará recursos para chegar onde decidiu chegar.

AÇÃO

Eis aí o terceiro princípio do *coaching*: Ação! Tenha atitudes específicas que acelerem o seu resultado. Ouse fazer diferente. Você já elevou o nível de seus relacionamentos pelo simples fato de suspender seus julgamentos. Já tem seu foco no futuro, sabe o que quer e onde deseja chegar. Agora é a hora de agir. O seu futuro começa a ser construído agora e se você não o criar, alguém, com certeza, o fará por você. Talvez você não goste da maneira como isso será feito. Então assuma o controle.

Diversas vezes o que impede as pessoas de estarem mais tempo no comando de suas vidas ou de suas ações é que elas estão acostumadas a pensar somente dentro de sua zona de conforto, onde elas estão acostumadas, onde dificilmente algo poderá dar errado ou surpreendê-las. Pode-se refletir sobre que atitudes tomar, porém somente onde estão habituados a pensar, agir, estar. Nesse espaço, você já sabe o que pode e o que não pode fazer ou acontecer, então é preciso ousar, ir além, fazer diferente, pensar em novas possibilidades, novas alternativas. Alcançar a zona do desconhecido aumenta a área de conforto e assim, gradativamente, vão-se dando passos em direção à evolução.

Ocasionalmente, o pensamento de que para alcançar objetivos é preciso ter ações grandiosas faz com que as pessoas se paralisem sem saber qual ou como seria essa grandiosa ação.

Enfrentar o desconhecido às vezes assusta. Sair de uma empresa onde se tem estabilidade e segurança, enfrentar novamente o mercado de trabalho, um novo empreendimento ou até mesmo uma nova adaptação em outra empresa, são situações que geram desconforto. Mas vale refletir o que te levou a pensar sobre isso. Não seria aquele desequilíbrio necessário que te leva a equilibrar-se mais para frente num patamar mais elevado?

O que foi dito aqui não é um incentivo para que você largue tudo que tem agora, de uma hora para outra e vá buscar algo melhor, sem rumo certo. Lembre-se que as ações são baseadas em um planejamento. Imagine uma situação de dúvida sobre a evolução de sua carreira. Suponha que você está pensando em fazer um estágio no exterior. Sobre essa questão, responda para si e por escrito, as seguintes questões: 1. O que eu ganho se eu for fazer esse estágio? 2. O que eu perco se não o fizer? 3. O que eu ganho se NÃO fizer o estágio? 4. O que eu perco se NÃO fizer o mesmo? Faça uma lista de respostas em cada pergunta. Segundo as suas respostas, você poderá avaliar mais como agir, o que você perde ou ganha com cada uma das atitudes e do que está disposto a abrir mão para conseguir o que

Master Coaches

você realmente almeja.

O importante é não deixar seu planejamento trancado na gaveta. Faça acontecer. Se você quer ter um aumento na sua remuneração, é preciso fazer por merecer. Antes de reivindicar aumento de salário, pergunte-se por que você merece esse aumento. O que você oferece para a empresa que vale uma remuneração maior do que a atual? Quando alguém vê seu trabalho, seu empreendimento apenas como um meio de ganhar dinheiro enfraquece sua ocupação. É preciso vê-la como um serviço para a humanidade. O que impede você de pensar grande, por mais simples que seja sua ocupação? Vendo por esse prisma, você enobrece tanto o seu trabalho como a si mesmo.

ÉTICA E CONFIDENCIALIDADE

Já se falou sobre a importância de suspender julgamentos, ter foco no futuro e agir no presente. Agora vale pensar como são essas ações e em que tipo de valores elas são baseadas. São ações éticas? E qual a importância dessas regras morais?

Considera-se que a ética é fundamental em qualquer profissão, ação, sociedade. O conceito dessa palavra pode ser entendido como um conjunto de regras e condutas. E por que a ética é colocada como um dos princípios do *coaching*? Conforme foi dito, esse princípio é fundamental em qualquer área da vida. No processo de *coaching*, o respeito ao *coachee* exige que se atue com ética. Mas se ética é um conjunto de regras e condutas, quais são essas normas a serem seguidas? Pode-se dizer que isso vai de acordo com os valores de cada um. Mais para frente falaremos um pouco sobre valores. Entretanto, agora é pertinente falar um pouco sobre algumas regras para conduzir um processo de *coaching*. Essas regras também seguem os valores de cada *coach* (profissional que conduz o processo de *coaching*). À medida que for pensando nessas condutas vá imaginando como seriam elas aplicadas dentro de uma empresa. Essas são necessidades de todo ser humano que precisam ser atendidas. Vamos a elas:

1. Ser ouvido na essência: toda pessoa tem o direito de ser ouvida com atenção e o *coach* está junto para isso, para ouvir com a atenção merecida e juntos poderem crocriar – criar juntos – soluções para o *coachee*. Na empresa, quantas vezes deixam de se criar recursos e resultados porque as pessoas não se ouvem, não se comunicam eficazmente. O dia a dia é tão atribulado que não se tem mais tempo para ouvir as pessoas.

2. Ser reconhecido, notado e amado: reconhecer a importância das pessoas é de extrema relevância para elas. Pense numa criança que vem com toda a felicidade mostrar um trabalho de escola para

os pais e estes não lhe dão a devida atenção. O sentimento de ser desnecessário pode acompanhar essa criança por muito tempo. E trazendo para o mundo empresarial, muitas vezes o reconhecimento por um trabalho bem feito traz a motivação necessária para o crescimento do funcionário dentro da empresa.

3. Ter o direito de errar: aqui entra novamente o princípio do não julgamento. Errar é inerente ao ser humano. Da mesma maneira que aquele que errou tem que procurar melhorar, corrigir e não cometer mais o mesmo erro, é importante que os demais auxiliem a encontrar uma maneira de como não acontecer novamente.

Falamos sobre os princípios do *coaching* que aplico em minha caminhada. Comentamos sobre conceitos e opiniões para engrandecer sua vida. Convido você leitor a aplicá-los e sentir a mudança. O *coaching* é uma conexão entre duas ou mais pessoas em direção ao sucesso, através da crocriação de alternativas, redescobertas de potencialidades. O processo de *coaching* é uma matemática onde um mais um são mais que dois. A força da conexão e da crocriação é tão grande que fortalece e potencializa muito os resultados. Os quatro princípios são somente o início da jornada. Lembre-se que do início depende o fim. Como você quer iniciar o seu caminho rumo ao sucesso? Deixo aqui a frase que iniciou minha formação em *coaching*: "Tudo que vier que seja bem vindo. Se for bom deixe que fique. Se for ruim, deixe que vá." Aproveite os novos conhecimentos. Aplique-os e potencialize sua jornada rumo ao SUCESSO!

Master Coaches

344

44

Como funciona o *coaching*? E por que o *coaching* funciona? Alcançando excelentes resultados profissionais com *coaching*

Como obter o melhor desempenho de um profissional e colocá-lo ao serviço da organização? Como motivar um trabalhador a ponto dele trabalhar como se a empresa fosse sua? Como garantir que o conhecimento possuído pelo colaborador é realmente utilizado? Encontre neste artigo as respostas da metodologia que pode, como diz Peter Drucker, tornar produtivas todas as forças do indivíduo

Rui Tembe

Rui Tembe

Certified Master Coach, Life, Business & Executive Coach: European Coaching Association, Global Coaching Community, International Association of Coaching Institutes e Behavioral Coaching Institute. Treinador Comportamental, Instituto de Formação de Treinadores do Brasil, Analista de Perfil comportamental: IBC/*Solides* Empresário, formador e *coach* de empreendedores e líderes. Autor de vários artigos sobre *Coaching e Liderança* em jornais e revistas.

Contatos:
www.ruitembe.co.mz
www.iacoaching.co.mz
rui.tembe@iacoaching.co.mz
(+258) 823052004

Rui Tembe

Einstein uma vez escreveu: "Os problemas que enfrentamos hoje não podem ser resolvidos utilizando o mesmo nível de conhecimento que tínhamos quando os criamos". Isto leva-nos a refletir sobre as estratégias que temos utilizado para alcançar os objetivos de desempenho dos nossos colaboradores e o consequente desempenho da organização. A era do trabalhador do conhecimento, anunciada por Peter Drucker, trouxe para os gestores de Recursos Humanos e os gestores de linha, novas questões em relação às estratégias de desenvolvimento profissional nas organizações.

A evolução do conceito de Gestão de Recursos Humanos para o conceito de Gestão de Pessoas revela-se cada vez mais necessária, pois quanto mais qualificados forem os nossos colaboradores, menos se pode comandar, e a figura do gestor assume o papel de facilitador de processos, em substituição a de comandante. O aparecimento da inovação, criatividade ou proatividade como competências necessárias para o alto desempenho profissional, trazida pelos atuais desafios das organizações, onde a mudança é a única certeza, leva-nos a novos questionamentos sobre as metodologias e estratégias de desenvolvimento de competências profissionais.

Em geral, percebe-se a liderança como detentora da autoridade, poder e influência numa organização, mas, analisada a fundo a questão, e como é também defendido por Ishack Adizes, o verdadeiro poder está em quem pode colocar em risco a nossa estratégia. E cada vez mais estas pessoas, das quais depende a execução ou o sucesso da estratégia, possuem um nível de conhecimento técnico-científico superior ao dos seus líderes. Percebe-se, assim, o interesse nos programas de construção de equipes, onde o enfoque é o alinhamento do trabalho de cada colaborador, com os objetivos da organização. Estes programas permitem que o colaborador perceba a *Big Picture* (o todo), de que faz parte a sua função e todas as suas tarefas, para que se componha no fim um grande *Puzzle*, onde os objetivos da organização sejam alcançados e a equipe saia ganhadora, com a contribuição de cada um.

É um dado assumido que há necessidade de se alinhar os comportamentos e atitudes de toda a equipe com os objetivos pretendidos pela organização. Mas, para o alcance dessa meta, precisamos que toda a equipe possua altos índices de motivação que a conduzam a altos níveis de desempenho. Como, então, atingir de forma continua esses índices de motivação na equipe? Proponho-me, neste artigo, a apresentar uma perspectiva de resposta a este desafio, baseada na aplicação do *coaching* profissional através de um processo concebido pelo Instituto Africano de *Coaching*, para o desenvolvimento acelerado de profissionais de alto desempenho. Mas...

Master Coaches

...como funciona o *Coaching*?

Coaching é um processo estruturado de apoio ao alcance de determinado objetivo, onde um *coach* acompanha uma pessoa ou grupo de pessoas para que elas apresentem os resultados desejados. Em resumo, o papel do *coach* é apoiar o *coachee* (cliente) a aceder os recursos que possui dentro de si, permitindo assim que ele explore ao máximo o seu potencial, para maximizar os seus resultados pessoais e profissionais, conseguido através do alinhamento do comportamento do *coachee* com os seus objetivos. O *coaching* funciona como uma parceria, em que há um compromisso de resultados entre duas partes envolvidas num processo estimulante que propicia uma transformação de dentro para fora.

E por que o *coaching* funciona?

O *coaching* assenta numa perspectiva de desenvolvimento de dentro para fora, onde é estimulado o sistema neurológico da pessoa para que, consciente ou inconscientemente, ela aja de forma motivada em direção ao seu objetivo. Drucker disse: *Coaching* é tornar produtivas as forças do indivíduo. Dito de outra forma, é colocar os recursos da própria pessoa a serem utilizados na sua plenitude, o que se consegue com o processo de acompanhamento que tem como base a programação neurolinguística e a psicologia positiva, alicerçados no paradigma da pessoa integral, que considera as pessoas como portadoras de necessidades, pensamentos, sentimentos, crenças, princípios e valores individuais e únicos.

Cada processo de *coaching* é único e os resultados são também únicos e personalizados, o que torna o processo muito eficaz. O grande diferencial do *coaching* é o acompanhamento durante um período de tempo (de 6 a 10 sessões) e o trabalho de dentro para fora, alinhando o sistema neurológico da pessoa, considerando os sete níveis neurológicos de aprendizagem e mudanças, que é a base da programação neurolinguística. Outro aspecto interessante é a medição do sucesso do processo de *coaching*, que é apenas mensurável por resultados concretos, objetivamente verificáveis. É normal o *coach* receber um grupo com altos índices de incompetência inconsciente e transformá-lo em competente de uma forma inconsciente. Em geral, a motivação aumenta, as equipas produzem, os líderes alcançam melhores resultados e as empresas agradecem.

Formação vs *Coaching* para o desenvolvimento de profissionais de alto desempenho

Teoricamente, a formação confere competências técnicas e comportamentais ao colaborador, resumidas nos conhecimentos, habilida-

Rui Tembe

des e atitudes (CHA). No entanto, profissionais de alto desempenho precisam de altos níveis de motivação para acessar grande parte do seu potencial. Como chegar a esse nível de motivação? A formação objetiva, como temos frisado, a transferência de conhecimento, a tomada de consciência em relação a um determinado fenômeno ou assunto. É raro um programa de formação resultar num maior índice de motivação.

O objetivo do *coaching* é provocar a ação para o alcance de um resultado pretendido, desenvolvendo o potencial de aprendizagem com foco na sua aplicação para a mudança comportamental e a obtenção de um resultado concreto. Em geral, a dinâmica do *coaching* resulta num profissional mais motivado. Um dos modelos mais utilizados no processo de *coaching* é o *Grow: Goal, Reality, Options*, Will. A seguir, apresento o resumo da análise deste método, feita por Rosa Krausz, na obra "*Coaching* Executivo":

> *O coach auxilia o coachee (cliente) a estar claro sobre as suas metas concretas, para um período determinado, sendo que para tal é indispensável a definição clara da realidade atual do cliente, estabelecendo assim um plano de ação para o alcance das metas, onde são colocadas na mesa as alternativas a seguir, e se estimula a vontade ou a motivação do cliente para cumprir com as tarefas do processo.*

Um dos aspectos a salientar entre o *coaching* e a formação é a natureza da durabilidade do impacto das duas metodologias. Enquanto a formação tem efeito limitado, quando se trata de mudança de atitude, uma vez que os participantes mergulharão na agitação do dia a dia, o efeito do *coaching*, pelo seu caráter evolutivo, transcende o período das próprias sessões, principalmente pelo fato das tarefas serem atribuídas para a execução na vida profissional real, ao contrário da formação, em que as tarefas são realizadas em grupo, havendo questões relativas ao sigilo profissional que não podem ser abordadas em grupos de informação. Por outro lado, enquanto a formação visa o aperfeiçoamento/aquisição de habilidades, o *coaching* desenvolve o potencial de aprendizagem do *coachee*, que pode ser utilizado por um longo período.

Na prática, o processo de *coaching* consiste numa vivência de uma nova perspectiva comportamental, onde são testados novos paradigmas, questionadas crenças e reavaliados valores, a fim de alcançar os objetivos pretendidos pelo cliente ou pela sua organização. Diferente de ensinar, trata-se de ajudar a aprender. Enquanto a formação prepara os seus clientes para executarem uma determinada tarefa, o *coaching* objetiva maximizar o potencial do cliente e sua aplicação para obtenção de resultados por ele desejados e/ou uma mudança comportamental específica solicitada por ele ou pela empresa que contrata os serviços do *coach*.

Na verdade, o *coaching* ambiciona transformar os hábitos dos seus clientes, para que estes sirvam aos interesses e aos objetivos pretendidos pelos seus clientes. Este é o grande diferencial do *coaching*: é um processo contínuo de evolução e conexão com o real potencial do cliente. Sem o *coaching*, muito do conhecimento que possuímos descansaria nas nossas prateleiras cerebrais, sem qualquer tipo de utilidade prática para nós ou para a organização a que servimos. O *coaching* centra sua ação nos novos hábitos do cliente ou grupo de clientes. A formação é a transferência de conhecimento. O *coaching* é o conhecimento aplicado. Conhecimento aplicado é sabedoria. Enquanto a formação atua no nível consciente do cliente, o *Coaching* obriga a uma transformação de dentro para fora, ativando elementos do inconsciente do participante que passam então a contribuir para a mudança acelerada que se pretende, pois toda a verdadeira mudança acontece no nível inconsciente do participante. Não é cognitiva.

Formação e *Coaching*: a solução combinada que resulta

Vejamos então como podemos combinar a formação e o *coaching* para obtenção de resultados extraordinários nas organizações.

O Processo desenvolvido pelo Instituto Africano de *Coaching*, para o desenvolvimento de profissionais de alto desempenho, ocorre em três fases, sendo:

1ª Fase - Formação convencional (Informação):

Um conjunto de técnicas ou ferramentas é transmitido ao participante para sensibilizá-lo da importância das competências a serem desenvolvidas na formação. Trata-se do sistema formal de educação, com *slides*, diagramas, vídeos e trabalhos em grupo. Normalmente, após esta fase, os participantes ficam conscientes das competências essenciais que devem desenvolver ao longo do curso. Há uma sensação clara da necessidade do desenvolvimento de determinadas competências para a melhoria da performance dos participantes. O objetivo deste processo é despertar a consciência para a mudança comportamental. Estar consciente da importância da mudança comportamental. Estar interessado em mudar. Neste nível, os participantes ficam conscientes da sua inaptidão em determinadas áreas, ou seja, a chamada incompetência consciente.

2ª Fase - Formação comportamental

Nesta fase, são realizadas dinâmicas vivenciais, em que se pretende que os participantes vivenciem na prática, situações e sensações similares às que encontram no dia a dia, que normalmente terminam com uma sessão de *briefing* e reflexão onde os participantes são convidados a trazer prováveis situações que se enquadram nas dinâmicas vivenciadas. Aqui, a dimensão é comportamental e alcança altos níveis de motivação para a mudança. A mesma metodologia utilizada no *team building*.

Na verdade, cria-se, através de técnicas apropriadas, um contexto reflexivo em que os participantes chegam a conclusões relacionadas com as suas limitações. Acontece, porém, que se trata de um contexto provocado por técnicas apropriadas. Isto significa que as reflexões, decisões e mudanças são provocadas pelos contextos criados, e por isso não são duradouras. Trata-se de um balão de oxigênio. O objetivo desta fase é criar a motivação para a mudança comportamental. Estar motivado para iniciar o processo de mudança. Ter decidido mudar. Neste nível, os participantes poderão alcançar o nível de competência consciente (temporário).

3ª Fase – *Coaching*:

Trata-se da fase de acompanhamento dos participantes para o alcance de determinados objetivos por ele identificados. Aqui há a particularidade da necessidade ter sido identificada pelo próprio participante e por ninguém mais, o que faz toda a diferença. Estabelece-se uma parceria entre o *Coach* e o participante ou grupo de participantes para o alcance de um determinado objetivo que seja mensurável em determinado espaço de tempo. O sucesso de um processo de *coaching* mede-se apenas pelo resultado concreto alcançado no contexto profissional, isto é, há necessidade de haver-se observado uma mudança quantificável por parte do cliente. A forma de mensuração deve ser acordada entre o *coach* e o *coachee* ou grupo de *coachees*. Assim, inicia-se um processo de mudança baseado na aplicação das decisões

Master Coaches

tomadas nas sessões de *coaching*, no dia a dia do profissional, isto é, em cada sessão, há um acompanhamento dos resultados alcançados após a última sessão e reavalia-se o processo de mudança do cliente para novas e mais aceleradas mudanças na fase seguinte.

Por se fundamentar na Programação Neurolinguística (PNL) e na psicologia positiva, alicerçado numa perspectiva de dentro para fora, com foco no futuro, o *coaching* apresenta-se como uma alternativa prática de desenvolvimento de competências comportamentais, como complemento à formação convencional e comportamental que, embora sejam extremamente úteis, são limitantes pelo fato de não preverem o acompanhamento do desenvolvimento dessas competências. Isso faz com que, desfeito o contexto reflexivo, no qual a formação aconteceu, haja uma tendência natural a recuperar-se o ritmo de trabalho e hábitos comportamentais anteriores à formação, especialmente se os membros restantes da equipe não tiverem participado da mesma formação, ou na organização não tiver sido estabelecida uma cultura que permita o desenvolvimento continuado das habilidades comportamentais dos seus líderes ou colaboradores. O objetivo da terceira fase é o de vivenciar na prática a mudança de comportamentos. Ter mudado. Ter evoluído. Ter consolidado a competência consciente. Trata-se do início do desenvolvimento da competência inconsciente.

Como, no *Coaching*, as perguntas são as respostas, deixo para todos os GRH's e demais gestores, uma reflexão, proposta por Einstein:

"A maior insanidade do ser humano é procurar obter resultados diferentes, fazendo as mesmas coisas que sempre fez!"

E a pergunta: o que esta frase tem a haver com a estratégia de desenvolvimento de pessoas na sua organização? Que aprendizado há nisto? E que decisão tomar?

Desejo excelentes resultados a todos aqueles que optarem por seguir o modelo que apresentei para a obtenção de profissionais de alto desempenho. E a todos os outros que encontrarem a sua forma de construir resultados. Porque *coaching* é resultado, com aprendizagem e desenvolvimento contínuo.

Referências:
Krausz, Rosa – *Coaching* Executivo.
Stephen Covey – O 8º habito das pessoas altamente eficazes.

45

Coaching de mediação
Processo U

Um grande desafio enfrentado pelas organizações na busca de excelência operacional e incremento de resultados é lidar com os inevitáveis conflitos humanos que impactam na qualidade do ambiente de trabalho e, consequentemente, no nível motivacional e no comprometimento das pessoas envolvidas.
Este artigo descreve como os conflitos surgem e se estabelecem nos ambientes de trabalho. Mostra um caminho que tem se mostrado efetivo para dissolvê-los, o processo U, que envolve a reconexão harmoniosa do **pensar**, do **sentir** e do **querer** humano

Stella de Freitas

Stella de Freitas

Autora do Livro *Inteligência Sistêmica*, sócia-diretora, consultora, *coach*, mediadora e avaliadora de potencial (*Assessment*) da Litterale Consultoria e membro do Instituto EcoSocial. Facilita processos de desenvolvimento de pessoas, grupos, organizações e comunidades sociais há mais de 27 anos, com ênfase na Abordagem Sistêmica em clientes como Alcoa, Alumar, Alcon Laboratórios, Basf, Bristol Myers Squibb, Cosil Construtora, IDC, Método Engenharia, Pinacoteca, entre outras. Formada em Psicologia, Pós em Terapia Sistêmica e Mediação de Conflitos - PUC-SP, Membro do ICF (*International Coaching Federation*) e ICC (*International Coaching Community*). Cursou programas de especialização como: *Co-Active Coaching* (CTI – *Coaching Training Institute*); Programa Internacional *Leadership Coaching Network* – Gordon Collins - Canadá; Formação de *Coaches* do Instituto EcoSocial - SP; *Practitioner* em PNL pelo Instituto de Filosofia Spelter - SP; Mediação em U – Rudi Ballreich pela Trigon Entwicklungsberatung - Alemanha; *Change Lab* – Mudanças em Sistemas Sociais Complexos pela Reos Partners - SP; Empreendedorismo pela BABSON e ONU/SEBRAE - SP; Grafologia (Argentina e Espanha) e Consultoria Interna pela ADIGO - SP. Na Litterale Consultoria em RH e Gestão Sistêmica e responsável pela coordenação dos Programas de Formação em: Inteligência Sistêmica, *Assessment* Estratégico e Escutatória - A arte de Escutar. No Instituto EcoSocial conduz processos de *coaching*.

Contatos:
www.litterale.com.br e www.ecosocial.com.br
stella.freitas@litterale.com.br / stella.freitas@ecosocial.com.br
(11) 5096.3023 / (11) 98473.3377

Stella de Freitas

"Ser humano implica em ter conflitos.
É impossível escolher se teremos ou não conflitos;
Só podemos escolher como responder aos conflitos".
Fredy Kofman

Todos os seres vivos estão em relação consigo mesmos, com os outros seres vivos e com o seu meio ambiente. Viver é relacionar-se e em algum momento, em algum grau, inevitavelmente, conflitos acontecem. Um dos temas mais recorrentes em processos de *coaching* é o que trata de inúmeros tipos de conflito, referentes a:

• Tomada de decisão sobre algo que seja importante.
• Autoimagem.
• Construção de uma visão futura.
• Interesses de relacionamento com pares, chefia e/ou equipe.
• Escolha de carreira, ou de aproveitamento de oportunidades, de ambição, pela qualidade de vida, por dar atenção à família, ao gerenciamento dos seus próprios recursos (financeiros ou não) ou da empresa onde trabalha.
• Entre clientes, acionistas ou sócios.

A pergunta imediata que surge é: por que tantas vezes é tão difícil lidar com conflitos que surgem e tornam a convivência entre as pessoas quase insuportável? A resposta mais simples, mas que envolve um mecanismo extremamente complexo, é que um conflito é como se fosse a manifestação de algum tipo do que poderíamos chamar de "doença da alma" e é caracterizado por uma disfunção da dimensão do pensar, do sentir e/ou do querer.

Toda vez que alguém percebe que seu coração não pode manifestar livremente seu sentir, que o seu querer não pode manifestar suas verdadeiras necessidades e/ou que não consegue compreender e ter empatia com o pensar, sentir e querer do outro, existe uma zona fértil para o surgimento do conflito. Consequentemente, todas as tentativas de dissolução do conflito serão frias e inócuas se ficarem só na dimensão do pensar, sem que sejam consideradas as dimensões das emoções e das necessidades.

Compreendendo o mecanismo emocional:
De acordo com Rudi Ballrech, a alma possui cinco forças: a percepção, o pensar, o sentir (emoções), o querer e as ações.

1. **Percepção:** tudo é percebido por nós através dos cinco sentidos – visão, audição, olfato, paladar e tato. Através deles percebemos o mundo. Ao percebermos algo, a memória é ativada e coloca-se em

Master Coaches

movimento, surgindo então uma interpretação ou julgamento (PEN-SAR), que acontece de acordo com as nossas características pessoais, de acordo a nossa estrutura física e psicológica.

2. **Necessidades:** as percepções e julgamentos impactam (para a grande maioria das pessoas de forma inconsciente) nas nossas necessidades. Só para lembrar: essencialmente, temos necessidades fisiológicas, de segurança, sociais e do eu. **As fisiológicas** são aquelas necessidades ligadas ao alimento, ao ar para respirar e refrescar, ao sono para nos recuperarmos das atividades diárias, ao calor para nos aquecermos e à sexualidade.

Dentre todas estas necessidades, a do ar é a mais premente, pois podemos ficar diversos dias sem água e sem alimento, mas alguns pequenos minutos sem ar podem levar uma pessoa à morte. Alguns conseguem lidar com um pouco mais de equilíbrio diante da eminência da perda do ar, como mergulhadores e alpinistas profissionais, mas, normalmente, a ausência de ar leva depressa o ser humano a uma situação de pânico, pois está ligada à sobrevivência de maneira imediata.

Toda vez que queremos algo ou que imaginamos que vamos perder algo, a nossa amígdala[1] é acionada, prevalecendo quase que totalmente sobre o nosso cérebro pensante, agindo como um sensor que diz se a situação é segura ou não. Nesses momentos, mecanismos emocionais nos estimulam a fazer a seguinte pergunta: esta é uma situação de ameaça ou de segurança?

A nossa **necessidade de segurança** está, portanto, totalmente conectada com o sentimento que temos em relação a uma determinada situação. Para a amígdala, não existe diferença entre sentir falta de ar (quando de fato podemos vir a morrer), ou o sentimento de que determinada situação ameaça uma possível promoção ou a permanência no emprego.

As necessidades de contato, intimidade, amor, pertencimento, respeito, compreensão, apoio e justiça são **necessidades sociais** que, muitas vezes, podem estar em oposição às **necessidades do eu**. São ligadas à autonomia, liberdade, autoestima, poder de influenciar, de estar só, de buscar um sentido e ordem. A pergunta íntima (com alta probabilidade de estar num nível inconsciente) surge ligada a um processo decisório: satisfaço minhas necessidades sociais ou às minhas necessidades do eu?

3. **Emoções:** todas as nossas emoções estão ligadas à satisfação, ou não, das nossas necessidades. De alguma forma, as nossas emoções são sempre a expressão das nossas necessidades. Necessidades

---

[1]A amígdala é uma pequena estrutura em forma de amêndoa, situada dentro da região antero-inferior do lobo temporal. É um órgão de fundamental importância para a autopreservação por ser o centro identificador de perigo, gerando medo e ansiedade, colocando o homem em situação de alerta para fugir ou para lutar.

e emoções são as duas faces de uma mesma moeda.

Quando nos sentimos satisfeitos é porque nossas necessidades foram atendidas e, nesta situação, nossas emoções estão ligadas ao prazer, ao bem-estar, à descontração. Quando estamos no controle das emoções, elas se transformam em combustível para uma busca de maior satisfação e realização. Quando, ao contrário, nossas necessidades estão sob ameaça ou não foram satisfeitas, surgem sentimentos de tensão, frustração, medo e stress. Quanto mais consideramos importante uma determinada situação para a nossa vida (semelhante ao ar que respiramos), maior será a sensação de frustração, de sobrecarga e *stress*.

Quando uma situação controla a pessoa e não o contrário, quando a emoção está ligada a uma necessidade atávica ameaçada ou insatisfeita (de pertencimento, de reconhecimento e de propósito de vida), o ser humano tende a ter uma das três reações ligadas à sobrevivência: paralisia (semelhante ao fingir-se de morto diante de perigoso urso), raiva (ataque e luta para se defender do animal) ou de medo (que é a fuga, o evadir-se o mais rápido possível para não ser alcançado).

4. **Ação:** portanto, os nossos comportamentos estão intimamente ligados às nossas emoções. Entrar em situações de conflito, seja com o outro, seja dentro da gente mesmo ou diante de uma situação, está sempre ligado ao processo que ocorre em nosso interior, em nossa alma, conforme figura abaixo criada por Rudi Ballreich:

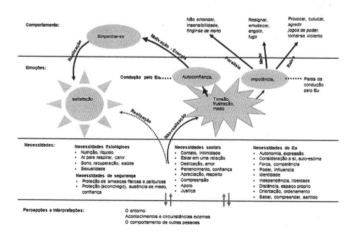

Coaching de mediação através do Processo[2] U

Para dissolver uma questão de conflito interno ou externo, como *coaches*, temos que facilitar ao nosso cliente o acesso ao que está

[2] Apresento a metodologia de Rudi Ballreich - Trigon Consultoria – Stuttgard – Alemanha

Master Coaches

abaixo da linha aparente do *iceberg*, ou seja, àquilo que muitas vezes está inconsciente, levá-lo a tomar ciência de quais necessidades profundas possam estar sendo insatisfeitas ou ameaçadas. Para isso, apresento de forma muito resumida um procedimento de transformação de alma, através do Processo U, em que é trabalhada a tomada de consciência da percepção, dos diferentes modos de pensar e de enxergar uma situação, de quais são os sentimentos envolvidos e das necessidades que precisam ser atendidas.

Se tudo for bem conduzido pelo *coach*, quando se chega ao ponto das necessidades, existe uma grande possibilidade de cura. Por isso ele é chamado de ponto de virada, pois é quando se toca o que existe de mais profundo: a origem das mágoas, insatisfações e, consequentemente dos conflitos. Nesta etapa do processo existe a possibilidade de transformação das queixas e desentendimentos em pedidos, acordos e plano de ação.

Conforme figura abaixo:

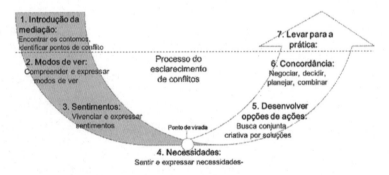

Os passos para a condução deste processo são:

1. **Introdução:** o *coach*, junto com o seu cliente (ou clientes em caso de mediação entre 2 ou mais pessoas), esclarece qual é a questão a ser tratada e o que espera que seja alcançado até o final daquela sessão, deixando claro quais são os indicadores de sucesso.

2. **Modos de ver e pensar:** o *coach* conduz perguntas de maneira que o foco desta etapa esteja na dimensão do pensar e nos modos de ver a questão. Duas dicas são importantes para esta etapa:

a) incentivar que as partes sempre falem da perspectiva ou ponto de vista, delas próprias.

b) incentivar a verdadeira escuta e compreensão do ponto de vista da outra parte, que normalmente é diferente. O *coach* portanto incentiva cada pessoa a parafrasear, da sua perspectiva, o que enxerga que possa estar ocorrendo com o outro.

3. **Sentimento:** depois de muito explorados os diferentes pontos de vista, o *coach* conduz perguntas que levam os clientes a entrarem em contato com os sentimentos mais íntimos relacionados à questão do conflito. Outra dica importante em caso de conflito entre partes, é que cada pessoa possa espelhar e refletir o sentimento do outro, despertando um pouco mais da empatia e compaixão.

4. **Necessidades:** aqui é o ponto de virada, o ponto em que existe a grande possibilidade de transformação do impasse inicial. Desde que o *coach* conduza questões que estejam bem conectadas com os sentimentos expressos na etapa anterior, o(s) cliente(s) pode(m) entrar em contato com as necessidades mais profundas que estavam sob situação de vulnerabilidade.

5. **Opções de ação:** após o cliente entrar em contato com seus sentimentos e necessidades mais profundas (e com os sentimentos e necessidades mais profundas da outra parte, quando for o caso), a responsabilidade do *coach* está na condução de formulação de pedidos, ofertas e resoluções de mudança pessoal.
Nesta fase, cada pessoa reafirma o que decidiu fazer, o que decidiu mudar em si mesma para melhor atender as necessidades do outro e o que decidiram fazer em conjunto. Um dos segredos do processo de *coaching* de mediação, utilizando este processo de cura da alma, é não ter pressa.

6. **Decisão:** nesta etapa o *coach* facilita a reflexão sobre o que o cliente decide realmente fazer para si mesmo e para o outro.

7. **Prática:** espera-se que nesta etapa o(s) cliente(s) esteja(m) com a sua percepção, pensamento, sentimento, "querer" e as suas ações em total conexão, ou seja, que a alma esteja em equilíbrio e em paz e que haja motivação, energia e comprometimento para a ação. Caso não se perceba a presença do comprometimento, possivelmente será porque alguma das etapas anteriores não foi bem conduzida e trabalhada, seja por pressa ou superficialidade na condução do processo, seja porque as soluções e propostas de ações não foram factíveis o suficientes. Também poderão ter surgido novos fatos, alterando a situação anteriormente trabalhada.
Em qualquer um dos casos, recomenda-se uma avaliação do

Master Coaches

trabalho, tanto pelos clientes, como pelo *coach*, até que motivação, energia e comprometimento para a ação estejam totalmente presentes.

Referências:
• BALLREICH, R. /Glasl, F. (2011): Konfliktmanagement und Mediation in rganisationen. Stuttgart (imagens autorizadas).
• BALLREICH, R. 2012. Apostila de Mediação de Conflitos.
• FREITAS, Stella 2012. Inteligência Emocional - Um novo modelo de Liderança nas Organizações.
RSX Editora e Treinamentos. São Paulo. SP.
• KOFMAN, F. 2001. Metamanagement – A nova consciência dos negócios – volume II – Aplicações. WHH. São Paulo. SP.
• SCHNITMAN, F.D. / LITTLEJOHN, S. (1999): Novos Paradigmas em Mediação. Artmed.
São Paulo. SP.

46

Coaching Intercultural: unindo fronteiras

361

O objetivo do *Coaching* Intercultural é o de substituir o etnocentrismo atual (atitude que está relacionada e baseada na própria cultura) para um o etnorelativismo (relações tolerantes e respeitosas com outras culturas)

Svenja Kalteich

Svenja Kalteich

Nascida na Alemanha, vive no Brasil há 17 anos. Formada em Etnologia, História da Arte e Arqueologia na LMU, Universidade Ludwig-Maximilian de Munich, Alemanha. Hoje atua como palestrante, *coach* e treinadora. Possui certificações internacionais em *Coaching*: *Professional Life Coaching, Business&Executive Coaching*, reconhecidas pelo Instituto Brasileiro de *Coaching*, ECA (*European Coaching Association*), ICI (*International Associacion of Coaching Institutes*), Metaforum (Alemanha) e GCC (Global *Coaching Community*). Formada como *Master Coach Senior* com certificação internacional reconhecida do BCI (*Behavioral Coaching Institute*). Pós-graduação em Gestão de Pessoas: "Aumentar a eficiência em equipes multiculturais com *Coaching* Intercultural". Cursou Desenvolvimento Gerencial na FGV, Fundação Getulio Vargas. Treinadora em PNL (Programação Neurolinguística). Trabalha atualmente como *Master Coach Senior* na área de *Coaching* de Vida e *Coaching Business&Executive*, especializada em *Coaching* Intercultural, *Coaching* de Liderança e *Coaching* para Emagrecimento. Parceira e facilitadora do novo treinamento LCT, *Leader Coach Training*, do IBC, Instituto Brasileiro de *Coaching*. Coembaixadora do grupo InterNations (www.internations.org), que apoia a comunicação, o entendimento e a interação entre culturas.

Contatos
www.svenjacoachingsolutions.com.br
svenjacoachingsolutions@hotmail.com
svenja@ibccoaching.com.br
(19)8175-1545

Svenja Kalteich

Transferências internacionais e formação de equipes multiculturais não são mais uma peculiaridade. Casamentos entre pessoas de culturas diferentes estão ficando mais comuns a cada dia. Pessoas de diferentes culturas, com suas expectativas para a comunicação e a cooperação, são diferentes umas para as outras. Como lidar com essas diferenças? Os asiáticos valorizam metas comuns em vez de individuais. Os latino-americanos querem transformar conflitos em ações criativas, os europeus visam a excelência. Os norte-americanos enfatizam a importância de ouvir e comunicar-se com eficiência. Na convivência e no trabalho do dia a dia estas diferenças culturais podem levar a mal-entendidos. No mesmo momento, um grande número de exemplos práticos mostra que existe um potencial de sinergia enorme.

Muitas empresas investem em treinamento intercultural, o método mais rápido e menos dispendioso. Para um grupo de estrangeiros serão oferecidas informações sobre o país e a nova cultura onde as pessoas irão trabalhar e viver. Esta medida comum é útil como introdução. Num fim de semana serão passadas informações e curiosidades sobre a nova cultura e a sociedade.

Surgem perguntas importantes para mim:
- A aprendizagem e a obtenção de conhecimentos da nova cultura são suficientes para alimentar uma relação intercultural saudável e produtiva?
- Somente com um treinamento intercultural pode ser criado um ambiente de trabalho harmonioso e/ou uma convivência bem-sucedida de uma família ou de um casal?
- Apesar de necessário como um primeiro passo, o novo conhecimento sobre a nova cultura pode, sozinho, prevenir mal-entendidos e conflitos interculturais?

Eu, alemã, vivendo no Brasil há 17 anos, passei por todos os altos e baixos da integração em uma nova cultura que se mostrou totalmente diferente da qual eu cresci e me formei. Chorei, fiquei com raiva, me decepcionei, não consegui entender mais nada, fiquei assustada. Ao mesmo tempo, adorei, aprendi, adaptei-me, assimilei, e posso dizer que hoje amo minha nova vida.

Estou convencida de que um ser humano tem:
a) a conscientização do seu próprio comportamento cultural; b) a sensibilidade para as diferenças culturais; c) a motivação de não só entender as diferenças de pensamentos e de visão, mas também internalizar a nova cultura, conseguir viver feliz e se adaptar a ela. Sem a aprendizagem destas habilidades existe espaço para a frustração, a raiva, a hostilidade, a xenofobia e o racismo, o isolamento e a consequente formação de guetos culturais. Mas tudo isso pode ser evitado.

O que pode servir como ajuda para não deixar isto acontecer? Eu vejo o *Coaching* Intercultural como uma solução possível e viável. O objetivo principal de um *Coaching* Intercultural é sensibilizar pelas diferenças culturais e não vê-las como barreiras intransponíveis, mas sim como uma oportunidade inigualável para uma convivência rica

Master Coaches

e complementar, bem como uma cooperação frutífera com efeito de sinergia.

No centro do processo de *Coaching* Intercultural encontra-se o ser humano, com personalidade, caráter e temperamento especial, com vida e experiências pessoais e profissionais únicas. Cada um de nós tem o famoso "pacote cultural" nas costas, olha e julga com a "lente cultural". Podemos chamar este conjunto de pensamentos e ações de "programação cultural", "programação coletiva da mente" ou "programação cultural coletiva". Isso distingue uma cultura da outra. Através da experiência de socialização é construído um sistema que torna a sociedade única e específica.

Este processo está em execução inconsciente. Não temos conhecimento desta "estampa cultural", das nossas próprias origens culturais. Valores, que podem ser alterados lentamente ao longo do tempo, formulam o núcleo de nossas culturas. Eles são aprendidos inconscientemente e influenciam veementemente o pensamento, o sentimento e o comportamento. A cultura determina de que maneira os conflitos são apreciados e resolvidos em uma sociedade. Todas as pessoas, grupos e empresas têm problemas semelhantes, mas mostram uma variedade de possíveis soluções para resolvê-los.

Na convivência pessoal, seja em casa ou no trabalho com equipes multiculturais, a cultura local colide com a cultura estrangeira. Nossa cultura nos ensinou o que é entendido como "certo", "normal" e "razoável". Se encontramos comportamentos diferentes, expressamos explicações como: "só poderiam ser estrangeiros". Julgamos o comportamento do outro através de nossa cultura, mesmo estando imersos em um espaço cultural diferente do nosso.

A cultura estrangeira é o espelho da cultura própria. Outros valores e tradições produzirão uma forma diferente de raciocínio, percepção e ação. Pessoas de cultura estrangeira assumem também que têm comportamento e pensamento "corretos". Errados sempre são os outros.

Eu, pessoalmente, estou supondo que em cada ser humano existe uma vontade de ter uma comunicação bem-sucedida e uma cooperação boa entre os indivíduos. Aplicamos nossas estratégias aprendidas inconscientemente ao longo do tempo para ter operações bem-sucedidas nos ambientes de outras culturas. Isso pode causar problemas em algumas situações.

Para sermos bem-sucedidos em nossa estratégia de aprendizagem da competência intercultural, a consciência cultural se torna uma competência fundamental.

A "competência intercultural" é desenvolvida no *Coaching* Intercultural em três níveis:

(1) Nível afetivo = o nível em relação à atitude, que na literatura é chamado de "competência social". Trata-se de características da personalidade e atitudes em relação ao nosso ambiente e aos nossos companheiros. Neste nível o *coachee* é afetado emocionalmente.

Raiva, surpresa e frustração às vezes dominam os sentimentos. Eu tento sondar a emoção reprimida para analisar junto com o cliente o melhor caminho a seguir, com o intuito de substituir emoções negativas pela energia positiva e pela motivação para o aprendizado e o crescimento pessoal. A minha prática mostra que a conversa é uma ferramenta importante neste momento, usando questões específicas e iniciando uma reflexão sobre a cultura própria, o comportamento social e as experiências interculturais já vividas.

(2) Nível cognitivo = o nível em relação ao conhecimento: significa que precisamos de conhecimento específico sobre a nova cultura, informações sobre comportamento social, hierarquia, confiança, estilo de comunicação e outras práticas culturais. Este conhecimento torna possível um entendimento das interpretações do comportamento da cultura alheia. Nesta fase é importante não só mostrar ao cliente que não foi só má vontade que causou o conflito, mas também que ele aprenda a ver e avaliar a situação, por vezes, como um mal-entendido intercultural.

(3) Nível comportamental = isso significa a implementação prática do nível afetivo e cognitivo, pois só assim uma pessoa pode ser competente interculturalmente e dominar com sucesso o processo de adaptação à cultura estrangeira. O *coach* intercultural pode ajudar o cliente em sua busca de estratégias de solução e novos comportamentos. Não deve ser esquecido que não é trabalho do *coach* intercultural resolver os problemas do cliente, mas sim apoiá-lo a converter o conhecimento adquirido na implementação de um novo comportamento adequado e eficaz à nova situação e em uma

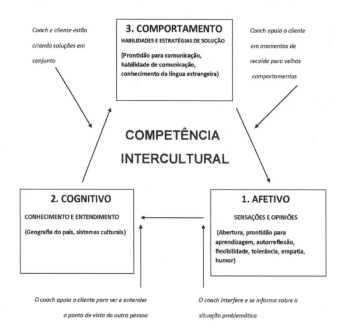

Master Coaches

nova sociedade.

Em todos os meus processos de *Coaching* Intercultural preciso verificar e esclarecer pontos básicos:

(1) Que experiências interculturais teve o meu cliente até agora?
(2) Ele está aberto às diferenças culturais?
(3) Em que medida ele nega estas diferenças culturais e está pronto para mudanças?
(4) Ele se adapta ou espera que o novo ambiente se adapte a ele?

Milton Bennett acredita que a sensibilidade cultural não é inata, mas pode ser aprendida. Isto significa que a competência cultural pode ser treinada e pode ser alcançada em qualquer estágio da vida. E isso tem sido demonstrado pela minha experiência pessoal e profissional.

No *Coaching* Intercultural este processo será desencadeado e começado. Ao contrário do treinamento intercultural, no *Coaching* Intercultural individual podemos trabalhar intensamente com a biografia pessoal do cliente e também nos referir às interpretações e modos de ação pessoais, dos quais, muitas vezes, nem ele se dá conta conscientemente.

O objetivo do *Coaching* Intercultural é o de substituir o **etnocentrismo** atual (atitude que está relacionada e baseada na própria cultura) para um o **etnorelativismo** (relações tolerantes e respeitosas com outras culturas).

No etnocentrismo: podemos observar três níveis principais:

(1) NEGAÇÃO = as diferenças culturais são negadas. Nesta fase se encontram pessoas que têm contato muito limitado com culturas estrangeiras.

(2) DEFESA = as diferenças culturais são reconhecidas, mas vistas como uma ameaça para a própria cultura. Na prática, isso é feito muitas vezes em oposição aberta e através do uso de estereótipos negativos a respeito de grupos religiosos, étnicos ou nacionais.

(3) BANALIZAÇÃO = as diferenças culturais são reconhecidas, não são negadas nem discriminadas, são apenas consideradas "insignificantes". Com esta reação, o cliente escolheu o caminho fácil, porque desta forma ele não precisa questionar a própria visão do mundo, assumindo-a como verdadeira, correta e absoluta.

Estas três atitudes precisam ser substituídas no processo de *Coaching* Intercultural por uma maior abertura, tolerância e uma maior aceitação do novo. A cultura própria precisa ser colocada fora do centro. Se isso acontecer, o etnocentrismo pode ser transformado em um etnorelativismo.

Mas o que dizer exatamente sobre o etnorelativismo?

(1) Reconhecimento = não existe mais só "bom" ou "ruim" ou o "certo" e o "errado" de uma situação ou comportamento. O etnorelativismo se caracteriza por um reconhecimento das diferenças culturais e pelo relativismo nos julgamentos de valor. Diversidade significa apenas diferença e variação no enfoque. Ponto final. Gerenciamento da diversidade, portanto, é um mecanismo de apoio e análise das diferenças e enfoques de pessoas que habitam e foram formadas em sociedades com valores e propostas de solução de conflitos diferentes dos nossos.

(2) AJUSTE = durante a fase de reconhecimento, o cliente aprende a entender e apreciar as diferenças culturais. Agora é a hora de mudar seu próprio comportamento. Isso não significa uma negação da própria identidade.

(3) INTEGRAÇÃO = nesta fase vemos uma integração de vários aspectos da nova cultura no próprio comportamento, a formação de uma visão mais plural e positiva.

Através de perguntas profundas, o *coach* intercultural analisa em qual destas fases do processo o cliente se encontra. No caso de o cliente ter **(1) pouca ou nenhuma sensibilidade intercultural**, eu tento aumentar esta sensibilidade através de histórias de casos de mal-entendidos e interpretações equivocadas de relações interculturais. **(2) Caso o cliente já tenha forte sensibilidade intercultural**, posso me concentrar relativamente rápido em áreas específicas de problemas interculturais ou em questões específicas da personalidade do cliente.

Finalmente, gostaria de dizer algo sobre o meu trabalho como *Master Coach Advanced Senior* na área intercultural. Em todos os casos, a personalidade do cliente é o elemento central no processo. Isso afeta o modo como ele processou situações interculturais que já aconteceram, bem como o nível ao qual o processo de aprendizagem intercultural se mostrará possível.

No meu trabalho em empresas multiculturais observo muitas vezes uma barreira de aceitação particularmente no nível dos altos executivos. Muitas vezes, o comportamento intercultural inadequado pode ser interpretado como incompetência. Sentimentos de constrangimento e vulnerabilidade em relações multiculturais são extremamente comuns e podem afetar o desenvolvimento e a ascenção de profissionais brilhantes em suas carreiras profissionais, sem contar os estragos causados em suas vidas pessoais, quando a relação intercultural se dá em nível pessoal.

O *coach* intercultural precisa de mais habilidades do que um *coach* que trabalha dentro da própria cultura. Vejo a necessidade de um profundo conhecimento dos sistemas culturais de interação e conhecimento específico sobre a cultura analisada. O *coach* também deve ter grande experiência de vida pessoal e profissional, demonstrar o conhecimento da natureza humana e deve ter tido contato e exposição de longa duração a culturas diferentes da sua. Espero que no futuro os clientes procurem um *coach* intercultural não apenas em situações onde já existam dificuldades, e que usem o processo

Master Coaches

de *Coaching* Intercultural como uma medida preventiva e profilática. Isso evitaria muitos mal-entendidos, problemas e dolorosas frustrações, proporcionando aumento da satisfação e maior sucesso, tanto na vida pessoal como na profissional. Para desenvolver habilidades interpessoais altamente eficazes, é preciso identificar ideias e denominadores comuns, pensar e agir de modo menos influenciado por estereótipos, realizar parcerias de sucesso, identificar e apoiar ideias e abordagens distintas.

Os sistemas de valores e comportamentos podem diferir, mas nehuma cultura é melhor ou mais correta do que a outra. O *Coaching* Intercultural apoia o ser humano a entender e a viver isso.

47

Coaching – Despertando e Soltando Amarras

Usando como metáfora a figura de um elefante de circo, esse texto discorre sobre a necessidade de arrebentarmos as amarras que, em alguns momentos, sequer nos damos conta que existem

Tatiane Carra

Tatiane Carra

Nascida em 1978, na Serra Gaúcha, onde viveu até 2008 e formou-se em Psicologia pela UCS. Desenvolveu trabalhos importantes em empresas e organizações da região. Especializou-se em Dinâmica dos Grupos pela SBDG e em *Assessment* pelo IBC, onde também concluiu a Pós-Graduação em *Coaching*, com Certificação Internacional. Formou-se em Constelações Sistêmicas Organizacionais pelo Metaforum. Experiência de mais de 10.000 horas de atendimentos, treinamentos e desenvolvimento de equipes, líderes e profissionais. Além de ter realizado mais de 4.000 processos seletivos e avaliações de perfis profissionais. Atualmente vive em Campo Grande - MS e atua como Psicóloga Consultora de RH e Especialista em Desenvolvimento de Equipes, Grupos, Projetos, Líderes e Professores, além de Diagnóstico e Administração de Conflitos Organizacionais e Supervisão para profissionais de *Coaching* e Recursos Humanos. Palestrante e facilitadora de Cursos de Capacitação, Tatiane atua em todo o país e internacionalmente.

Contatos:
www.tatianecarra.com
tatiane.carra@gmail.com

Tatiane Carra

J á se perguntou por que um elefante de circo, um animal enorme, símbolo de sabedoria e conhecimento pela habilidade de relacionamento, capacidade de viver em sociedade, inteligência e excelente memória, fica preso a uma corda frágil que, com poucos esforços, ele arrebentaria?

Isso acontece porque o adestrador usa um meio eficaz de submetê-lo. Quando o elefante ainda é um bebê e desconhece a força que tem, preso a uma forte corrente, tenta escapar, faz esforços, debate-se, machuca-se, mas não consegue arrebentar as amarras. A cena se repete por alguns anos. As tentativas de libertar-se são inúteis. Ele desiste. Vencido pelo cansaço, acredita que todos os seus esforços são inúteis. Assim, depois de adulto, o gigante fica preso a uma fina corda que ele poderia romper com poucos esforços, mas não o faz. O que impede um ser grandioso, potencialmente criado para a perfeição e a felicidade, de se deixar vencer por amarras tão frágeis? Usarei essa metáfora para ajudá-lo a compreender a metodologia do trabalho em *Coaching*.

O *Coaching* é um método que intervém em níveis e é dessa forma que explanarei o texto que se segue, para ficar didático e facilitar sua leitura e aprendizado:

1º. Nível: identificar o ambiente do *Coachee*, verificando o estado atual, o estado desejado, os limites e oportunidades da situação.
2º Nível: identificar e trabalhar com o *Coachee* os seus comportamentos, atitudes, ações e reações diante dos fatos e condições. Considere aqui o Pensamento Sistêmico e a Lei de Ação e Reação.

Nestes dois primeiros níveis o *Coach* está trabalhando no que denominamos *Coaching* Remediativo, ou seja, aquela fase do processo onde ainda estamos diagnosticando e tratando apenas os sintomas do *Coachee*. Se comparado à medicina ou a psicologia, é a fase do diagnóstico. E, dependendo do *Coachee*, da sua situação e do seu estado desejado, esse nível pode ser o suficiente para ele resolver a(s) questão(ões) que está(ao) lhe preocupando neste momento.

Nos próximos dois níveis, temos a oportunidade de intervir em escalas mais profundas, que denominamos de *Coaching* Generativo. Ou seja, trabalhamos em um nível onde o *Coachee* torna-se capaz de gerar ambiente, atitudes e comportamentos, baseado nos esclarecimentos dos seus valores e crenças. Veja:

3º. Nível: neste estágio trabalha-se com o objetivo de identificar

Master Coaches

ou desenvolver os recursos, habilidades e capacidades do *Coachee*.
4º. Nível: este nível, além de fechar o ciclo do *Coaching* Generativo, também é a pedra fundamental para iniciar o próximo ciclo que chamamos de *Coaching* Evolutivo. Neste passo, trabalham-se as transformações mais profundas, ao nível de valores e crenças que o *Coachee* tenha e que podem ser funcionais ou disfuncionais.

Aqui as intervenções têm como objetivo identificar Valores, que são a base de sustentação de um indivíduo e por isso deve estar claro para que possam, por direito, nortear os comportamentos e escolhas do *Coachee*. Além disso, todos os seres humanos são formados por um conjunto de crenças, ou seja, coisas que ele aprendeu a acreditar, no entanto, essas crenças podem, de fato, refletir a realidade (crenças funcionais, que protegem nosso *Coachee*), mas também podem apenas impedir que o *Coachee* aja de acordo com sua essência (crenças disfuncionais que impedem a evolução) e essas precisam ser desfeitas e ressignificadas. É neste momento que elas são identificadas e dissociadas da emoção para a libertação do nosso *Coachee*.

Por fim, trabalhamos com o *Coaching* Evolutivo, ou seja, que produz evolução, que se transforma, modifica ou aperfeiçoa.

5º Nível: nesta fase o trabalho ocorre em nível de Identidade, ou seja, é nessa fase que o *Coach* busca junto ao seu *Coachee* a sua essência, a sua Missão, aquilo que faz sentido para ele fazer, para quem faz sentido ele fazer e como faz sentido ser feito.
6º. Nível: considere nesta fase que o ser humano é um ser social que nasce em grupo e passa a frequentar diferentes grupos durante seu desenvolvimento. Portanto, esse é o momento de identificar, compreender e aceitar a quais grupos o *Coachee* pertence, como é esse pertencimento, como se dão as relações em cada um deles e qual a função destes em sua vida. Lembre-se: pertencimento é aquilo que faz parte de algo. Então o *Coach* busca esclarecer os grupos nos quais o *Coachee* se sente pertencendo ou não e qual a influência disto em sua autoimagem, em seus comportamentos, enfim, na sua vida.
7º Nível: por fim, não há nada que faça mais sentido na vida do que ser dirigido, de modo consciente, todos os dias, a cada novo amanhecer, em cada escolha, em cada atitude, por uma visão maior de si, por um legado. E é isso que se trabalha no sétimo nível. Busca-se a consciência coletiva e a visão do legado que pretende atingir e deixar para a sociedade ou para as pessoas que lhe são caras.

É dessa forma que o sétimo passo visa identificar qual é, de fato,

Tatiane Carra

a essência do *Coachee* e permitir que ele viva de acordo com ela, utilizando o melhor de si, reconhecendo as habilidades e limitações, bem como reconhecendo sua luz e sombra e permitindo que ambos os lados - que todo o indivíduo possui - passem a viver em harmonia, como parte integrada de um indivíduo completo.

Agora voltemos à metáfora que deu origem a essa explanação e peguemos emprestado o elefante como personagem para ilustrar os níveis de intervenção em *Coaching* em processo inverso, refletindo sobre as seguintes perguntas:

7º. Nível(Propósito): qual é a essência de um elefante? Qual o seu propósito no universo ao qual ele pertence? O que ele precisa deixar como legado e pelo que ele é dirigido em todos os dias de sua vida?

6º. Nível (Pertencimento): a qual (ou quais) grupo(s) ele pertence? Ele está no seu ambiente correto?

5º. Nível (Identidade): qual a sua missão no seu grupo e na sua vida?

4º. Nível (Crenças e Valores): no que ele está acreditando que o impede de soltar as amarras? Quais são suas crenças disfuncionais?

3º. Nível (Capacidade e Habilidades): quais as habilidades e capacidades que ele possui para soltar essas amarras?

2º. Nível (Comportamento): como ele está se comportando e reagindo diante da situação que se encontra?

1º: nível (Ambiente): em que situação ele se encontra?

Por fim, um questionamento para o leitor: quais as amarras que te prendem? Será que elas realmente poderiam te prender? Dito isso, é válido considerar algumas questões importantes em *Coaching*:

• O *Coaching* pode ser utilizado com pessoas, grupos ou empresas.

• Os *Coachees* (sejam eles indivíduos, grupos ou empresas) encontram-se sempre em um destes dois momentos da vida: estão em um capítulo da vida ou numa transição de vida.

• Identificada a fase em que o *Coachee* se encontra, a intervenção deve ser pautada nessa necessidade.

• O *Coaching* trabalha uma questão de cada vez, busca o resultado para a mesma. O que não impede que seja um trabalho contínuo de muitos resultados e descobertas.

• O *Coaching* utiliza recursos de outras ciências e teorias para diagnosticar, intervir e alcançar resultados com seus *Coachees*. Entre essa ciência estão: Psicologia, Administração, Neurolinguística, Teoria e Constelações Sistêmicas, Teoria Cognitiva Comportamen-

Master Coaches

tal, entre outras.

• O *Coaching* utiliza ferramentas, técnicas e tarefas como recursos facilitadores de aceleração do processo para o *Coachee*.

• O sucesso de uma intervenção depende principalmente de um diagnóstico correto, ou seja, aquilo que está por trás ou para além do sintoma apresentado.

• Podemos ter o melhor remédio do mundo, mas se não for utilizado para o tratamento da "doença" certa não terá efeito e ainda poderá prejudicar outras áreas.

• O *Coachee* (indivíduo, grupo ou empresa) determina a nomenclatura dos procedimentos, é preciso adequar a linguagem de modo a se fazer entender pelo *Coachee*.

Por fim, talvez um dos maiores instrumentos do *Coaching* seja a habilidade e responsabilidade do *Coach*, portanto é DEVER de todo o profissional dessa área:

• Ter clareza do ambiente e situação atual que se encontra;

• Avaliar constantemente suas atitudes e comportamentos;

• Conhecer seus talentos e suas limitações;

• Aprimorar e desenvolver continuamente suas habilidades, conhecimentos e capacidades;

• Investir continuamente em seu autodesenvolvimento e autoconhecimento;

• Ter consciência de sua missão no mundo;

• Ter consciência de sua responsabilidade no trabalho que realiza;

• Considerar sempre os princípios de ética do *Coaching*: confidencialidade e ausência de julgamento;

• Estar ciente que o *Coaching* é a arte de perguntar e cocriar, portanto quem tem as respostas é o *Coachee* e o trabalho é desenvolvido em parceria com ele e também com outros *Coaches*, se for necessário.

"Não há melhor lugar para se estar no mundo do que estar no centro da vontade de Deus"
Bíblia Sagrada.

Referências:
material de formação em *Coaching* do Ibc

48

Coaching para docente

375

A contínua e crescente consciência despertada nos alunos pelo *coach* docente destaca atributos e habilidades únicas do corpo e da mente de cada indivíduo desenvolvendo suas capacidades e a segurança para que os mesmos sejam cada vez melhores

Teodomiro Fernandes da Silva

Teodomiro Fernandes da Silva

Master Coach Senior, pela *Behavioral Coaching Institute* – BCI e pelo Instituto Brasileiro de *Coaching* (IBC). Possui, ainda, formação em *Business Coach* e *Professional & Self Coach* com certificação reconhecida, *Global Coaching Community* e *European Coaching Association*. É *trainer training* e *advanced coach senior* do IBC. Doutor pela Universidade Complutense de Madrid, Programa de Desenvolvimento Local e Planejamento Territorial. Possui Cursos de Especialização, em nível de Pós-Graduação nas áreas de Administração de Empresas para Executivos, Administração de Recursos Humanos, Marketing, e Metodologia do Ensino Superior. É graduado em Administração e Pedagogia. Consultor empresarial certificado pelo Conselho Regional de Administração e Fundação Getulio Vargas. *Behavioral Analyst* pelo *Brazilian Coaching Institute*. Membro Fundador da International Coach Federation – ICF, Capítulo Regional Mato Grosso do Sul.

Contatos:
teodomiro@ucdb.br
(67) 8145-2609

Teodomiro Fernandes da Silva

Abordar o tema *Coaching* para docente ao mesmo tempo que parece ser um grande desafio na verdade é um tema muito significativo, estimulante e prazeroso. O mundo muda a cada dia em uma velocidade muito grande. As novas tecnologias são em grande parte responsáveis por um ritmo cada vez mais acelerado de mudanças oferecendo às pessoas uma infinidade de novas possibilidades.

Um dos grandes desafios das instituições de ensino é saber como acompanhar essas mudanças que batem à porta das escolas a cada momento através de novas gerações cada vez mais diferentes, em espaços de tempo menores. As crianças que vão para o maternal ou jardim de infância já não possuem as mesmas características comportamentais que se viam há alguns anos atrás. Os jovens que entram nas universidades com dezessete, dezoito anos, da mesma forma, trazem consigo um mundo de novas maneiras de pensar, agir e sentir. Para um novo perfil de estudante, produto de uma sociedade em constante mudança, exigem-se inovações em métodos de ensino e aprendizagem capazes de desenvolver potencialidades das pessoas que saibam conviver com situações complexas em constantes mudanças.

A escola não consegue, na maior parte das vezes, acompanhar essa evolução. Uma nova escola com novas metodologias, novas técnicas, com educadores que se renovam constantemente precisa posicionar-se ante essas mudanças. Há necessidade dos educadores desenvolverem, em maior profundidade, habilidades para acompanhar o processo de aprendizagem de crianças e jovens frutos dessa nova conjuntura. Habilidades que vão além do ensino de disciplinas, de sua abordagem metodológica, do domínio de salas de aula ou das motivações para a aprendizagem. Se os objetivos educacionais de formação mudam, as formas de alcançar tais objetivos também devem mudar.

A missão do educador e os resultados de seu trabalho cada vez mais são considerados como alto valor estratégico para a sociedade e para as próprias pessoas. Nesse contexto surgem novas concepções a partir da metodologia *coaching* direcionadas para o âmbito da educação, dentro do contexto da escola. Estamos falando sobre *coaching* para docente, que, por vezes, pode apresentar-se também como *coaching* instrucional. Temos ainda verificado que na língua espanhola esse tema está associado a conceitos de *Metamanagement*, ou seja, relacionado com o desenvolvimento de metacompetências no âmbito da educação.

Portanto, a didática tem novos desafios frente a esse contexto que, aos poucos, vem fazendo-se presente nos meios educacionais. Embora acreditemos que os conceitos de *coaching* para docentes

Master Coaches

possam ser aplicados em quaisquer níveis de aprendizagem, esta abordagem procura enfatizar os aspectos relacionados com a nossa experiência na educação de jovens e adultos.

O que é *Coaching* para Docente?

As definições de *coaching* são diversas, tanto quanto o número de *coaches* ou de institutos de formação. De todas estas definições, um grande número é válido para definir o que é o *coaching*. Lembrando que o *Coaching* não é um fim em si mesmo, é uma metodologia, uma técnica capaz de promover o desenvolvimento do potencial humano. Antes, porém, vamos lembrar de alguns termos e ideias presentes nos conceitos e definições clássicas de educação: "desenvolvimento integral das capacidades do indivíduo e sua socialização", "desenvolvimento integral". Há quem defenda a ideia de que educação é preparar para a vida, é tornar o indivíduo mais útil a si mesmo e ao próximo.

Para o IESEC[1] o *Coaching* consiste no acompanhamento personalizado de uma pessoa ou um grupo num processo de desenvolvimento, para definir e atingir as suas metas e objetivos, obtendo um alto potencial interno e uma autonomia futura. Se direcionarmos essa concepção para o âmbito da docência podemos afirmar que o *Coaching* para docente consiste no acompanhamento personalizado de um docente ou grupo de docentes num processo de desenvolvimento, para definir e atingir metas e objetivos educacionais, obtendo um alto potencial interno e uma autonomia futura.

Recorremos a alguns conceitos não muito diferentes encontrados na mídia eletrônica que assim afirma: "o *coaching* docente é a metodologia '*coaching*' aplicada à conquista de objetivos, à resolução de questões e ao aumento do desempenho e satisfação pessoal do docente em questões relacionadas ao ambiente educacional." (http://www.metainsight.com.br). A definição de *Coaching* dada pela International *Coaching* Federation - ICF enfatiza o aspecto profissional e assim se apresenta de forma parafraseada para o *Coaching* docente: o *Coaching* Profissional (docente) é uma relação profissional contínua que ajuda as pessoas (os docentes) a alcançarem resultados extraordinários em suas vidas, carreiras, atividades comerciais (docentes) ou empresas (instituições de ensino). Através do processo de *coaching*, os clientes (docentes) aprofundam seu conhecimento, aperfeiçoam seu desempenho e melhoram sua qualidade de vida. Fazemos isto para sinalizar a grande conexão que existe entre a metodologia do *Coaching* e a atividade educadora do docente.

Por sua vez, a afirmativa de Gallwey (1996) em nada mudaria se

---

[1] www.iesec-human.com/portugues/formacion.php

pensarmos na figura do educador ou docente: "*Coaching* é uma relação de parceria que revela e liberta o potencial das pessoas, de forma a maximizar o seu desempenho. É ajudá-las a aprender, ao invés de ensinar algo a elas." Construímos a definição a seguir a partir de outras definições: o *coaching* para docente é um processo de desenvolvimento de educadores de forma vivencial e individualizada, que expande a capacidade do docente de alcançar as metas e os fins educacionais previstos no Projeto Político Pedagógico da Instituição de ensino.

Categorias filosóficas de *Coaching* para docente

Acreditamos fazer sentido recordar os ensinamentos da lógica. Para se ter um profundo conhecimento de um fato, assunto ou instituição, devemos estudar suas categorias filosóficas, ou seja, definir os seus fins, seus objetivos, identificar o objeto, o agente, os instrumentos, os meios ou os métodos e por fim o produto ou seus resultados. Vamos discorrer sinteticamente sobre as categorias do *coaching* para docente.

Os fins do *coaching* para docente são os seus objetivos, a sua razão de ser. Pelas concepções apresentadas anteriormente sobre *coaching* para docente, os fins estão expressos como "maior eficácia no processo ensino-aprendizagem", "desempenho e satisfação pessoal do docente", "desenvolvimento integral do docente", "desenvolvimento dos valores", "desenvolvimento harmonioso de todas as capacidades do educador".

O **objeto** do *coaching* para docente é o próprio docente, o professor, o educador, aqui em seu sentido mais profundo, que vai além do significado de professor, de transmissor de conhecimentos e de conteúdos.

O **agente** do *coaching* para docente é o profissional de *coaching*, o *coach* com conhecimentos, habilidades, experiências na metodologia *coaching* e em processos de aprendizagem. O ideal é que seja educador com conhecimentos e domínios de metodologia *coaching*.

O **instrumento** do *coaching* para docente é o espaço seguro, a definição do conteúdo a ser trabalhado no desenvolvimento do *coaching* para o docente. Na linguagem conhecida nos meios do *coaching* chamamos de "psicogeografia", de "espaço seguro".

Os **meios** do *coaching* para docente constituem nos métodos que são aplicados no processo de *coaching* para docente. Uso de bases teóricas e ideológicas, concepções filosóficas das diversas escolas de *coaching*.

Enfim, o produto do *coaching* para docente é a aprendizagem, ou

Master Coaches

seja as potencialidades desenvolvidas pelo docente que participa do processo de *coaching* para docente.

Princípios do processo de *coaching* para docente

Baseando-nos nos princípios globais do *Coaching* vamos fazer uma abordagem adaptada ao *coaching* para docente do ponto de vista de sua atuação no âmbito da formação profissional de jovens e adultos. Os três princípios básicos do *coaching*, citados por Whitmore (2010), podem ser relacionados com a atividade docente e assim o mesmo assumir o seu papel como *coach* docente. A consciência permite-nos chegar onde realmente queremos chegar, a autoconfiança proporciona-nos o valor e autoestima suficientes para saber que podemos fazê-lo e, finalmente, a responsabilidade oferece-nos a motivação e perseverança necessárias para o conseguirmos.

Parafraseando Whitmore (2010), "trabalhar a consciência, a responsabilidade e a autoconfiança é o objetivo do *coach* docente". A tomada de consciência por parte do docente e, como consequência ao aluno, desenvolvida através do autoconhecimento, da autoobservação, traduz-se em maior nível de confiança, segurança e responsabilidade. Para Bou Pérez (2009), a autoobservação, a autorreflexão é a base da consciência, tornar essa dimensão na vida cotidiana do aluno é o papel do *coach* docente.

A contínua e crescente consciência despertada nos alunos pelo *coach* docente destaca atributos e habilidades únicas do corpo e da mente de cada indivíduo desenvolvendo suas capacidades e a segurança para que os mesmos sejam cada vez melhores. A autoconfiança é a chave para a manifestação do potencial e a performance. Se seguirmos a linha do desenvolvimento do *Coaching* executivo na perspectiva da atividade docente podemos associar os seis princípios do *Coaching* preconizados pela International *Coaching* Federation – ICF conforme apresentamos a seguir.

Com relação ao princípio da perspectiva sistêmica do *coaching* para docente deve ser conduzido como um dos componentes de um plano global, por exemplo, o Projeto Político Pedagógico. O docente e o *coach* devem estar cientes dos objetivos educacionais maiores, que vão além dos limites da sala de aula. O *coach* deve reconhecer e levar em consideração a multiplicidade, multidisciplinaridade, a inter-complementaridade e as dinâmicas onde o docente atua.

Considerando o princípio relacionado a orientação para resultados, compete ao docente ter foco em resultado da aprendizagem, ou seja, o *coaching* para docente é planejado e executado com foco em resultados desejados específicos. O docente, o *coach* e a instituição de ensino iniciam o processo decidindo quais as metas fundamentais do *coaching* para docente.

O princípio da parceria no desenvolvimento do *coaching* para docente reflete no fato de que em última instância há um interesse maior por parte da instituição de ensino. O *coach* e o docente, embora possa representar uma ação individualizada, estão no centro de um contexto educacional maior, onde estão envolvidos outros líderes ou gestores educacionais que se consideram parceiros na busca do alcance dos objetivos educacionais maiores.

O princípio da competência está associado ao uso de *coach*, profissionais altamente capacitados e experientes no meio educacional. São *coaches* que mantêm padrões elevados, competências. Escolhem métodos e ferramentas de *coaching* mais apropriadas para o desenvolvimento do processo de *coaching* para docente com base em suas experiências.

O princípio da integridade no contexto do processo *coaching* para docente, o educador deposita confiança no *coach* e na instituição de ensino. Nesse contexto é importante que todos os parceiros envolvidos criem um ambiente psicologicamente seguro e respeitoso. Estes devem atuar nos mais altos níveis de integridade e sinceridade quando envolvidos em atividades de *coaching* para docente.

A concepção integradora do *coaching* para docente

O *coaching* para docente é conduzido através de interações individualizadas e/ou em grupo de docentes, orientado a partir de informações que vêm de múltiplas perspectivas e é baseado na confiança e respeito mútuos. A instituição educadora, o docente ou grupo de docentes e o profissional *coach* trabalham em parceria para alcançarem o máximo de resultados.

A concepção integradora do *coaching* para docente é uma abordagem em que todos os envolvidos planejam o processo juntos, se comunicam abertamente e trabalham cooperativamente em direção à realização final dos objetivos educacionais. O educador ou docente, o *coach* profissional e outros líderes ou gestores educacionais colaboram na criação de uma parceria para assegurar que a aprendizagem do docente gere avanços face aos objetivos educacionais previstos.

A parceria que envolve esses participantes baseia-se em princípios, prazos, metas e parâmetros de sucessos específicos previamente acordados. Essa parceria de desenvolvimento de *coaching* para docente pode incluir metas e abordagens específicas, tais como: criação de um plano de desenvolvimento, expansão de habilidades, melhoria de desempenho docente, desenvolvimento de futuras ações

Master Coaches

educativas, exploração, definição e implementação da liderança docente e dos objetivos educacionais considerados.

O foco dessa dimensão integradora de desenvolvimento do *coaching* para docente é a utilização dos pontos fortes, das altas competências do docente para a construção de competências-chave necessárias para o alto desempenho ou alta performance enquanto educador. Os gestores educacionais ou outros parceiros incluem, respeitando cada realidade educacional, pessoas em funções de direção, coordenação, supervisão, orientação educacional e apoio educacional.

Todo processo de desenvolvimento do *coaching* para docente, para ser bem-sucedido, é guiado por valores pessoais claros, princípios éticos que promovem a credibilidade do processo de *coaching*, sem perder de vista o bem-estar do docente e de seus colegas. Ao finalizar essas ideias iniciais sobre *coaching* para docente nosso desafio é responder à pergunta: Qual é o principal desafio do *coaching* para docente?

À primeira vista poderíamos pensar que o grande desafio do *coaching* para docente consiste em proporcionar aos educadores a aquisição das habilidades do profissional de *coaching*, porém, o grande desafio é transformar esses educadores em mestres da interatividade, da conexão, do *rapport*, de tal modo que sejam capazes de fazer com que na sua prática educadora, a partir do respeito, produza um ambiente de desenvolvimento de sua autoconsciência, da confiança, do conhecimento de si mesmo, de liberdade, de responsabilidade e criatividade. Somente, então, a aplicação dos conhecimentos e competências do *coach* terão sentido e serão úteis ao docente.

Referências

FÓRUM DE COACHING EXECUTIVO. Manual do *Coaching* Executivo; princípios e diretrizes para uma parceria de *Coaching* bem sucedida. s.l. TECF: 2008.

GALLWEY, W. T. O jogo interior de tênis. São Paulo: Textonovo, 1996.

IESEC-HUMAN. ¿Qué es el *Coaching*? Disponível em: http://www.iesec-human.com/que-es-el-coaching.php. Acesso em 7 de janeiro de 2012.

METAINSIGHT. *Coaching* docente. Disponível em: <http://www.metainsight.com.br/servicos/transformando_organizacoes/coaching_docente.html> . Acesso em 25 de janeiro de 2012.

WHITMORE J. *Coaching* Para Performance: Aprimorando Pessoas, Desempenhos e Resultados Competências Pessoais para Profissionais. Rio de Janeiro: Qualytimark, 2010.

49

Japão: conceitos, técnicas e táticas de sucesso

383

A primeira pergunta de um treinamento japonês.
Você tem um Projeto de vida?
Que idade tem hoje? Já pensou se é dono do seu destino? Onde
está hoje é o lugar no qual desejaria estar? Se sente bem na
situação atual? Todas estas perguntas devem ser respondidas com
muita sinceridade, a motivação deve ser interna, lá do fundo do
seu coração. Qual é o seu QE? Saiba que o equilíbrio das emoções
faz você provar, de fato, o sabor de uma vida bem-sucedida. Então,
venha passear por algumas ferramentas para o desenvolvimento
humano que aprendi no Japão

Walber Fujita

Walber Fujita

Brasileiro, nascido em Brasília (DF) no ano de 1969, empresário, consultor e palestrante. Hoje reside no Japão na cidade de Suzuki Shi, onde escreveu sua primeira obra, *O caminho das pedras*, pela editora CBJE. Coautor o Livro *Qualidade Total* pela Editora Ser Mais.

Contatos:
www.walberfujita.com.br
walberfu@gmail.com / walberfu@yahoo.com.br

Walber Fujita

Gostaria muito de aproveitar essas linhas e ensinar muito do que aprendi nesses 21 anos de profissão, porém vou me limitar a dizer que foi no Japão que lapidei o conhecimento sobre a real importância do QE (quociente emocional) e do plano de vida. Sendo assim, vou procurar auxiliá-lo de uma forma singela a meditar sobre a arte do equilíbrio, envolvendo um mix entre a paciência, autocontrole e harmonia em direção à realização pessoal.

Saiba que refletir sobre a necessidade de desenvolver técnicas e adquirir ferramentas para se autoavaliar é o primeiro passo para a transformação e modificação dos nossos pontos fortes e fracos. Seja qual for o caso, observe que irá concluir também que a falta de planejamento está relacionada diretamente com a falta de motivação e realização pessoal. Posso alegar que, sem um estudo microcirúrgico sobre nossos objetivos e metas, é impossível chegar à realização pessoal plena. Então, tenho certeza que a busca por treinamento em função do aumento de conhecimento é a fórmula certa para o melhor resultado, seja ele a longo ou curto prazo, pequeno ou grande. Devo entender que é sempre primordial valorizar conselhos como este: busque o devido treinamento para não deixar a rotina tomar conta, sufocar a criatividade, bloquear os caminhos e bagunçar a vida.

Acho lamentável que muitos não possam ter a oportunidade de ter uma boa orientação pessoal e profissional, tenho certeza que essa orientação é um grande diferencial para materializar sonhos. Talvez a falta da evolução do ensino médio em relação aos temas inteligência estratégica, plano de vida, análise vocacional, planejamento de carreira, quociente de inteligência emocional (QE), autoconhecimento emocional (reconhecer um sentimento enquanto ele ocorre), autocontrole emocional (habilidade de lidar com seus próprios sentimentos, adequando-os para a situação), automotivação (dirigir emoções a serviço de um objetivo e essencial para manter-se caminhando sempre em busca da realização) junto com a arte de reconhecer e compreender as emoções em outras pessoas, com certeza a escassez desse conhecimento seja responsável pelo modo que a maioria da juventude deixa a vida ser levada conforme o vento.

Observe que o QE pode administrar as dificuldades do dia a dia, assim como as vitórias e derrotas, a maldade das pessoas. Ter QE é o mesmo que ter sucesso na vida, mas eu já me contentaria se o ensino fundamental coloca-se na grade a disciplina "Plano de vida". A falta dela, desse conhecimento, pode ser a explicação para tamanha falta de clareza pessoal em definir objetivos e metas da grande maioria de clientes que tenho. Como sempre digo: não buscar conhecimento e não procurar por um bom tutor é o mesmo que passar a vida co-

Master Coaches

mendo capim. Será que nossa juventude não sofreria tanto se, desde cedo, aprendesse a planejar e se organizar melhor? E nosso mestres de sala de aula não teriam menos trabalho para educar?

Enfim, controvérsias a parte, vamos seguir em frente. Digo que antes de reclamar por não ter isso ou aquilo se faça a seguinte pergunta: eu estou disposto a receber e aplicar o conhecimento? Eu quero ter disciplina e me sacrificar por minhas metas? Se a resposta for sim, continue a leitura, se for não, de nada adianta. Saiba que tudo na vida muda e talvez um dia você também mude. Para os que continuaram, entendam que a cada dia dentro de um novo desafio verá que para os preparados sempre tem uma nova vitoria. Conhecendo o limite e a largura de cada caminho podemos com clareza dizer: sou eu que escolho, o resto é a fronteira criada pela mente, ao ultrapassar essa barreira posso administrar as vitoria, levantando toda vez que cair, esforçando-se toda vez que precisar, aprendendo uma nova ferramenta para andar para frente todos os dias, por que o mundo não perdoa quem não dá o máximo, medianos não chegam lá (o segundo e o primeiro que perdem).

Então, prepare-se para lutar pela vida utilizando as ferramentas adquiridas ao longo dela e para as várias lições as quais pratiquei, aprendi e garanto que funcionam. Por isso tomo a liberdade de dizer, em primeiro lugar, que o mundo é cruel, injusto, existem sim pessoas ruins, egoístas etc., mas no meio dessa guerra podemos ficar em paz, controlando nosso comportamento com habilidade, estratégia e ferramentas de controle emocional (QE). Sentir amor, ódio, raiva é comum em qualquer pessoa, o que fazer com esse sentimento é o pulo do gato. As emoções são resultado daquilo que se pensa e o que vai definir a ação a ser tomada, por isso antes de tomar uma atitude respire fundo serenamente e procure uma ação saudável para o momento. Avaliar a ação é um passo importante porque tudo tem uma consequência e, às vezes, não vale tão a pena perder tempo com absolutamente nada não muito significativo,vou registrar aqui que podemos modificar a nossa forma de ver o mundo com esse exercício básico de automotivação: todos os dias pela manha diga a si mesmo : eu sou capaz de realizar meu sonho. Eu sou capaz de vencer, Eu sou capaz de ser feliz, Eu terei um ótimo dia hoje, eu sei , eu posso, eu faço. Obseve ao seu redor a luz do sol, as cores das flores, as cores das nuvens, a harmonia da vida em sua volta, feche os olhos e sinta sua pele, seu rosto e seu corpo porque ele é único. Tenha a certeza de um lido dia, pois o início do dia é um minuto de autoconhecimento. Saiba ver o lado positivo sempre, porque em apenas um minuto podemos desenhar um arco-íris ou criar uma tempes-

Walber Fujita

tade. Tenha cuidado e foco no positivo e nas soluções. Aprender a se conhecer, compreender o mundo que vive, saber qual é o papel para cada ocasião e o posicionamento que quer ter nesse jogo da vida. Saiba porque o QE é o caminho das pedras para a felicidade. Lembre-se sempre de usar a psicologia comportamental a seu favor, pois não podemos ser responsáveis pelo comportamento das outras pessoas. Mas podemos aprender a gerir e controlar o nosso próprio comportamento – o equilíbrio é uma das chaves para o sucesso. Por fim, planejar e planejar muito em busca do conhecimento. Você verá que tudo isso dará armas para ajustar as coisas na hora certa. Só devemos iniciar a jornada do nosso plano de vida se aplicarmos a verdade, nunca minta para si nem para os outros, um dia ambos vão acabar descobrindo e tenha certeza que o resultado não será o esperado. Nunca deixe de ouvir seu coração, pois nem sempre o que reluz é ouro, nem tudo que balança cai, tenha objetivos que venham do coração para o seu plano de vida (Por plano de vida entende-se enumeração dos objetivos que uma pessoa pretende concretizar ao longo da sua vida e um guia que propõe como alcançá-los. Este plano pode incluir metas pessoais, profissionais, econômicas e espirituais. O plano de vida inclui objetivos a longo prazo e curto prazo: estabeleça as ações, as ferramentas necessárias e os prazos para cada objetivo. Por fim, o plano de vida é toda uma estrutura focada nos objetivos que uma pessoa deseja cumprir durante os seus anos de existência.) Estude o tema e saiba que o primeiro passo para o sucesso é saber qual o objetivo a ser alcançado e em que momento e tempo ele deve ser realizado. É exatamente com essa ferramenta que o aprendiz de sucesso sonha, luta, busca, quer mais e mais, não se importa com o que os outros pensam ou falam, vive a sua vida, pois o que importa é o que você sente e pensa sobre o que faz e para onde vai, com sabedoria e respeito social. Tenha certeza que tudo vai depender da sua dedicação, e da responsabilidade, das suas ações, isso somado a uma boa administração do *feedback* (retorno da informação proveniente das ações em direção as sua meta) - Planejar é preciso e ponto. Saiba fazer um excelente plano de vida e terá uma ótima vida, nesse contexto acrescente na receita a Disciplina (a autodisciplina pode ser considerada o maior desafio pessoal que você possa enfrentar na vida. Vou ensiná-lo uma regra básica, toda vez que não tiver vontade ou alguma fraqueza diga a si mesmo "Eu não sou um irresponsável." Levante a cabeça e siga em frente).

Tenha domínio pessoal, aprenda a obter resultados e alcançar as metas escolhidas, tendo consciência que a responsabilidade da sua vida e suas consequências são suas e a colheita também. Saiba que se der

Master Coaches

problema na sua trajetória de vida o problema é seu. Se você fracassou, não transfira para outra pessoa, mas busque soluções para não fracassar novamente. Oportunidade é igual a uma estação de trem, a toda hora passa uma e você é o responsável por decidir se entra nela agora ou espera outra. Comece devagar, as transformações são lentas e ninguém se modifica do dia para noite, estabeleça metas modestas e, quando estiver preparado, exija mais de si. Diga não a exceções, pois é necessário ter coerência entre o que é feito e as metas que quer atingir, viva o presente com método, com a disciplina, por que ela pode se tornar um hábito e uma forte aliada para nossa conquistas pessoais. De nada vale ganhar um jogo se não tiver sucesso no campeonato inteiro, um gênio e aquele que obtém sucesso não somente no trabalho, mas também com a família e nos relacionamentos. Por isso, tome consciência das suas emoções, você não pode controlar aquilo que desconhece, identifique seus pontos fracos e reações irracionais (o que o tira do sério), adie decisões e avaliações. Seja flexível e não exija de si respostas imediatas, para não aumentar a pressão emocional e, por consequência, a falta de controle.

Não espere perder o controle para admitir que você precisa aprender a manter o equilíbrio. Não se prometa mudanças imediatas, já que a pressão aumentaria a falta de controle. Comece pequeno com situações simples e vá evoluído, saiba o grau de importância de uma provocação e o resultado de como você a recebe, não de quem a faz. O resultado da ação é você que administra, se ele vai ser um copo de água ou um mar. Saiba que Se você não tem inimigos, então você não existe no mundo dos negócios. Saiba que o seu sucesso irá incomodar alguém, aprenda a administrar isso. Sempre se orgulhe das ações pequenas que são feitas rumo ao objetivo, cada ação bem feita estará levando-o para o caminho do sucesso e tenha consciência que será alvo de invejosos. As pessoas que não são capazes de se destacar naquilo que você faz, começam a desejá-lo o mal, espalhar mentiras e fofocas a seu respeito no intuito de abalar seu emocional e vê-lo perdendo seu rumo e, com isso, seu objetivo. É muito importante que se concentre na sua meta, pois seus inimigos naturais são apenas concorrentes que gostariam de estar no seu caminho. Saiba vencer barreiras ou dificuldades que deverão ser enfrentadas, saiba também que não há sentimento mais belo do que fazer as tarefas com amor, seja na vida profissional ou pessoal, o amor consegue derrubar todas as barreiras, todas as dificuldades. Tenha a certeza de que todo obstáculo contém uma oportunidade para melhorarmos nossas vidas. Por isso, alerto! De tudo que ganha na vida, deve mensurar se o que se ganha ou perde tem lá sua importância, avaliar e ter

Walber Fujita

certeza dos nossos objetivos é o caminho para ser ou não feliz. Não basta ter planos se não pensarmos na melhor forma de alcançá-los, planejamento é essencial. Mantenha o foco, aprenda a selecionar prioridades, sua meta deve ser mensurável para você não se perder. Estabeleça um prazo para atingir cada degrau dos seus objetivos, faca uma planilha mesmo que simples dos seu gastos e rendimentos. Contabilize tudo, inclusive despesas com cafezinho, sempre reserve um dinheiro para os gastos extras. Corte os gastos desnecessários, separe um valor para lazer, cuidado com compras parceladas e nunca deixe de pagar uma parcela em dia.

Seja disciplinado e organizado (tenha uma lista de tarefas, faca a lista, use a agenda pessoal, planeje o dia, cumpra o que previu a cada jornada, cuide dos minutos para aproveitar as horas, o tempo só poder ser administrado ou perdido, nunca recuperado.) e se for muito para aprender sozinho, procure um *coach* para orientá-lo – um tutor é sempre bem-vindo. Depois de adquirir o conhecimento, poderá moldar as estratégias, enquanto isso não acontece, deixe um profissional ajudá-lo, este é um grande atalho. Seja feliz e sorria sempre, diga a si mesmo em frente a um espelho "meu sonho é possível, porque eu sei, eu posso, eu faço. Vamos lá Eu Sei, Eu Posso e Eu Faço. Acima você tem uma visão geral de instrumentos. Agora é aprender e isso não posso fazer por você... divirta-se sempre. Eu sei, Eu Posso e eu Faço!

Master Coaches

Conclusão

M - A -R-A-V - I - L - H - O- S- O!

Chegamos ao final deste Manual. Ressignifico - chegamos ao começo, pois com certeza, após esta rica leitura sobre as mais diversas abordagens do *Coaching*, sua jornada de autoconhecimento, transformação e evolução está apenas começando.

Como vimos, lemos e, principalmente, sentimos: esse universo fantástico de possibilidades chamado: *Coaching* é para você que busca Ir Além e alcançar novos patamares em sua carreira e vida pessoal. Ser *Master Coach* é ser uma Pessoa Integral, que busca por evolução contínua, aprender com suas experiências positivas e ressignificadas, e crescer como Ser humano.

Como Filosofia de Vida, mas do que qualquer processo, método ou técnica, o *Coaching* tem apoiado, de forma efetiva e acelerada, pessoas e empresas no alcance de Alta Performance. E, mais do que isso, no alcance da consciência e valorização dos profissionais, enquanto "Seres Humanos", que precisam – Ser Ouvidos na Essência, Notados, Reconhecidos, Amados e ter o Direito de Errar.

Para nós Master *Coaches*, a relação entre *Coach* e *Coachee* vai muito além de um trabalho, pois inclui sinergia, cocriação, respeito mútuo, e Honrar e Respeitar a história e as necessidades do outro. No Instituto Brasileiro de *Coaching* – temos como missão - Despertar nos Seres Humanos seu potencial infinito. E isso todos nós fazemos com: Amor, Excelência e Humanidade. **E Acredite - Faz toda diferença!**

Este manual ilustra de forma abrangente esta missão, que também é comum aos nossos escritores, meus queridos amigos. Com esta magnífica cocriação de conhecimentos, os melhores *Master Coaches* do Brasil, formados pelo IBC, mostram como o *Coaching* pode ser aplicado nos mais diferentes contextos e, em todos eles, revelar Resultados Extraordinários.

Obrigado por prestigiar esta Cocriação de Conhecimentos M-A-R-A-V-I-L-H-O-S-A!
E lembre Sempre de se Lembrar de Nunca Esquecer.

Ouse Fazer Diferente e o Poder lhe será Dado...
Com Carinho, Paz e Luz!

José Roberto Marques
Presidente do Instituto Brasileiro de *Coaching*- IBC

392